CHENGBEN KUAIJIXUE
ANLI YU SHIXUN JIAOCHENG

成本会计学
案例与实训教程

主　编　姜英华
副主编　张　燕

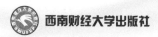
西南财经大学出版社

图书在版编目(CIP)数据

成本会计学案例与实训教程/姜英华主编. 一成都:西南财经大学出版社,2015.8(2017.1 重印)

ISBN 978 - 7 - 5504 - 2085 - 4

Ⅰ. ①成… Ⅱ. ①姜… Ⅲ. ①成本会计—案例—教材 Ⅳ. ①F234.2

中国版本图书馆 CIP 数据核字(2015)第 174375 号

成本会计学案例与实训教程

主 编:姜英华

副主编:张 燕

责任编辑:高小田

封面设计:墨创文化

责任印制:封俊川

出版发行	西南财经大学出版社(四川省成都市光华村街55号)
网 址	http://www.bookcj.com
电子邮件	bookcj@foxmail.com
邮政编码	610074
电 话	028 - 87353785 87352368
照 排	四川胜翔数码印务设计有限公司
印 刷	郫县犀浦印刷厂
成品尺寸	185mm × 260mm
印 张	16.25
字 数	365 千字
版 次	2015 年 8 月第 1 版
印 次	2017 年 1 月第 2 次印刷
印 数	2001— 3000 册
书 号	ISBN 978 - 7 - 5504 - 2085 - 4
定 价	38.00 元

前　言

　　随着德州学院创建山东省应用型特色名校步伐的加快和经管类创新型人才培养模式、创新实验区改革的发展，探索和编写一套适合会计学专业创新应用型人才培养模式的经管类系列教材的需求显得更为迫切。经过反复思考，在借鉴已出版教程的经验基础上，根据会计专业创新型应用型人才培养目标的要求，本编写组决定编写一本适合用于地方性、应用型本科院校会计学专业特点的"成本会计学案例与实训教程"教程。

　　成本会计学作为会计学专业核心课程之一，其教学内容和教学方法的改革直接影响会计学专业人才培养质量的高低。在教学中需要与时俱进，不断更新教学观念，改变以往重理论、轻实践的做法，加强案例与实训性教学环节，以适应市场经济对管理人才的要求。经审慎思考和研究，系统分析了不同版本成本会计学教程的特点，最终选用了于富生、黎来芳、张敏主编的《成本会计学》（中国人民大学出版社，第六版）作为理论教材。以教材为主线，拟定了不同教学模块和教程编写大纲，配套编写了《成本会计学案例与实训教程》一书。

　　本书整体结构如下：

　　第一部分，案例与作业思考题。通过大量的案例资料设置论题，旨在通过案例问题引出教学内容，激发学生进一步学习的兴趣，实现理论与实践的结合。任课教师需要在上课之前，将案例提前布置给学生，要求学生运用理论知识和案例素材进行分组讨论，以团队合作的方式完成分析。作业思考题供学生课后巩固学习，作为平时成绩的考核内容之一。

　　第二部分，实训。这部分内容用于课后实际操作，按核心章节内容进行设置。完成理论教学的基础上，按专业人才培养方案要求，安排4~6学时的实训课程，旨在加强学生的专业技能水平，提高学生实践动手能力，实现理论学习与实务操作的结合。。

　　本教程内容丰富、实用性强，可以作为经管类专业教师授课和学生自学用教程，具有结构清晰、内容充实，案例经典新颖、具体生动、针对性强的特点，整体内容方面具有前瞻性和启发性。实训内容规范灵活，实践操作性强。

　　本书由姜英华老师负责全书写作框架的拟定和审核工作，并负责对全书总纂。具体编写分工如下：案例与实训部分部分由姜英华老师编写；作业与综合自测题由张燕老师编写。

　　由于水平有限，时间仓促，本书不当之处在所难免，欢迎广大读者和同行提出宝贵意见。

《成本会计学案例与实训教程》编写组

2015 年 6 月

目 录

第一部分 案例与作业思考题

第二部分 实训

第三部分 作业与练习题答案

第一部分
案例与作业思考题

第一篇　成本会计基本理论

第一章　成本会计概论

一、教学案例

【案例一】　　　　　　　　　**成本价值链案例**

康姆柏尔汤羹公司是一家食品生产企业，在管理上始终将本企业作为一个职能价值链（价值链是指一系列的企业职能，企业通过这些职能逐步使其产品或劳务具有有用性）。康姆柏尔汤羹公司中奉行"扩展的价值链"观念，即将"上游"各方（如供货商）和"下游"各方（如顾客）作为企业总体价值链分析的基本组成部分，如图1-1-1所示：

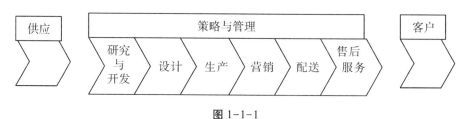

图1-1-1

该公司发生的部分成本如下：

1. 为生产西红柿汤这种产品，罐装厂购入西红柿。
2. 购入原材料为延长一种饼干的保鲜时间，重新设计饼干成分。
3. 支付产品广告费。
4. 支付食品技术专家的工资。他们负责研制卡路里为零的披萨调味汁。
5. 为出价收购一家澳大利亚公司支付法律和投资银行咨询费。
6. 支付供顾客使用的对公司产品缺陷表示意见的免费电话的电话费。
7. 早餐生产线的一线工人的手套成本。
8. 服务于主要超级市场的运输人员手提电脑成本。

问题思考：

1. 上述案例中发生的成本如何按图1-1所示的价值链分类？

2. 上述成本中属于生产环节的有哪些？按制造成本法的规定，分别属于什么成本项目？为什么？

资料来源：查尔斯·T. 亨格瑞，等. 成本会计［M］. 8 版（上）. 刘力，等，译. 北京：中国人民大学出版社，2003.

【案例二】 西门子公司改进成本系统案例分析

西门子电机厂营运部总裁卡尔·海因茨·罗德士（Karl Heinz Lottes）说："10 年前，我们的电机生意陷入困境，低廉的劳动力让东盟国家以我们无法竞争的低价销售标准化电机，我们成为行业内成本高昂的生产商。因此，我们决定改变我们的战略，力图从事专业电机制造。当我们实施新战略之后，发现我们现有的成本系统只适合于标准化生产，当我们核算特殊电机的成本时，它就会误导我们。"

（一）西门子及下属电机厂简介

西门子公司位于德国慕尼黑，制造电机和电子产品，是世界上最大的企业之一，1987 年总收入为 51 亿德国马克，其中一半是在联邦德国境外赚得的。西门子总共分为七大集团，五个事业部，最大的集团是能源和自动化集团，其收入占总公司的 24%。低瓦特可转换交流（A/C）电机是电机厂（electic motor works，EMW）生产的，EMW 是能源和自动化集团属下的制造行业部的一个分支，高瓦特电动机则在另一个工厂生产。

EMW 坐落在一个名叫拜德纽斯塔德特（Bad Neustadt）的小镇上，它原建于 1937 年，生产大众冰箱的发动机。但在其投产仅仅一年之后，西门子决定不再生产冰箱的发动机。第二次世界大战后，这家小镇工厂成为西德唯一能生产电机的工厂（西门子其他工厂的设备都遭到了东盟国家的大肆破坏和掠夺）。经过一番积极的重建，拜德纽斯塔德特逐步成为公司主要的电机生产基地。

20 世纪 70 年代，EMW 生产了 200 多种不同类型的标准化电机，总数达到 23 万台。标准化电机占销售总量的 80%，其以类型单一、连续生产为特点，其余的 20% 是定制的特殊电动机。由于相同的电机被大量客户使用，标准化电机便开始设置库存，等接到订单后再发货。公司标准化电机的生产具有很强的竞争力。成功的关键在于降低成本，这样，公司才能通过价格竞争获利。尽管 EMW 在 1974 年开展了一个扩张和自动化项目，但到了 80 年代早期，不利形势开始逐渐明显——东盟国家低廉的劳动力具有令人无法超越的成本优势。

（二）改变策略

对 EMW 的生产能力及电机市场的广泛调查和研究，显示了 EMW 有能力从生产小批量定做的可转换交流电机上获利。为实施这个战略，拜德纽斯塔德特工厂进行了扩张，致力于生产可转换交流电机。这些电机应用十分广泛，包括自动化工程、机械工具、塑料处理和印刷机等方面。

为了确保新战略能够成功，EMW 需要小批量、有效率地制造种类繁多的电机。在 1985—1988 年期间，EMW 每月花费 5 000 万德国马克来更换车间里的所有机器，以创造一个适应新战略的生产环境。

（三）改变产品成本系统

在 1926 年，EMW 开始使用一种成本核算系统。这套系统将原材料和人工成本直接分配到产品上，把制造费用分成三种：与材料相关的、与生产相关的以及与后勤辅助相关的。与材料相关的制造费用包括与取得材料相关的成本，被分配到用这种材料的产品成本中去；与生产相关的制造费用先被还原到生产成本中心，再以直接人工小时数或机器小时数为基础分配到产品中去。如果某一产品类别所需的人工操作比较多，就以直接人工小时数为基础进行分配；如果所需人工较少，则用机器小时数为基础分配成本。1987 年，EMW 有 600 个成本中心，每个中心的机器类型不同，与辅助部门相关的制造费用以直接材料和直接人工成本、材料制造费用和制造费用为基础分配到产品中去。

实施新战略两年以后，传统成本系统的弊病逐渐暴露出来。管理层无不忧虑，认为传统的成本系统无法反映上升的辅助成本与产品组合的变化之间的区别。在传统的成本系统里，辅助成本以产品消耗的直接材料成本、直接人工成本和直接人工小时数（或机器小时数）为基础来分配产品成本。但管理层认为大部分的辅助成本也与接到的订单及内部工厂为某一特别的电机所需要的定制零件而下的订单数有着密切的关系。

多样化产品数量的上升同样导致生产计划采购、包装、产品发展和设计部门的扩张。对特殊零件在这些部门的流程所做的分析表明：工作量并非由特殊零件的总数来决定，而是由在每台电机上不同特殊零件的种类来决定。

EMW 展开一项广泛的研究，以确认辅助生产成本是由处理客户订单和处理内部工厂特殊零件的订单所决定。下列部门的一部分成本被重新分配到两类新的辅助成本集合：

与处理客户订单相关的成本：

1. 账单处理；
2. 接受订单；
3. 产品成本和定价；
4. 发货。

与处理内部工厂特殊零件的订单相关的成本：

1. 存货处理；
2. 产品成本和定价；
3. 产品开发；
4. 采购；
5. 接收；
6. 计划和生产控制；
7. 未来订单的技术分析。

这些成本得到确认后，就从原来的与辅助相关的成本集合中分离出来，转移到两类新的成本集合中去。

（四）修改的成本系统的成效

1987 年，EMW 收到了大约 10 亿马克的订单，但只接受了其中的 4.5 亿马克的订单，生产产量达到了设定能力的 115%。重新设计的成本系统提供的产品成本信息有效地帮助了 EMW 的经理迅速作出反应——哪些订单有利可图，可以接受。

营运部的总裁卡尔·海因茨·罗德士这样评论新的成本系统在帮助实施新战略方面的作用：没有新的成本系统，我们的新战略可能已经失败了。利用新成本系统提供的信息，我们可以决定哪些订单可以接受，尽管有些订单是我们输给了竞争对手，但更多的是被我们拒绝掉的，因为它们无利可图。

思考题：

1. EMW 为什么要改变成本策略？

2. 新的产品成本系统与传统的成本系统相比较，有什么不同？

3. 分析在成本管理过程中，财务成本与管理成本的关系。

资料来源：陈良华，韩静. 成本会计习题与案例［M］. 大连：东北财经大学出版社，2009：15-17.

【案例三】　　　　　　　　　　　成本管理目标案例

STN 公司是一家客车制造企业，目前在客车市场激烈的竞争中，已经从行业领先者跌落到行业的尾随者。就其现状，管理咨询师作了访谈。STN 公司的首席财务官（CFO）抱怨道："企业产品成本过高，目前公司客车价格没有竞争力。"谈到产品成本过高的原因，他认为是企业没有市场份额较大的拳头产品，企业产品品种过多，而产量又过少，造成采购成本、生产成本和营销成本的增加。他建议要加强财务管理和成本管理。问及 STN 公司的首席运营官（COO），他认为质量管理薄弱是企业缺乏竞争力的关键。"我们企业之所以会从行业老大变成追随者，是因为客车质量不过硬，失去了客户。"他建议首先要加强质量管理。访谈到首席人力资源官（CHO）的时候，他认为是企业人力资源管理存在极大缺陷，薪酬体系和绩效评价体系不合理，企业缺乏必要的激励机制。造成企业人心涣散、人浮于事，不能保证质量和交货期，出现了大量生产事故和管理漏洞。他建议当前管理的关键是加强人力资源管理和重塑企业文化。假如你是这名管理咨询师，请认真思考如何改进。

问题思考：

1. 企业目前最重要的管理措施是什么？

2. 成本、质量、交货期和服务水平是何种关系，保证质量、交货期和服务，就一定会提高成本水平吗？

3. 谈谈现代成本管理的实质，成本管理的目标是降低成本，还是提高客户价值？

【案例四】　　　　　　　　　　　百安居的成本控制案例

节俭从来就不是个大问题，但却需要大本领才能做得彻底、做得不留遗憾。特别是对于当今零售行业来说，利润微薄的同时还要快速扩张，不实行低成本运营就难以生存，可谓成本决定存亡。

百安居（B&Q），隶属于世界 500 强企业之一、拥有 30 多年历史的大型国际装饰建材零售集团——英国翠丰集团，从 1999 年进入中国内地，至今已开设了 23 家分店。中国公司 2004 年的营业额约为 32 亿人民币，利润达 7 000 万人民币，然而如此财大气粗的公司却将节俭发展为一种生存哲学，在日常的运营中阐释着什么叫"细者为王"。

客户不会为你的奢侈买单

北京四季青桥百安居一楼卖场，偏僻的西南角摆了张小桌子，来访者在有些破旧的登记簿上签字后，通过狭窄的楼道，华北区的百安居总部就借居在此，与明亮宽敞的卖场相比，办公区显得寒碜，办公用品适用而不奢华。

华北区总经理办公室照样简陋，一张能容 6 人的会议桌，毫无档次可言的普通灰白色文件柜。没有老板桌，总经理文东坐的椅子（用"凳子"这个词也可以）和普通员工一样，连扶手都没有，就这几件物品，办公室已不宽裕。

总经理手中的签字笔只要 1.5 元，由行政部门按不高于公司的指导价去统一采购——这听上去有些令人惊叹。而他们选用廉价笔的理由是，既然都能写字，为什么要用贵的呢？

这就是百安居的节俭哲学：企业的所有支出，都是建立在可以给客户提供更多价值的基础之上。换句话说，企业所有的投入都应该为客户服务，以提供以客户更多的让渡价值为本。

于是有没有老板桌不成为问题，选择廉价笔也理所当然！对于那些对客户没有直接价值的支持部门进行照明控制，以及对空调温度的控制同样如此。因为客户不会为你的奢侈买单！

正是这种节约的意识，百安居的营运费用占销售额的百分比远低于同行。以百安居北京金四季店为例，京城另一家营业面积同样为 2 万平方米的建材超市，销售额只有金四季的 1/2，营运费用却比金四季店多出一倍。

价值分析的全球坐标

价值分析的要义就是从客户的角度评估企业的所有支出，百安居的数据库不会让客户多花一分冤枉钱，这就是最好的选择。

通过多年来在全球范围内的经营活动，百安居随时注意收集各地数据，并据此形成各种费用在不同情况下的不同标准，它包括核心城市、二类城市；单层店、二层店等不同参考体系。而且在已有的控制体系中，当标准同实际实施情况比较时，任何有助于降低成本的差异都能够被用来作为及时更正的依据。

以百安居营运成本中的人事成本为例，他们对人事的成本控制，控制的是总量，特别是员工数量，而对员工的个人收入不加限制。简单地说，人力配置项目与人均利润息息相关。

2 万多平方米的卖场，只有 230 多名员工，平均 100 平方米配置 1 名。顾客所看到的店员由三部分人组成，固定员工、供应商所派过来的促销员、配送和收银中的部分小时工，在衣着的颜色和标志上会有区别。

此外，临时工占员工总数的 20%～30%，目前主要只在部分配送和收银工作中使用。人员配置的调整，主要从部门、全店、全国人力效率（每小时的销售额）的对比为主来考虑，其次再考虑商店的具体情况（如卖场形状、面积、现货比例等）。人员的配置主要包括与销售相关的部门以及支持部门。

在此后的运营过程中，会根据实际情况继续对人员配置进行调整，如对销售相关的部门员工配置，他们会设置以各部门为纵向坐标，"标准配置、实际配置、建议配置、销售达成、员工效率"等项为横向坐标的表格进行分析汇总（商店部门员工效率=部门销售实际/部门人时；前后台部门员工效率=商店销售实际/部门人时）。而对防损、物业、行政、团购等支持部门，主要采取定岗编制，调整原因则以事实描述为主。

精细化管理的立体行动

有了价值分析，有了全球数据库对比，有了标准，唯一难的就是如何确保实施。一个人节俭比较容易，而要让超过 6 000 名员工，在超过 300 000 平方米的营业区内将节俭发展成一种组织行为，则难上难。但百安居办到了！

没有数字衡量，就无从谈及节俭和控制。对于一些直接的，显性的成本项目，"每一项费用都有年度预算和月度计划，财务预算是一项制度，每一笔支出都要有据可依，执行情况会与考核挂钩。"卫哲说。

"员工工资、电费、电工安全鞋、推车修理费、神秘顾客购物……"5 月份的营运报表上记录着 137 类费用单项。其中，可控费用（人事、水电、包装、耗材等）84 项，不可控费用（固定资产折旧、店租金、利息、开办费摊销）53 项。尽管单店日销售额曾突破千万元，营运费用仍被细化到几乎不能再细化的地步，有的甚至单月费用不及 100 元。

费用每个月、每个季度、每一年都会由财务汇总后发到管理者的手中，超支和异常的数据会用红色特别标志，管理者会对报告中的红色部分相当留意，在会议中，相关部门需要对超支的部分做出解释。

预算只能对金额可以量化的部分进行明确的控制，但是如何实施，以及那些难以金额化的部分怎么降低成本呢？百安居的标准操作规范（SOP），将如何节俭用制度固化下来取得了良好的效果。

一套成型的操作流程和控制手册在百安居被使用，该手册从电能、水、印刷用品、劳保用品、电话、办公用品、设备和商店易耗品八个方面提出控制成本的方法。比如将用电的节俭规定到了以分钟为单位，如用电时间控制点从 7：00 到 23：30，依据营业、配送、春夏秋冬季和当地的日照情况划分为 18 个时间段，相隔最长的 7 个小时，相隔最短的仅有两分钟。

"我们希望所有员工不要混淆'抠门'与'成本控制'的关系，原则上，'要花该花的钱，少花甚至不花不该花的钱'，我们要讲究花钱的效益。"《营运控制手册》的前言部分如此写道。而且"降低损耗，人人有责"的口号随处可见。这种文化的灌输从新员工入职培训时就已经开始，并且常常在每天晨会中不断灌输、强化。

当节俭成长为百安居的一种企业组织行为，甚至植入到员工的文化血脉中，计划 2005 年在中国做到 100 亿———"其实在看来 100 亿是'不求上进'的目标"，自然很容易做到。

思考题：

1. 结合百安居的情况，谈一谈现代企业成本管理的核心。

2. 企业节约成本应具备的理念是什么？

二、作业与练习题

（一）单项选择题

1. 产品的理论成本由（　　）构成。

　　A. 耗费的生产资料的价值　　　　　　B. 劳动者为社会创造的价值

　　C. 劳动者为自己的劳动所创造的价值　D. 以上的 A 和 C

2. 下列各项不应计入产品成本的是（　　）。

　　A. 废品损失　　　　　　　　　　　　B. 管理费用

　　C. 修理期间的停工损失　　　　　　　D. 季节性停工损失

3. 成本会计最基本的职能是（　　）。

　　A. 成本预算　　　　　　　　　　　　B. 成本决策

　　C. 成本核算　　　　　　　　　　　　D. 成本考核

4. 成本会计的对象是（　　）。

　　A. 产品成本的形成过程

　　B. 各项生产费用的归集和分配

　　C. 各行业企业生产经营业务的成本和有关的期间费用

　　D. 制造业的成本

5. 从管理角度来看，成本会计是（　　）的一个组成部分。

　　A. 管理会计　　　　　　　　　　　　B. 财务会计

　　C. 财务管理　　　　　　　　　　　　D. 预算会计

6. 成本会计的任务主要决定于（　　）。

　　A. 企业经营管理的要求　　　　　　　B. 成本核算

　　C. 成本控制　　　　　　　　　　　　D. 成本决策

7. 成本会计最基本的任务和中心环节是（　　）。

　　A. 进行成本预测，编制成本计划

　　B. 审核和控制各项费用的支出

　　C. 进行成本核算，提供实际成本的核算资料

　　D. 参与企业的生产经营决策

8. 成本的经济实质是（　　）。

　　A. 生产经营过程中所耗费生产资料转移价值的货币表现

　　B. 劳动者为自己劳动所创造价值的货币表现

　　C. 劳动者为社会劳动所创造价值的货币表现

　　D. 企业在生产经营过程中所耗费的资金的总和

（二）多项选择题

1. 产品成本的作用有（　　）。

　　A. 产品成本是补偿生产耗费的尺度

　　B. 产品成本是综合反映企业工作质量的重要指标

C. 产品成本是制定产品价格的一项重要因素

D. 产品成本是企业进行决策的重要依据

2. 制造业生产经营过程中发生的下列支出，（　　）不应计入产品成本。

A. 管理费用   B. 财务费用

C. 营业费用   D. 制造费用

3. 下列关于成本会计职能的说法中，正确的有（　　）。

A. 成本预测是成本决策的前提

B. 成本计划是成本决策目标的具体化

C. 成本控制对成本计划的实施进行监督

D. 成本分析和考核对以后的预测和决策以及编制新的成本计划提供依据

4. 下列会计法规、制度中，属于企业内部的成本会计制度、规程和办法的有（　　）。

A. 关于成本预测和决策的制度

B. 《企业会计准则》

C. 关于成本定额、成本计划的编制制度

D. 《企业会计制度》

5. 下列关于成本会计、财务会计和管理会计之间的关系的描述中，正确的有（　　）。

A. 成本会计提供的成本信息既可以为财务会计编制财务报表之用，也可满足企业内部管理人员进行决策或业绩评价的需要

B. 就财务报表的编制而言，成本会计附属于财务会计

C. 从管理角度来看，成本会计也是管理会计的一个组成部分

D. 财务会计与管理会计，两者都必须依赖于成本会计系统所提供的信息

（三）判断题

1. 成本是为实现一定目的而发生的耗费，是对象化的耗费。 （　　）

2. 只有制造业才有成本会计。 （　　）

3. 在成本会计工作组织上，大中型企业一般采用分散工作方式，小型企业一般采用集中工作方式。 （　　）

4. 企业在经营过程中发生的各项经营管理费用，应计入产品成本。 （　　）

5. 凡有经济活动的地方，就有成本的存在。 （　　）

6. 成本预测是成本会计的基础。 （　　）

7. 企业一定时期的生产费用等于同一时期的产品成本。 （　　）

8. 成本是指企业为生产产品、提供劳务而发生的各种耗费。 （　　）

（四）简答题

1. 简述成本会计的作用。

2. 成本会计的对象是什么？

3. 成本会计的任务是什么？

4. 制造成本法的特点是什么？

5. 成本的经济实质是什么？

（五）名词解释

1. 成本的经济实质　　　　　　　　2. 成本会计的职能

3. 成本会计的反映职能　　　　　　4. 成本会计的监督职能

5. 成本会计的任务　　　　　　　　6. 集中工作方式

7. 分散工作方式

第二章　工业企业成本核算的要求和一般程序

一、教学案例

【案例一】　　　　　　　　　　成本会计工作流程案例

大学生吴晓东 2007 年 8 月毕业应聘到北方机械公司当成本会计员，财务部成本科刘科长向小吴介绍了公司的有关情况。

1. 产品情况

该厂主要生产大型重型机械，用于矿山等企业，是国内矿山机械制造的龙头企业。

2. 车间设置情况

北方机械公司设有 7 个基本生产车间，分别生产矿山机械和各种零部件及零部件组装；另设有 4 个辅助生产车间，为基本生产车间及其他部门提供服务。

3. 成本核算的现状

该厂现有会计人员 36 人，其中成本会计人员 8 人（不包括各个生产车间的成本会计人员）。由于该公司规模较大，厂部和车间有能力分设有关的成本费用明细账进行核算。

刘科长让小吴再了解几天企业成本核算和其他方面的情况。经走访调查，小吴发现以下几个问题：第一，该厂一直以来都是采用成本核算方法，并未随产品调整而进行相应的改变；第二，成本会计部门提供的成本信息先核对之后，仅进行成本核算，未进行成本控制；第三，成本管理人员没有深入了解企业生产情况，很多人无法回答关于生产的问题。

思考题：

1. 根据本厂具体情况应采用什么核算体制（集中还是分散）？

2. 车间和厂部应设置哪些成本会计核算的岗位？

3. 车间和厂部应设置哪些成本总账和明细账？

4. 成本费用应按什么程序进行汇集和分配？

5. 对企业现在实行的成本核算模式提出进一步的改进意见。

资料来源：冯浩，刘克白. 成本会计理论与实务［M］. 2 版. 北京：清华大学出版

社，2010：27-28.

【案例二】 成本会计基础工作案例

开米公司是一家小型生产企业，专门生产某些重型机械需要的零部件。该公司设有四个基本生产车间，分别加工三种不同的部件和各种零件。此外设有材料保管库、产成品库、财务部门、办公室、市场营销部、销售门店等。平时的加工业务量能够使得机器设备充分利用，也没有过多的存货积压，但是经济效益总是没有达到理想水平。

管理层召开会议讨论此现象产生的原因，各部门负责人自己反思自己管辖范围内是否存在问题，希望能找出存在不足的原因，提高效益。

材料供应主管说：为了保证生产的及时性，日常生产领用材料方式很灵活，能点数的点数，不方便点数的材料就目测一下数量。对各生产部门的领用数量没有限制，有时候填领料单，有时候时间紧张或领用数量比较少就不填领料单了。

生产部门主管说：领用多少材料就消耗多少材料，只要最后的产品是合格的，就不会影响销售。产量忽高忽低也正常，因为同时请假的人如果比较多，肯定会影响加工进度。材料有很多是成本较低的，所以为了保证产品质量，稍微浪费一点也没关系。

财务主管说：工人每个月的出勤记录和实际的上班天数不完全一样，有替打卡的情况，工时和产量记录有时候可能会多写点。反正都是熟悉的同事，不好意思要求太严格，睁一只眼闭一只眼就可以了。

销售主管说：我们的产品质量好，销路不错，都可以根据订单要求按时交货。

在了解到企业真实的运转情况之后，经理开始全面思考，是不是只要产品不愁卖，就可以了呢？

思考题：

1. 你认为该企业在成本管理方面存在哪些问题？

2. 对于已经出现的问题应如何改进？

3. 成本管理的基础工作应包括哪些方面的内容？

【案例三】 Seligram 公司：电子检验业务

我们一年前安装了意见仅满足某个客户要求的设备。这样，检验该客户销售的部件时就只需要较少的直接人工。这实际上减少了分摊到那类部件上的陈本，因为我们的成本分摊系统是基于直接人工的。但是把 4 万美元的设备成本计入一般成本库却提高了分摊到其他客户的成本。这种做法毫无意义。——保罗·卡特（Paul Carte），公司经理

案例背景

Seligramn 公司的电子检验中心为诸如集成电路这样的电子元器件提供集中检验。1979 年，公司的 11 个不同部门中的检验业务被集中起来，并成立了电子检验中心。从 1983 年起，电子检验中心的服务开始计费。据估计，该中心在今后五年里可以为公司在检验设备方面节约 2 000 万美元。

电子检验中心作为一个成本中心，以全部成本（直接成本加上从外部摊来的成本）

向其他部门转移成本。尽管它是公司的一个常设部门，但如果其提供的检验不能满足其他部门的成本要求或数量要求时，其他部门可以使用外部的检验服务。尽管该中心至多能以自己 10% 的服务能力来对外提供检验服务，但它主要处理公司内部的检验工作，因为检验市场的竞争很激烈。

电子检验中心雇用了 60 个小时制工人和 40 个管理和技术人员。1988 年预算费用是 90 万美元，见表 1-2-1。

表 1-2-1　　　　　　Seligramn 公司：电子检验中心 1988 年的预算费用　　　　单位：美元

直接人工	3 260 015
间接人工	859 242
其他薪金	394 211
物耗	538 029
服务成本	245 226
其他人工	229 140
分摊来的服务成本	2 448 134
总预算成本	7 973 097

注：服务成本包括工具修理、计算费用、维修商店和从其他部门转来的服务成本。

其他人工：包括员工福利、人事部门、保安、仓储和带薪假期等。

分摊来的服务成本：包括房租、电话、折旧、信息系统使用费和数据控制成本等。

检验程序

电子检验中心在 1988 年打算检验 3 500 万~4 000 万个元件。这些元件包括集成电路、二极管、晶体管、电容、电阻、整流器、继电器和振荡器等。检验元件的原因有两个。首先，如果在生产的早期不能排除次品的话，产品的修理成本会超过其自身的成本。研究表明，一个次品电阻在没有进入使用前就被发现，其损失是 2 美分，但如果被安装到了产品中，则可能导致几千美元的修理成本。其次，Seligram 公司的很多产品都是军用的。军用产品要求对使用在空军和海军中的元件进行反复检验。到 1988 年，电子检验中心已能检验 6 500 种不同的元件。但一般它每月只能检验 500 种不同的元件，年检验量为 3 000 ~5 000 种。来自客户的元件都是成批的。1988 年它收到了大约 12 000 批元件。

电子检验中心同时进行两种检验：电子检验和机械检验。电子检验主要是检测元件的电子特性，并把它们和该元件的技术指标作比较。例如，放大器的技术指标是要求能把 1 伏的输入放大到 10 伏。检验中心就是通过检验一个放大器对 1 伏输入的输出来判断该元件的质量。

机械检验包括焊接牢度、元件预烧、热冲击、导线准直和漏电检测等。焊接牢度检验是观察元件的焊接是否牢固。元件预烧是通过高温预热来加速劣质元件的损坏。热冲击是检验元件对骤冷骤热的抵抗力。导线准直是发现并校正元件中扭曲的导线。漏电检验是检验密封集成电路的绝缘性。

进行电子检验和机械检验的元件的种类和数量都有显著的不同。这种差异导致了该中心有大约 200 个不同的标准检验程序。由于客户有不同的检验要求，组合起来后就会产生多种多样的检验程序。例如，集中电路可以有六种检验程序。有些集成电路只需在常温下进行焊接牢度和漏电检测就行了，而其他集成电路则要进行热冲击和预烧。

每种元件都需要独立的检测软件，可能还需要不同的工具和夹具。软件、工具和夹具是由工程人员开发的。他们在软件开发、设备维护、校准修复工具、工具和夹具设计、检验设备操作等方面都有专长。软件工程师为特殊的用途开发程序。这些程序保存在软件库中以供日后使用。电子检验中心有 6 500 种软件，去年就新开发了 1 300种。它拥有 1 500 种工具和夹具，其中的 300 种是去年新开发的。这些工具可以满足检测各种导线、插头和组合元件的要求。

电子检验中心分为两个检验室。主检室里有电子检验的设备。机械室里有机械检验设备，还设有来料接收处和储藏室。两个检验室有 20 个人上主班，10 个人上夜班。

成本会计系统

成本会计系统需要核算两类成本：直接人工成本和杂项成本。杂项成本包括每个检测室的杂项成本，与软件工具开发有关的工程成本以及本部门的管理费用。它们都被汇总到一个杂项成本库。总杂项成本除以总的检测和工程人工成本就得到每美元直接人工成本的杂项成本率。电子检验中心按照元件的批次来核算成本。每个批次的杂项成本是把该批次所需的直接人工成本乘以 145 % 的杂项成本率。然后把它和该批次的实际直接人工成本相加得到总成本。1988 年，整个工厂的杂项成本率是每美元直接人工成本的 145%，其中超过 25% 是设备折旧（见表 1-2-2）。

表 1-2-2　　　　Seligram 公司：（按 1988 年的计划计算的杂项成本利率）　　　单位：美元

杂项成本类	
间接人工	859 242
其他薪金 物耗 服务成本	394 211 538 029 245 226
其他人工	229 140
分摊来的服务成本	2 448 134
总杂项成本 杂项成本率	4 713 982 总杂项成本 =直接人工
	=4 713 982 3 260 015 =144.6%
有效费用率	145%

注：总杂项成本分解：变动成本　　　　　　　　　　　　　　　　　　　　1 426 317
　　　固定成本
　　　折旧　　　　　　　　　　　　　　　　　　　　　　　　　　　　　1 288 000
　　　其他固定成本　　　　　　　　　　　　　　　　　　　　　　　　　1 999 665
　　　杂项成本合计　　　　　　　　　　　　　　　　　　　　　　　　　4 713 982

过时的预兆

这种按照直接人工来分摊杂项成本的方法已经有过时的迹象了。从 1983 年电子检验中心成立以来它的直接人工成本一直在以稳定的速度下降。供应商认证更加剧了这种趋势，供应商认证是及时化配送的一个关键部分。在供应商认证下，供应商保证对元件进行基本检测，而 Seligram 公司的检测中心的任务是对元件进行抽样检测以保证供应商的检测质量是可信的。因此，尽管及时化配送导致检测中心收到的元件的批次变大（但每批的规模缩小了），中心需要进行的检测却相应减少了。而初步预测显示今后五年里及时化配送会占到公司总发行量的 30%。

除了直接人工的下降和检验批次的减少，基于人工的分摊系统也随着电子检验中心从简单的检测服务向更广泛的业务转型而显得过时。对于那些需要跟踪检测、环境控制及复杂检测的元件，在电子检验中心检测一直比拿到外面检测来得便宜。但对于那些仅需要简单检测技术的大批量元件，拿到外面去检测就比较便宜。原因是外部检测比较固定，不提供个性化的工程支持。而电子检验中心则因为其工程支持力量而能迅速、高效、便宜地提供这样的附加服务。随着业务变得更加复杂，人工中的间接人工的比重也日益上升。电子检验中心预计到 20 世纪 90 年代早期就能实现工程人员和操作人员平分秋色的局面。

最后，高科技元件日益需要更为自动化的检测程序、更长的检测周期和更多的数据。例如，原有的数字元件需要在近 100 种运行环境（输入和输出状态的组合）下进行检测。而新一代数字元件的运行环境多达 10 000 种。这就需要相当昂贵的自动化检测设备。而自动化程序的提高又使得直接人工相对于设备的折旧费用而言又下降了。

有人担心杂项成本分摊率的提高会失掉部分客户。电子检验中心已经注意到，客户对按照现有成本率支付检测成本的，怨言越来越多。

电子检验中心的会计经理提出了一种新的成本系统来进行弥补。在新系统下，杂项成本直接归集到两个成本库。第一个成本库中的成本与管理及检测活动（如与中心管理、工程、规划、监管有关的人工）有关。这个成本库按照直接人工小时来分摊。第二个成本库包括所有其他的成本，按照机器小时分摊。表 1-2-3 列出了预计的成本率。

表 1-2-3　Seligram 公司：电子检测业务（按 1988 年计划计算预算杂项成本率）单位：美元

机器小时率		
	机器小时	杂项成本
主检测室	33 201	2 103 116
机械检测室	17 103	1 926 263
合计	50 304	4 029 379
机器小时率＝杂项成本/机器小时＝4 029 379÷50 304＝80.10		
有效的机器小时率＝80.00		
直接人工小时成本率		
总的工程和管理成本＝684 603		

表1-2-3（续）

总直接人工成本=3 260 015
成本率=总的工程和管理成本/总直接人工成本=684 603÷3 260 015=21%
有效的人工小时成本率=20%

注：杂项成本

表 1-2-4   单位：美元

	变动	折旧	其他	固定合计
主检测室	887 379	88 779	1 126 958	2 103 116
机械检测室	443 833	808 103	679 327	1 926 263
合计	1 331 212	896 882	1 801 285	4 029 379

总的工程成本和管理成本的成本分解，如表 1-2-5 所示：

表 1-2-5   单位：美元

变动成本	95 105
固定成本	
折旧	398 118
其他固定成本	198 380
杂项成本合计	684 603

总直接人工成本：所有的直接人工成本，如发生在检测和工程部门的直接人工成本。

在会计经理提交了他的成本系统规划后不久，Seligram 公司聘请了一个咨询师来评估这个成本计划。咨询师建议要有三个独立的杂项成本库，其中两个针对检测室，另一个针对通用技术和管理活动。杂项成本直接分摊到这三个成本库。就像会计经理的计划那样，在咨询师的计划中，与检测室有关的成本按机器小时分摊。而技术成本和管理成本仍按照直接人工成本来分摊。表 2-6 则列出了一批次中五种元件所需的直接人工和机器小时的降低，这五种元件是为了研究而挑选出来的。

表 1-2-6 Seligram 公司：电子检测业务（一个批次所需的直接人工和机器小时）

	直接人工	机器小时		合计
		主监测室	机械检测室	
集成电路 A	$ 917	8.5	10.0	18.5
集成电路 B	$ 2 051	14.0	26.0	40.0
电容	$ 1 094	3.0	4.5	7.5
放大器	$ 525	4.0	1.0	5.0
二极管	$ 519	7.0	5.0	12.0

（四）技术前景

在 1988 年，电子检验中心面临一个重大的技术改变。因为现有的检测设备已经陈旧，无法适应目前元件技术的发展，中心急需采用一批重要的新设备。例如，现有元件的输出/输入端口（如接口和其他端口）在 16~40 个之间，而中心设备的设计能力是可以处理 120 个端口的元件。但几年后，就出现了 256 个端口的元件。同样地，现有元件的上限频率是 2 000 万赫兹，而新一代的元件的频率可望达到 5 000 万赫兹。

新一代元件所需的检测设备相当昂贵。每件大约需要 200 万美元。在这些设备上进行检测自动化程度更高，检测周期更长，能产生更多的数据。每批的数量也可能更多。新设备并不能替代电子检验中心现有的设备，而只是增加了其目前没有的检测能力。此外，在可预见的将来，需要新设备的客户可能只有一两家，表 1-2-7 列出了新设备的经济特性和操作特性。

表 1-2-7　　Seligram 公司：电子检测业务（新检测设备的经济和操作特性）

成本	200 万美元
使用年限	8 年
折旧方法	双倍余额递减法
放置地	主监测室
利用率	一年的总工作时间为 4 000 小时（2 班×2 000 小时/年），第一年可达 10%，从第三年起为 60%
直接人工	每操作小时约 5 分钟，平均的人工率为每小时 30 美元。
工程要求	第一年的安装和调整成本为 75 万美元
估计的其他费用（非工程性的折旧）	25 万美元（变动成本：10 万美元，固定成本：15 万美元）

采用新设备会加速直接人工比重降低的趋势。同时，杂项成本会随着折旧和工程成本的额外增加而增加。这会导致每单位人工成本的杂项成本率上升。就像电子检验中心的经理所看到的，如果继续使用基于直接人工的成本系统，采购新设备就会对电子检验中心现有的价格结构产生在灾难性影响。

计划采购一件仅满足一两个客户的特殊要求的设备。该设备运行速度很高，减少了直接人工的需要。它会显著影响目前的成本分摊率，提高其他客户需求分摊的成本。很明显，如果对此放任自流，客户就会流失。如果不改变现有的成本系统，将会丢失 25% 的客户。

思考题：

1. 根据案例资料，说明 Seligram 公司改变现有成本系统的原因。

2. 说明费用分类的标准及其适用的范围，本案例中采用的费用分类方式包括哪些?

资料来源：罗宾．库珀，罗伯特·S. 卡普兰. 成本管理系统设计教程与案例 [M]．王立彦，高展，卢景琦，等，译. 大连：东北财经大学出版社，2003：76-82.

【案例四】 正泰的成本控制案例

2004 年年初，矽钢片的价格是 1.2 万~1.3 万元/吨，到 10 月份涨到了 2 万元/吨，11 月份涨到了 2.7 万~2.8 万元/吨；2005 年年初，矽钢片的价格涨到了 4.2 万~4.3 万元/吨。仅一年时间涨幅超过 200%。

与此同时，浙江大范围电荒，很多地方已开始执行生产企业的"开三停四"的供电计划。霎时间将很多低压电器生产厂至于水与火的煎熬当中，很多企业产品尚未销售亏损便已成定局，更多的则是采取提高售价，向市场转移成本，以求暂避劫难。

正泰却逆市飚扬，质量不仅没有因为压力而缩水，而且价格保持着足够的竞争力，"这是一次利用价格杠杆实现产业集中的机遇，我们必须做到利润和份额的同步增长。挺过去，正泰就可以迈进行业第一！"

"混合型"生产

正泰所在的温州柳市虽然是个群山环绕的小市镇，但是由于浙江省整体闹电荒，加之上万家的电器厂如同发豆芽一样地挤在这个小镇中，电力供应的矛盾非常严峻，而这时人机交互式生产在保障订单的交付方面的优势就显而易见。

同时，低压电器行业属于劳动密集型产业，对设备的使用可以大大减轻劳动力市场波动的影响。"毕竟设备又不会像员工那样可以招之即来挥之即去。"

虽然自动化生产效率高，但是设备购置费是一笔最大的投入，终端车间的 4 条自动生产线，一条要 500 多万元人民币，设备的逐年折旧肯定会加大企业的生产成本。"而且，越是复杂的设备，维修成本也越高。目前终端车间的自动线每年的维修费也要几十万元。一条自动线一般能够替代五六十个工人，按目前正泰的工资水平计算，这些工人一年的工资才只有 10 多万元。"用人工还是机器，正泰的角度就是看成本。

"人要比机械更灵活。比如在组装时，一个零件如果稍微有一点变形，人会自动调整一下方向把它安装上，但自动线就不行，会马上就淘汰掉，这样无形增加了采购质量和成本，同时生产的材料消耗也随之上升。"正泰生产采购中心总经理邓华祥说。

这也是正泰上下的共识。在整个正泰工业园，只有 12 条全自动生产线，手工仍占 70% 以上，目前终端公司的装配仍是由手工完成。

在正泰终端电器公司的第一间生产车间，通道右边是真正的手工生产线，一排排望不到头的工作台，没有惯常所见的传送带。年轻的女工将工件拼装好后，就会用一根普通的橡皮筋轻轻捆起，放到一边，隔一段时间由搬运工送到下一个工序。几千个工作台上同时传来的"卡卡"的工件碰撞声，显得热烈而忙碌。

另一边是四条纯粹的自动化生产线，工件由机器手传到下一个工序，长长的生产线上只有两个工人走来走去，来回巡视。除了拼装和包装工序外，中间的几个工序已经都由机器来完成。

正是采用了这种混合式生产单元，不仅仅成本得到了有效控制，提高了效率，而且生产线更具有弹性，在处理多品种、多规格订单时有时更加明显。这里也因此成为目前全球最大的小型断路器生产中心，目前日产量可以达到 24 万台。

拆分流水线

"不要迷信自动化。"在对人力的应用上，正泰仔细研究生产线分解与劳动力要素配置的关系，根据每一道工序对生产速度的要求，对上游的工序进行重新整合。

"定型的、量大的产品就用自动线。"邓华祥说，"订单小的用自动线做效率反而低，特别是一些有客户附加要求比较特殊的产品，我们需要在生产线中间加工序，如果是自动线就无法加工序。"

正泰对处理不同型号订单的生产方式别出心裁，由于订单的多样性，必然使固定的自动流水线生产变得困难，并且不经济，而采用人机混合的方式就可以合理调度这种变动。

另外，对于一些经常自动流水线生产效率并不高的工序，也从整条生产线上抽离出来，采用密集劳力的方式单独进行加工，这样改进后发现效率提高很多。正泰对生产成本的敏感是外人无法想象的，他们精确计算生产线上的某些环节是否适用引进自动线，这似乎不能被简单指责为拒绝技术升级的保守。

在降低生产成本方面的举措不仅体现在对生产线的生产要素分解、组合与替代的理解上，也体现在它们对生产损耗的控制上。

"机器对标准的要求较高，而人就具有足够的适应能力。"正泰将原材料进行分级处理，充分利用人力和机器的不同特点实现原料的最大利用。

在对纯粹人工操作的生产线上，一道工序和另一道工序之间的搬运时间都被精确测量，直至整体效率达到最佳。对于工序的设计，也是秉持最佳效率原则，经过试验，一个人负责的工序越少，速度越快，于是就将工序进一步细分，更密集地使用人力，从而使正泰的流水线保证了对大量订单的处理能力。

人机合成模式虽然可以降低成本，但是如果没有工人良好的素质，一切都白搭。特别是在中国大多数工人还是受教育水平很低、流动频繁的普通民工。

为了保证新招聘员工快速上手，降低培训成本，对于包括技术文件等很小的细节，正泰也正在进行适当的修改。"让图形发挥更大的价值"，采用形象教育手段，工人在干中学，整体素质提高很快。在文件处理上，也尽可能采用让较低文化程度的员工看得懂的表达方式。

此外，人的效率不同于流水线，需要不断摸索、改进和提高。而正泰通过劳动竞赛和奖罚制度、目标定人定岗承包等方式，不断调动非流水线部分的工人效率。同时建立了内部计算机网，随时了解一线生产情况，包括每个员工的出勤、员工的到位情况、员工的生产情况、缺勤的原因等。

思考题：

1. 通过正泰公司的案例思考，片面追求降低成本是否是正确的做法？

2. 正泰公司在成本会计基础工作方面有哪些特点？

二、作业与练习题

（一）单项选择题

1. 下列费用中，应计入产品成本的有（　　　）。

　　A. 管理费用　　　　　　　　　　　B. 财务费用

　　C. 制造费用　　　　　　　　　　　D. 营业费用

2. 下列属于要素费用的是（　　　）。

　　A. 直接材料　　　　　　　　　　　B. 外购材料

　　C. 直接人工　　　　　　　　　　　D. 制造费用

3. 下列支出属于资本性支出的是（　　　）。

　　A. 购入无形资产　　　　　　　　　B. 支付本期照明用电费

　　C. 购入印花税票　　　　　　　　　D. 支付利息费用

4. 用来核算企业为生产产品和提供劳务而发生的各项间接费用的账户是（　　　）。

　　A. 基本生产成本　　　　　　　　　B. 制造费用

　　C. 管理费用　　　　　　　　　　　D. 财务费用

5. 不在"财务费用"账户核算的项目是（　　　）。

　　A. 业务招待费　　　　　　　　　　B. 利息费用

　　C. 汇兑损失　　　　　　　　　　　D. 金融机构结算手续费

6. 制造费用应分配记入（　　　）账户。

　　A. 基本生产成本和辅助生产成本　　B. 基本生产成本和期间费用

　　C. 生产成本和管理费用　　　　　　D. 财务费用和营业费用

7. 下列各项中不应计入产品成本的是（　　　）。

　　A. 企业行政管理部门用固定资产的折旧费

　　B. 车间厂房的折旧费

　　C. 车间生产用设备的折旧费

　　D. 车间辅助人员的工资

8. 下列各项中应计入管理费用的是（　　　）。

　　A. 银行借款的利息支出　　　　　　B. 银行存款的利息收入

　　C. 企业的技术开发费　　　　　　　D. 车间管理人员的工资

9. 下列各项中，属于产品生产成本项目的是（　　　）。

　　A. 外购动力费用　　　　　　　　　B. 制造费用

　　C. 工资及提取的职工福利费用　　　D. 折旧费用

10. 为了保证按每个成本计算对象正确地归集应负担的费用，必须将应由本期产品负担的生产费用正确地在（　　　）。

　　A. 各种产品之间进行分配

　　B. 完工产品和在产品之间进行分配

　　C. 盈利产品与亏损产品之间进行分配

　　D. 可比产品与不可比产品之间进行分配

（二）多项选择题

1. 下列属于成本项目的有（　　　）。

　　A. 工资　　　　　　　　　　　　　B. 直接人工

C. 直接材料
D. 制造费用

2. 要素费用中的税金包括（　　）。

A. 房产税
B. 车船使用税

C. 印花税
D. 营业税

3. 计入产品成本的生产费用按计入方式不同分为（　　）。

A. 制造费用
B. 直接人工

C. 直接计入费用
D. 间接计入费用

4. "制造费用"账户核算的内容包括下列的（　　）。

A. 车间的固定资产折旧费
B. 车间的固定资产修理费

C. 企业的业务招待费
D. 印花税

5. 下列各项中属于营业费用的是（　　）。

A. 广告费
B. 委托代销手续费

C. 展览费
D. 专设销售机构的办公费

6. 工业企业成本核算的一般程序包括下列的（　　）。

A. 对企业的各项支出、费用进行严格的审核和控制

B. 正确划分各个月份的费用界限，正确核算待摊费用和预提费用

C. 将生产费用在各种产品之间进行分配和归集

D. 将生产费用在本月完工产品与月末在产品之间进行分配和归集

7. 为了正确计算产品成本，应做好的基础工作包括（　　）。

A. 定额的制定与修订

B. 做好原始记录工作

C. 正确选择各种分配方法

D. 材料物资的计量、收发、领退和盘点

8. 下列各项中，应计入产品成本的费用有（　　）。

A. 车间办公费
B. 企业行政管理人员工资

C. 车间设计制图费
D. 在产品的盘亏损失

（三）判断题

1. 要素费用中的外购材料与成本项目中的直接材料费用内涵是一致的。（　　）

2. 企业在生产经营活动中发生的一切费用支出都应计入产品成本。（　　）

3. 凡是在生产过程中发生的、与产品生产有关的所有直接或间接耗费，均应作为生产费用计入产品成本。（　　）

4. 内部结算价格一般以计划单位成本为基础。（　　）

5. 制造费用即间接费用，直接材料、直接人工即直接费用。（　　）

6. 成本计算期的确定，主要取决于企业成本管理的要求。（　　）

（四）简答题

1. 成本核算的一般程序是什么？

2. 成本按经济内容分类有哪些？

3. 成本按经济用途分类有哪些？

4. 如何正确划分各种费用界限？

（五）名词解释

1. 成本核算　　　　　　　　　2. 费用要素

3. 产品生产成本项目　　　　　4. 制造费用

5. 销售费用　　　　　　　　　6. 管理费用

7. 财务费用　　　　　　　　　8. 直接生产费用

9. 间接生产费用　　　　　　　10. 直接计入费用

11. 间接计入费用　　　　　　　12. 基本生产

13. 辅助生产

第二篇　成本核算的基本原理

第三章　费用在各种产品及期间费用之间的归集和分配

一、教学案例

【案例一】　　　　　　宏泰金属制品公司制造费用分配案例

宏泰金属制品公司（以下简称宏泰公司）成立于 30 年前，主要根据客户订单成批生产金属薄板。目前，该公司生产的各种金属薄板广泛应用于许多大公司设备、计算机、复印机等的成批制造。近几年发展较快，因为许多大公司为了节省制造成本，对于以下非关键性的金属部件不再生产，选择外购。

宏泰公司只有一个工厂——格林公司，工厂中有许多金属薄板压床、切割机、钻孔机、钻孔压力机以及电动拱形焊枪。工程师与客户联系，调查他们是否需要外购零部件。一般，当公司准备生产一种新产品，而又缺乏必要的生产工具加工某些零部件时，客户工程师就与制造商的代理人一起为其设计零部件规格，并在指定期限内以固定价格的形式投标报价。在准备投标的这段时间，工程师要预计该批产品的直接人工和直接材料成本，以及各部门的机时，进而获得该批产品可能耗费的总成本。

由于外部竞争非常激烈，许多办公设备公司为了寻找低成本、高品质的生产者，往往会转向国际市场，因而对于像格林公司这样的小工厂，需求量不十分稳定，这迫使其不得不经常解雇和招聘工人。如果宏泰公司丧失了一批订货，则要等 5~8 个月才能重新接到订单，在此期间就不得不解雇工人。

该公司采用分批法计算产品成本。每天工作结束时，工人需要填写一份时间表。记录他们当天的生产产品批量及生产每批产品所耗时间。所有的间接成本分别归集到不同的生产车间。各部门的间接成本包括设备折旧、租赁费、车间管理人员工资及房屋折旧和财产税等。每个部门分别以直接人工工时为基础计算制造费用分配率。当一个工人的全部工时用于生产某一批产品时，以工人所在车间的制造费用分配率乘以该工人的生产工时就是该部门生产该批产品的制造费用。

王瑞是该公司的一名客户工程师，他正在审核为 RS 公司制造的雷达庇护装置成本。经详细复查，结果发现该批产品的直接人工成本过高。据王瑞估计，生产该批产品（150 个）在焊接车间花费的直接人工工时应为 7 小时，而实际工时为 10.5 个小时。

王瑞找到车间主任李森，要求其解释上述差异的原因。李森承认，焊接车间往往在某一时间段同时生产两批产品，因而很可能将本该由另一批产品承担的工时，分配给了 RS 公司的产品。

钻孔车间生产 RS 产品的工时为 69 小时，而王瑞估计只需要 55 小时。王瑞认为，如果分配给 RS 公司产品成本过高，RS 产品就会提高要价。如果发生这种情况那么 RS 公司可能转向其他供应商。王瑞又找到钻孔车间主任罗琳。罗琳说现在太忙，以后再找时间研究此事。

公司总经理获悉 RS 公司产品的会计误差后说："我不在乎这些问题，只要所有工时由各批产品承担，公司的税款申报就是正确的。"

思考题：

1. 你认为宏泰公司目前存在什么问题？

2. 应采取哪些改进措施加以改进？

资料来源：陈良华，韩静. 成本会计习题与案例［M］. 大连：东北财经大学出版社，2009：54-55.

【案例二】　　　　　　　　　　康惠医疗中心辅助费用分配案例

康惠医疗中心位于滨江市，设有住院部和门诊部。由于其位于退休职工密集区，病人趋向老龄化，因而当地政府的医疗照顾计划为其提供医疗保险，对门诊病人的医疗照顾由政府按成本补偿，每个诊所要提供一份关于治疗享受医疗照顾病人的成本报告。住院病人的医疗补偿是以预计的比例为基础，如用当地医疗照顾计划最高金额与预计病人总数相比，求出每位病人的补偿额，而不考虑医院成本。另外，该医疗中心还设有两个行政管理部门，即会计部和信息管理部，为住院部和门诊部提供服务，下表列示了两个部门提供的服务水平。

会计部的成本是按各受益对象的交易量为基础进行分配的，信息管理部是以各受益对象的存储数（GB）为基础进行分配的。医疗照顾计划指南允许采用以上分配标准，同时该指南也允许采用一些其他方法分配成本，只要这种方法合理、公认即可。

对于会计部和信息管理部所产生的成本，需要由住院部和门诊部承担。设计一种方法，计算住院病人和门诊病人分别应负担多少会计部和信息管理部成本，是非常重要的。表 1-3-1 是该医院会计部和信息管理部的费用及提供服务数量。

表 1-3-1　　　　　　会计部及信息管理部费用及提供服务数量情况表

行政管理部门		会计部	信息管理部
待分配费用 分配基础		3 800 000 元 交易数量	4 800 000 元 磁盘空间（GB）
耗用数量	会计部		8
	信息管理部	40 000	
	住院部	1 100 000	7
	门诊部	600 000	9
	合计	1 740 000	24

思考题：

1. 由你来设计一种认为是最准确的方法来分配费用。

2. 解释康惠医疗中心为什么要采取你的建议。

3. 辅助生产费用分配的方法有哪些？

资料来源：陈良华，韩静. 成本会计习题与案例［M］. 大连：东北财经大学出版社，2009：39-40.

二、作业与练习题

（一）单项选择题

1. 企业为生产产品发生的原料及主要材料的耗费，应通过（　　）账户核算。

　　A. 基本生产成本　　　　　　　　B. 辅助生产成本

　　C. 管理费用　　　　　　　　　　D. 制造费用

2. 月末编制材料费用分配表时，对于退料凭证的数额，可采取（　　）。

　　A. 冲减有关成本费用　　　　　　B. 在下月领料数中扣除

　　C. 从当月领料数中扣除　　　　　D. 不需考虑

3. 用来核算企业为生产产品和提供劳务而发生的各项间接费用的账户是（　　）。

　　A. 基本生产成本　　　　　　　　B. 制造费用

　　C. 管理费用　　　　　　　　　　D. 财务费用

4. "基本生产成本"月末借方余额表示（　　）。

　　A. 本期发生的生产费用　　　　　B. 完工产品成本

　　C. 月末在产品成本　　　　　　　D. 累计发生的生产费用

5. 下列各项中，属于直接生产费用的是（　　）。

　　A. 生产车间厂房的折旧费

　　B. 产品生产专用设备的折旧费

　　C. 企业行政管理部门固定资产的折旧费

　　D. 生产车间的办公费用

6. 基本生产车间本期应负担照明电费 1 500 元，应记入（　　）账户。

　　A. "基本生产成本"（燃料动力）　　B. "制造费用"（水电费）

　　C. "辅助生产成本"（水电费）　　　D. "管理费用"（水电费）

7. 核算每个职工的应得计件工资，主要依据（　　）的记录。

　　A. 工资卡片　　　　　　　　　　B. 考勤记录

　　C. 产量工时记录　　　　　　　　D. 工资单

8. 某职工 10 月份病假 3 日，事假 2 日，出勤 17 日，星期双休 9 日。若日工资率按 30 天计算，按出勤日数计算月工资，则该职工应得出勤工资按（　　）天计算。

　　A. 17　　　　　　　　　　　　　B. 20

　　C. 23　　　　　　　　　　　　　D. 26

9. 福利部门人员的工资费用和按福利部门人员工资计提的福利费应分别记入

（　　）账户的借方和贷方。

　　A．"管理费用"和"应付福利费"　　　　B．"应付福利费"和"管理费用"

　　C．均计入"管理费用"　　　　　　　　D．均计入"应付福利费"

10. 预付生产车间下季度财产保险费，应先记入（　　）账户。

　　A．"制造费用"　　　　　　　　　　　B．"管理费用"

　　C．"预提费用"　　　　　　　　　　　D．"待摊费用"

11. 将辅助生产车间发生的各项费用直接分配给辅助生产车间以外的受益单位，这种分配方法为（　　）。

　　A．计划成本分配法　　　　　　　　　B．直接分配法

　　C．顺序分配法　　　　　　　　　　　D．代数分配法

12. 在采用交互分配法分配辅助生产费用的情况下，各辅助生产车间交互分配后的实际费用等于（　　）。

　　A．交互分配前的费用

　　B．交互分配前的费用加上交互分配转出的费用

　　C．交互分配前的费用减去交互分配转出的费用

　　D．交互分配前的费用加上交互分配转入的费用，减去交互分配转出的费用

13. 辅助生产费用分配，首先在辅助生产车间之间进行交互分配，然后再对辅助生产车间以外的受益单位进行直接分配，这是辅助生产费用分配的（　　）。

　　A．直接分配法　　　　　　　　　　　B．代数分配法

　　C．交互分配法　　　　　　　　　　　D．计划成本分配法

14. 在辅助生产劳务或产品的计划单位成本比较准确的情况下，辅助生产费用的分配可采用（　　）。

　　A．计划成本分配法　　　　　　　　　B．直接分配法

　　C．代数分配法　　　　　　　　　　　D．顺序分配法

15. 采用计划成本分配法分配辅助生产费用，辅助生产的实际成本是（　　）。

　　A．按计划成本分配前的实际费用

　　B．按计划成本分配前的实际费用加上按计划成本分配转入的费用

　　C．按计划成本分配前的实际费用减去按计划成本分配转出的费用

　　D．按计划成本分配前实际费用加上按计划成本分配转入的费用，减去按计划成本分配转出的费用

16. 辅助生产车间完工的模具入库时，应借记的账户是（　　）。

　　A．"基本生产成本"　　　　　　　　　B．"辅助生产成本"

　　C．"原材料"　　　　　　　　　　　　D．"低值易耗品"

17. 辅助生产车间完工的修理用备件入库时，应借记的账户是（　　）。

　　A．"基本生产成本"　　　　　　　　　B．"辅助生产成本"

　　C．"原材料"　　　　　　　　　　　　D．"低值易耗品"

18. 辅助生产费用采用交互分配法，其说法正确的是（　　）。

　　A．正确性高，但计算工作量大　　　　B．分配结果不正确，计算工作简单

C. 计算工作简单，分配工作正确　　　D. 计算工作简单，费用只分配一次

19. 辅助生产车间发生的制造费用（　　）。

A. 必须通过"制造费用"总账账户核算

B. 不必通过"制造费用"总账账户核算

C. 根据具体情况，可以记入"制造费用"总账账户，也可以直接记入"辅助生产成本"账户

D. 首先记入"辅助生产成本"账户

20. 辅助生产交互分配后的实际费用，应再在（　　）进行分配。

A. 各基本生产车间　　　　　　　　B. 各受益单位之间

C. 辅助生产以外的受益单位之间　　D. 各辅助生产车间

21. 产品生产车间管理人员的工资应借记的账户是（　　）。

A. "基本生产成本"　　　　　　　　B. "制造费用"

C. "管理费用"　　　　　　　　　　D. "应付职工薪酬"

22. 基本生产车间计提固定资产折旧应记入的账户是（　　）。

A. "基本生产成本"　　　　　　　　B. "制造费用"

C. "管理费用"　　　　　　　　　　D. "营业费用"

23. 摊销应由当期制造费用负担的待摊费用时，应借记"制造费用"，贷记（　　）。

A. "预提费用"　　　　　　　　　　B. "银行存款"

C. "库存现金"　　　　　　　　　　D. "待摊费用"

24. 除了分配按年度计划分配率制造费用以外，"制造费用"账户月末（　　）。

A. 没有余额　　　　　　　　　　　B. 一定有借方余额

C. 一定有贷方余额　　　　　　　　D. 有借方或贷方余额

25. 按年度计划分配率分配制造费用的方法适用于（　　）。

A. 制造费用数额较大的企业　　　　B. 季节性生产的企业

C. 基本生产车间规模较小的企业　　D. 制造费用数额较小的企业

26. 下列各项中，不属于废品损失的是（　　）。

A. 可以降价出售的不合格产品的降价损失

B. 可修复废品的修复费用

C. 不可修复废品的生产成本扣除回收残料价值以后的损失

D. 生产过程中发现的和入库后发现的不可修复废品的生产成本

27. 生产过程中发现的或入库后发现的各种产品的废品损失，应包括（　　）。

A. 不可修复废品的报废损失　　　　B. 废品过失人员赔偿款

C. 实行"三包"损失　　　　　　　　D. 管理不善损坏变质损失

28. 下列关于停工损失的说法中，不正确的是（　　）。

A. 停工损失中的原材料、水电费、人工费等，一般可根据有关原始凭证确认后直接计入停工损失

B. 停工不满一个工作日的，一般不计算停工损失

C. 由于自然灾害等引起的非生产停工损失，计入营业外支出

D. 应取得赔偿的停工损失，计入管理费用

29. 不可修复废品是指（　　　）。

A. 技术上不可修复的废品

B. 修复费用过大的废品

C. 虽然技术上可修复但所花费的修复费用在经济上不合算的废品

D. 包括 A 和 C

（二）多项选择题

1. 应计入产品成本的各种材料费用，按其用途进行分配，应记入的账户有（　　　）。

A. "管理费用"　　　　　　　　B. "基本生产成本"

C. "制造费用"　　　　　　　　D. "财务费用"

2. 要素费用中的税金包括（　　　）。

A. 房产税　　　　　　　　　　B. 增值税

C. 印花税　　　　　　　　　　D. 所得税

3. 下列支出在发生时直接确认为当期费用的是（　　　）。

A. 行政人员工资　　　　　　　B. 支付的本期广告费

C. 预借差旅费　　　　　　　　D. 固定资产折旧费

4. "财务费用"账户核算的内容包括（　　　）。

A. 财会人员工资　　　　　　　B. 利息支出

C. 汇兑损益　　　　　　　　　D. 财务人员业务培训费

5. 计提固定资产折旧，应借记的账户可能是（　　　）。

A. "基本生产成本"　　　　　　B. "辅助生产成本"

C. "制造费用"　　　　　　　　D. "固定资产"

6. 用于几种产品生产的共同耗用材料费用的分配，常用的分配标准有（　　　）。

A. 工时定额　　　　　　　　　B. 生产工人工资

C. 材料定额费用　　　　　　　D. 材料定额消耗量

7. 根据有关规定，下列不属于工资总额内容的是（　　　）。

A. 退休工资　　　　　　　　　B. 差旅费

C. 福利人员工资　　　　　　　D. 长病假人员工资

8. 职工的计件工资，可能记入（　　　）账户借方。

A. "基本生产成本"　　　　　　B. "辅助生产成本"

C. "制造费用"　　　　　　　　D. "管理费用"

9. 下列固定资产中，其折旧额应作为产品成本构成内容的是（　　　）。

A. 生产车间房屋　　　　　　　B. 企业管理部门房屋

C. 生产用设备　　　　　　　　D. 专设销售机构用卡车

10. 以下各账户归集的支出，最终可能应由产品成本负担的是（　　　）。

A．辅助生产成本 　　　　　　　　B．制造费用

C．待摊费用 　　　　　　　　　　D．预提费用

11．分配或结转辅助生产费用可能涉及的账户有（　　　）。

A．"基本生产成本" 　　　　　　　B．"低值易耗品"

C．"制造费用" 　　　　　　　　　D．"管理费用"

12．企业进行辅助生产费用分配时，可能借记的账户有（　　　）。

A．"基本生产成本" 　　　　　　　B．"辅助生产成本"

C．"制造费用" 　　　　　　　　　D．"在建工程"

13．下列方法中，属于辅助生产费用分配方法的有（　　　）。

A．直接分配法 　　　　　　　　　B．交互分配法

C．约当产量法 　　　　　　　　　D．代数分配法

14．采用代数分配法分配辅助生产费用（　　　）。

A．能够提供正确的分配计算结果 　B．能够简化费用的分配计算工作

C．便于分析考核各受益单位的成本 　D．适用于实行电算化的企业

15．某企业采用代数分配法分配辅助生产费用。某月份供电车间的待分配费用为12 500 元，供电总量为 30 000 度，其中供水车间耗用 5 000 度；供水车间的待分配费用为 8 000 元，供水总量为 10 000 吨，其中供电车间耗用 1 000 吨。根据上述资料，应设立的方程式有（　　　）。

A．$12\ 500+5\ 000x = 30\ 000y$ 　　　B．$8\ 000+5\ 000x = 10\ 000y$

C．$12\ 500+1\ 000y = 30\ 000x$ 　　　D．$8\ 000+1\ 000y = 10\ 000x$

16．辅助生产车间发生的固定资产折旧费，可能借记的账户有（　　　）。

A．制造费用 　　　　　　　　　　B．辅助生产成本

C．基本生产成本 　　　　　　　　D．管理费用

17．辅助生产车间不设"制造费用"账户核算是因为（　　　）。

A．辅助生产车间数量较少 　　　　B．制造费用较少

C．辅助生产车间不对外提供商品 　D．辅助生产车间规模较小

18．下列应记入"制造费用"账户的是（　　　）。

A．生产车间工人工资 　　　　　　B．劳动保护费

C．厂部管理人员工资 　　　　　　D．生产车间固定资产折旧费

19．对制造费用进行分配，可采用（　　　）方法。

A．生产工时比例法 　　　　　　　B．约当产量法

C．计划分配率法 　　　　　　　　D．机器工时比例法

20．在计算制造费用的年度计划分配率时，其分配标准可以是（　　　）。

A．定额工时 　　　　　　　　　　B．产品产量

C．定额人工费用 　　　　　　　　D．定额机器台时

21．制造费用的分配方法有（　　　）。

A．生产工人工时比例分配法 　　　B．机器工时比例分配法

C．直接分配法 　　　　　　　　　D．生产工人工资比例分配法

22. 下列项目中，属于制造费用所属项目的有（   ）。

    A. 生产车间的保险费   B. 厂部办公楼折旧

    C. 在产品正常短缺   D. 车间负担的低值易耗品摊销

23. "废品损失"账户借方登记的内容是（   ）。

    A. 不可修复废品的实际成本   B. 不可修复废品回收的残料价值

    C. 可修复废品的修复费用   D. 可修复废品返修前的实际成本

24. 结转废品净损失应做的会计分录是（   ）。

    A. 借记"制造费用"   B. 借记"基本生产成本"

    C. 贷记"废品损失"   D. 贷记"基本生产成本"

25. 可修复废品应具备的条件是（   ）。

    A. 只要能修复就行   B. 在技术上可以修复

    C. 在经济上合算   D. 不必考虑修复费用的多少

26. 下列（   ）不应作为废品损失处理。

    A. 不需返修而降价出售的不合格品

    B. 产成品入库后，由于保管不善等原因而损坏变质的损失

    C. 出售后发现的废品，由于退回废品而支付的运杂费

    D. 实行"三包"（包退、包修、包换）的企业，在产品出售后发现的废品，所发生的一切损失

（三）判断题

1. 一个要素费用按经济用途可能记入几个成本项目，一个成本项目可以归集同一经济用途的几个要素费用。（   ）

2. 预提费用是指企业预先支出但应由本期和以后各期分别负担的费用。（   ）

3. 基本生产车间发生的各种费用均应直接记入"基本生产成本"账户。（   ）

4. 企业固定资产折旧费应全部计入产品成本。（   ）

5. 不设"燃料和动力"成本项目的企业，其生产消耗的燃料可计入"直接材料"成本项目。（   ）

6. 凡是发放给企业职工的货币，均作为工资总额的组成部分。（   ）

7. 计件工资只能按职工完成的合格品数量乘以计件单价计算发放。（   ）

8. 职工福利费应按实发工资的14%计算提取。（   ）

9. 在计划成本分配法下，为简化分配工作，对辅助生产成本差异全部调整计入制造费用。（   ）

10. 辅助生产费用的交互分配法，是只进行辅助生产车间之间交互分配，不进行对外分配。（   ）

11. 辅助生产费用的直接分配法是对所有的受益部门按受益数量进行费用分配。（   ）

12. 采用交互分配法分配辅助生产费用，对外分配时劳务数量是交互分配前劳务数量加上交互分配转入的数量减去交互分配转出的数量。（   ）

13. 在计划成本分配法中，辅助生产车间的实际费用是指其直接发生的费用加上按计划成本分配转入的费用。　　　　　　　　　　　　　　　（　　）

14. 在企业只有一个辅助生产车间的情况下，才能采用辅助生产费用分配的直接分配法。　　　　　　　　　　　　　　　　　　　　　　　（　　）

15. 制造费用是为组织和管理生产而发生的各种直接费用。　　　　（　　）

16. 辅助生产车间发生的制造费用可以不通过"制造费用"账户核算。（　　）

17. 生产工人的工资费用如果按生产工时比例分配计入各种产品成本，那么制造费用按生产工人工资比例法进行分配的结果与按生产工时比例法进行分配的结果应一致。　　　　　　　　　　　　　　　　　　　　　　　　　　（　　）

18. "制造费用"账户月末肯定没有余额。　　　　　　　　　　（　　）

19. 若生产车间只生产一种产品，则该车间发生的制造费用无需列入"制造费用"账户核算。（　　）

20. 按机器工时比例法分配制造费用，适用于机械化程度较高的车间。（　　）

21. 年度计划分配率法在平时工作量较少，但年末工作量较大。　（　　）

22. 采用年度计划分配率法分配制造费用，在平时"制造费用"账户肯定有余额。　　　　　　　　　　　　　　　　　　　　　　　　　　（　　）

（四）简答题

1. 原材料费用分配的对象是什么？
2. 材料定额比例分配的优缺点是什么？
3. 折旧的计提范围有哪些？
4. 计时工资和计件工资有何区别？
5. 辅助生产费用分配的特点是什么？
6. 什么是废品损失？
7. 什么是停工损失？

（五）名词解释

1. 低值易耗品　　　　　　2. 一次摊销法
3. 分次摊销法　　　　　　4. 五五摊销法
5. 职工薪酬　　　　　　　6. 待摊费用
7. 预提费用　　　　　　　8. 直接分配法
9. 顺序分配法　　　　　　10. 交互分配法
11. 代数分配法　　　　　　12. 计划成本分配法
13. 废品损失　　　　　　　14. 停工损失

（六）计算题

1. 练习材料费用的分配

海东企业 2013 年 7 月生产的甲、乙两种产品共同耗用 A、B 两种原材料，耗用量无法按产品直接划分。具体资料如下：

（1）甲产品投产 400 件，原材料消耗定额为 A 材料 8 千克，B 材料 3 千克。

（2）乙产品投产 200 件，原材料消耗定额为 A 材料 5 千克，B 材料 4 千克。

（3）甲、乙两种产品实际消耗总量为：A 材料 4 116 千克，B 材料 2 060 千克。

（4）材料实际单价为：A 材料 8 元/千克，B 材料 6 元/千克。

要求：根据定额消耗量的比例，分配甲、乙两种产品原材料费用。填入表 1-3-2。

表 1-3-2　　　　　　　　　　　　原材料费用分配表　　　　　　　　　　单位：元

原材料		A 材料	B 材料	原材料实际成本
甲产品 投产（　）件	消耗定额（千克）			
	定额消耗量（千克）			
乙产品 投产（　）件	消耗定额（千克）			
	定额消耗量（千克）			
定额消耗总量				
实际消耗总量				
消耗量分配率				
实际消耗量 的分配	甲产品			
	乙产品			
原材料实际单位成本				
原材料费用（元）	甲产品			
	乙产品			
	合计			

2. 练习材料费用、燃料费用及人工费用的分配

海东企业有两个基本生产车间和一个供电车间、一个机修车间。第一生产车间生产 A 产品和 B 产品，第二生产车间生产 C 产品。

（1）耗用材料的分配：

1）该厂 20×7 年 7 月份材料成本差异率为+4%（包括燃料）。

2）第一生产车间 A、B 两种产品共同耗用原材料按定额费用的比例进行分配，共同耗用燃料按 A、B 两种产品的产量比例分配（原材料、燃料耗用情况见表 1-3-3、表 1-3-4）。两种产品的产量及定额资料如下：A 产品产量 1 000 件，原材料单件消耗定额 30 元。B 产品产量 1 400 件，原材料单件消耗定额 25 元。

（2）人工费用的资料：

1）该企业 20×7 年 7 月各车间、部门的工资汇总表见表 1-3-5。

2）第一生产车间生产工人的工资及福利费，按 A、B 两种产品的生产工时进行分配，A 产品生产工时为 28 000 小时，B 产品的生产工时为 30 000 小时，第二生产车间只生产一种 C 产品，所以其生产工人工资及福利费全部计入 C 产品的成本（该厂提取的职工福利费按工资额的 14%计提）。

表 1-3-3　　　　　　　　　　　　**原材料耗用汇总表**　　　　　　　　　单位：元

领料车间、部门	用途	计划成本
第一生产车间	制造 A 产品	39 000
第一生产车间	制造 B 产品	31 000
第一生产车间	制造 A、B 产品共同耗用	78 000
第一生产车间	机器设备维修耗用	2 600
第一生产车间	劳动保护耗用	800
第一生产车间	一般性消耗	1 600
第二生产车间	制造 C 产品	46 000
第二生产车间	机器设备维修耗用	1 300
第二生产车间	劳动保护耗用	730
第二生产车间	一般性消耗	1 100
供电车间	生产耗用	12 000
机修车间	生产耗用	13 500
企业管理部门	固定资产经常维修耗用	900
合计	228 530	

表 1-3-4　　　　　　　　　　　　**燃料耗用汇总表**　　　　　　　　　单位：元

领料车间	用途	计划成本
第一生产车间	制造 A、B 产品共同耗用	9 600
第二生产车间	制造 C 产品	6 800
合计		16 400

表 1-3-5　　　　　　　　　　　　**工资费用汇总表**　　　　　　　　　单位：元

车间、部门	各类人员	工资
第一生产车间	生产工人	12 400
	管理人员	900
第二生产车间	生产工人	5 800
	管理人员	700
供电车间	车间人员	1 400
机修车间	车间人员	2 600
企业管理部门	管理人员	4 500
合计		28 300

1. 根据资料 1，编制"燃料费用分配表"（填入表 1-3-6）和"原材料费用分配

表"（填入表 1-3-7）。

2. 根据资料 2，编制"工资及福利费用分配表"（填入表 1-3-8）。

3. 根据以上各分配汇总表编制会计分录。

表 1-3-6　　　　　　　　　　　　**燃料费用分配表**

年　月　　　　　　　　　　　　　单位：元

分配对象	产量（件）	燃料					
		间接分配部分（计划成本）		直接计入部分（计划成本）	计划成本合计金额	材料成本差异（％）	实际成本合计
		分配率	应分配费用				
A 产品							
B 产品							
小计							
C 产品							
小计							
合计							

表 1-3-7　　　　　　　　　　　　**原材料费用分配表**

年　月　　　　　　　　　　　　　单位：元

应借账户		成本或费用项目	产量（件）	本月消耗			计划价格	直接耗用（计划成本）	原材料计划成本合计	材料成本差异（4%）	原材料实际成本合计
				单位耗用定额	耗用总额	分配率（％）					
基本生产成本	A 产品	原材料	1 000	30	30 000		36 000	39 000	75 000	3 000	78 000
	B 产品	原材料	1 400	25	35 000		42 000	31 000	73 000	2 920	75 920
	小计				65 000	1.2	78 000	70 000	148 000		
	C 产品	原材料									
制造费用	第一车间	消耗材料									
		修理费									
		劳动保护费									
	第二车间	消耗材料									
		修理费									
		劳动保护费									
辅助生产成本	供电车间	材料费									
	机修车间	材料费									
管理费用											
合计											

表 1-3-8　　　　　　　　　　工资及福利费用分配汇总表

年　月　　　　　　　　　　　　　　单位：元

应借账户		实用工时	工资		提取的福利费		合计
			分配率	应分配费用	分配率	应分配费用	
基本生产成本	A 产品						
	B 产品						
	小计						
	C 产品						
小计							
制造费用	第一车间						
	第二车间						
小计							
辅助生产车间	供电车间						
	机修车间						
小计							
管理费用							
合计							

3. 练习辅助生产费用的归集和分配

海东企业辅助生产车间的制造费用不通过"制造费用"账户核算。供电、机修两个辅助生产车间，其费用分配情况：（1）供电车间为 A、B、C 三种产品直接提供生产用电力，为车间、厂部提供照明用电，产品共同耗用的电费，按生产工时比例分配。（2）机修车间为各车间、部门提供修理劳务，其费用按所提供的修理工时直接分配。

资料一：2013 年 7 月份辅助生产车间发生各项费用如下：

（1）分配原材料费用，其中：供电车间负担 12 000 元，机修车间负担 14 000 元。

（2）分配工资费用，其中：供电车间负担 1 500 元，机修车间负担 2 500 元。

（3）计提职工福利费，其中：供电车间负担 200 元，机修车间负担 350 元。

（4）以银行存款支付办公费，其中：供电车间负担 600 元，机修车间负担 850 元。

（5）以银行存款支付劳动保护费，其中：供电车间负担 1 500 元，机修车间负担 1 000 元。

（6）以银行存款支付运输费，其中：供电车间负担 400 元，机修车间负担 200 元。

（7）计提折旧费，其中：供电车间负担 3 000 元，机修车间负担 2 500 元。

（8）摊销修理费，其中：供电车间负担 3 000 元，机修车间负担 2 500 元。

注：以上（4）、（5）、（6）均由银行存款支付。

资料二：2013 年 7 月份辅助生产车间对生产车间、管理部门及产品提供的生产工时及机修工时见表 1-3-9。

表 1-3-9　　　　　　　　　　辅助生产车间提供的劳务量

辅助生产车间名称	计量单位	使用车间、部门、产品和耗用数量					
		生产产品耗用			车间、部门一般耗用		
		A产品	B产品	C产品	第一生产车间	第二生产车间	管理部门
供电车间	生产工时	25 000	30 000	15 000			
	度	10 000			2 000	2 500	5 500
机修车间	机修工时				7 000	3 500	1 500

要求：

1. 根据资料一编制会计分录，登记辅助生产明细账（见表 1-3-10、表 1-3-11）。

2. 根据资料二采用直接分配法编制费用分配表（见表 1-3-12），计算各产品、各部门应负担的辅助生产费用，并根据计算结果编制会计分录。

表 1-3-10　　　　　　　　　　辅助生产成本明细账

车间名称：供电车间

年		凭证字号	摘要	费用项目							
月	日			材料费	工资及福利费	办公费	劳动保护费	运输费	折旧费	修理费	合计

表 1-3-11　　　　　　　　　　辅助生产成本明细账

车间名称：机修车间

年		凭证字号	摘要	费用项目							
月	日			材料费	工资及福利费	办公费	劳动保护费	运输费	折旧费	修理费	合计

表1-3-11(续)

年		凭证字号	摘要	费用项目							
月	日			材料费	工资及福利费	办公费	劳动保护费	运输费	折旧费	修理费	合计

表 1-3-12 　　　　　　　　　**辅助生产费用分配表**

（直接分配法）

辅助生产车间名称			供电车间	机修车间	合计
待分配费用					
供应劳务量					
分配率					
产品耗用	A 产品	耗用数量			
		分配金额			
	B 产品	耗用数量			
		分配金额			
	C 产品	耗用数量			
		分配金额			
一般耗用	一车间	耗用数量			
		分配金额			
	二车间	耗用数量			
		分配金额			
企业管理部门		耗用数量			
		分配金额			
合计					

4. 练习辅助生产费用的分配

海东企业 2013 年 9 月有供电、机修二个辅助生产车间，其有关资料见表 1-3-13。

表 1-3-13　　　　　　　**辅助生产车间发生的费用和提供的劳务量**

项目	供电车间	机修车间
待分配费用	150 000 元	21 000 元
供应劳务数量	800 000 度	12 500 工时
计划单位成本	0.20 元	1.80 元

表1-3-13(续)

项目		供电车间	机修车间
耗用劳务数量	供电车间		1 500 工时
	机修车间	10 000 度	
	第一基本生产车间	550 000 度	6 000 工时
	第二基本生产车间	210 000 度	4 000 工时
	企业管理部门	30 000 度	1 000 工时

要求:

1. 根据上列资料,分别采用直接分配法、交互分配法、代数分配法和计划成本分配法,对辅助生产费用进行分配,填制对应的费用分配表,见表1-3-14、表1-3-15、表1-3-16、表1-3-17。

2. 根据以上四种分配方法计算的结果,分别编制会计分录。

表 1-3-14　　　　　　　　　**辅助生产费用分配表**

（直接分配法）

辅助生产车间名称			供电车间	机修车间	合计
待分配费用					
供应劳务数量					
单位成本（分配率）					
基本生产车间	一车间	耗用数量			
		分配金额			
	二车间	耗用数量			
		分配金额			
企业管理部门		耗用数量			
		分配金额			
合计					

表 1-3-15　　　　　　　　　**辅助生产费用分配表**

（交互分配法）

项目	交互分配			对外分配		
辅助生产车间名称	供电	机修	合计	供电	机修	合计
待分配费用						
供应劳务数量						
单位成本（分配率）						

表1-3-15（续）

项目			交互分配		对外分配	
辅助车间	供电	耗用数量				
		分配金额				
	机修	耗用数量				
		分配金额				
基本车间	一车间	耗用数量				
		分配金额				
	二车间	耗用数量				
		分配金额				
企业管理部门		耗用数量				
		分配金额				
合计						

表 1-3-16　　　　　　　　　**辅助生产费用分配表**

（代数分配法）

辅助生产车间名称			供电车间	机修车间	合计
待分配费用					
供应劳务数量					
分配率					
辅助车间	供电	耗用数量			
		分配金额			
	机修	耗用数量			
		分配金额			
基本车间	一车间	耗用数量			
		分配金额			
	二车间	耗用数量			
		分配金额			
企业管理部门		耗用数量			
		分配金额			
辅助生产成本分配金额合计					
辅助生产成本借方合计					
辅助生产成本尾差					

表 1-3-17   **辅助生产费用分配表**

（计划成本分配法）

辅助生产车间名称			供电车间	机修车间	合计
待分配费用					
供应劳务数量					
计划单位成本					
辅助车间	供电	耗用数量			
		分配金额			
	机修	耗用数量			
		分配金额			
基本车间	一车间	耗用数量			
		分配金额			
	二车间	耗用数量			
		分配金额			
企业管理部门		耗用数量			
		分配金额			
按计划成本分配金额合计					
辅助生产实际成本					
辅助生产成本差异					

5. 练习制造费用按生产工人工时比例和机器工时比例分配法

海东企业基本生产第一车间生产甲、乙、丙三种产品，20×7 年 8 月该车间共发生制造费用 26 400 元，甲、乙、丙三种产品所用生产工人实际生产工时和机器工时见表1-3-18。

表 1-3-18   **生产工人生产工时和机器工时**

产品品种	生产工人工时	机器工时
甲产品	3 400	2 100
乙产品	2 700	2 400
丙产品	1 900	3 000
合计	8 000	7 500

要求：

1. 分别采用生产工人生产工时比例法和机器工时比例法分配制造费用并填列制造费用分配表，见表1-3-19、表1-3-20。

2. 根据生产工人工时比例法的分配结果编制相应的会计分录。

表 1-3-19

制造费用分配表（生产工时比例法）

车间： 年 月

应借账户	生产工时	分配率	分配金额
合计			

表 1-3-20

制造费用分配表（机器工时比例法）

车间： 年 月

应借账户	机器工时	分配率	分配金额
合计			

6. 练习制造费用按年度计划分配率分配法

海东企业第三车间属于季节性生产部门，20×7 年全年制造费用计划为 156 000 元。全年各产品的计划产量为：甲产品 2 500 件，乙产品 900 件。单件产品的工时定额为：甲产品 3 小时，乙产品 5 小时。

（1）该车间 20×7 年 4 月份的实际产量为：甲产品 150 件，乙产品 100 件。该月实际制造费用为 14 300 元。截至 3 月 31 日，制造费用账户无余额。

（2）年末该车间全年度制造费用实际发生额为 157 000 元，全年计划累计分配数为 160 000 元，其中甲产品已分配 100 000 元，乙产品已分配 60 000 元。

要求：

1. 计算制造费用年度计划分配率。

2. 计算 4 月份甲、乙产品应负担的制造费用并作相应的会计分录，登记制造费用明细账（表 1-3-21）。

3. 分摊制造费用全年实际发生数与计划累计分配数的差额并编制年末调整差额的会计分录。

表 1-3-21　　　　　　　　　　　　制造费用明细账

车间：

年		摘要	借方	贷方	借或贷	余额
月	日					

7. 练习不可修复废品损失的核算

海东企业 20×7 年 7 月生产车间生产甲产品，本月完工 240 件，经检验发现其中 5 件为不可修复废品。甲产品生产成本明细账上所列示的合格品和废品的生产费用为：直接材料 60 000 元，直接人工 24 000 元，制造费用 14 700 元，合计 98 700 元。甲产品耗用工时为：合格品 5 910 小时，废品 90 小时，合计 6 000 小时。原材料系生产开始时一次投入，废品回收的残料计价 320 元，应由责任人赔偿 150 元。

要求：1. 根据以上资料编制废品损失计算表，见表 1-3-22；

2. 根据废品损失计算表编制会计分录。

表 1-3-22　　　　　　　　　　　　废品损失计算表

产品：　　件

车间：　　　　　　　　　　　　　年　　月　　　　　　　　　　　　单位：元

项目	数量（件）	直接材料	生产工时（小时）	直接人工	制造费用	合计
合格品和废品生产费用						
费用分配率						
废品的生产成本						
减：废品残值						
应收赔偿款						
废品损失						

8. 练习不可修复废品损失的核算

海东企业 2013 年 7 月生产车间在生产乙产品的过程中，产生不可修复废品 12 件，按其所耗定额费用计算废品的生产成本。其直接材料费用定额为 35 元，已完成的定额工时共计 56 小时，每小时的费用定额为：直接人工 2.5 元，制造费用 3 元，废品残料回收价值为 140 元。

要求：

（1）根据以上资料编制"废品损失计算表"（见表 1-3-23）；

（2）根据"废品损失计算表"编制会计分录。

表 1-3-23　　　　　　　　　　　废品损失计算表

产品：　件　　　　　　　　　　　　　　　　　　　　废品数量：　件

车间：　　　　　　　　　　年　月　　　　　　　　　　单位：元

项目	直接材料	定额工时	直接人工	制造费用	合计
单位产品的费用定额					
废品的定额成本					
减：残值					
废品损失					

9. 练习可修复废品修复费用的核算

海东企业 20×7 年 8 月生产车间在生产丙产品的过程中，产生 10 件可修复废品。在返修过程中共发生材料费用 230 元，耗用工时 40 小时，单位小时工资率 3 元，单位小时费用率 2 元。

要求：

（1）计算修复费用；

（2）编制有关的会计分录。

10. 练习停工损失的核算

海东企业 2013 年 8 月生产车间因故障停工一周，停工期间发生如下费用：生产工人工资 3 000 元，计提福利费 420 元，制造费用 1 600 元。经查，停工系某职工违规操作造成，应由其赔偿 1 000 元，其余由该车间生产的甲、乙两种产品按生产工时比例分配负担。甲产品的生产工时为 18 000 小时，乙产品的生产工时为 12 000 小时。

要求：

（1）计算该车间的停工净损失；

（2）在甲、乙两种产品之间分配停工净损失；

（3）编制有关的会计分录。

第四章　生产费用在完工产品与在产品之间的归集和分配

一、教学案例

【案例一】　　生产费用在完工产品与在产品之间分配方法的选择案例

不同的生产条件和状况下，企业选择生产费用在完工产品和在产品之间的分配方法存在差别，会受到很多因素的影响，以下有甲、乙、丙、丁、戊五个不同类型的工厂。具体如下：

甲厂：生产各类塑胶制品，产品的各项消耗定额都比较准确、稳定，但各月在产品数量变动较大。

乙厂：该厂是个化工厂，产品的生产是在一个容积较大而且固定的化学装置中进行的。

丙厂：月末在产品数量较大，但已加工完毕，只是尚未验收入库。

丁厂：产品的各项消耗定额都比较准确、稳定，各月在产品数量变动不大，但成本中原材料费用所占比重很大。

戊厂：月初月末在产品数量均较多，产品成本中原材料在生产开始时一次投入，其他费用则是随生产进度陆续发生。

思考题：

1. 完工产品和在产品之间费用分配的方法有哪些？

2. 判断上述五个工厂适合采用的费用分配方法，说明原因。

3. 在完工产品和在产品之间分配费用的时候，是否一个成本计算对象只能选择一种方法？

【案例二】　　选择衡量在产品完工程度标准的案例

兴利公司是个小型食品加工厂，专门生产各种速冻及快餐食品。设有八个基本生产车间，专门生产多种不同类型的食品。

其中，加工四车间专门负责制造三种不同种类的快餐食品，分别简称为 A、B 和 C。在该车间内，针对三种产品分别设置了明细账，明细账内设了直接材料、直接燃料及动力、直接人工和制造费用四个成本项目。三种食品所耗用的材料费用均为直接费用，并且都是在生产开始时一次性全部投入；三种食品所耗用的其他加工费用均为间接费用，但是分配标准不完全相同。直接人工项目的费用分配拟标准为人工生产工时，直接燃料及动力和制造费用则采用机器工时作为分配标准将费用分给 A、B、C 三种产品。考虑到三种食品生产过程中，材料、人工等不同项目所占的比重相差不大，而且三种食品的加工量很大，每个月都有大量产品投产和完工，期末也会留存很多在产品，因而该企业选择完工产品和在产品之间费用分配方法时，拟采用约当产量法。这就不可避免地涉及确定产品完工程度的问题，选择了不同的标准则会有不同的结果，有以下两种观点：

第一种观点：三种产品是生产开始时一次性投料，因此直接材料费用应按完工产品及在产品的数量比例进行分配；其他加工费用进行横向分配（将费用在三种产品之间进行分配）的时候，直接人工费用按工人生产工时比例分配，而制造费用和直接燃料及动力项目的费用按机器工时比例分配，所以在进行纵向分配的环节（每种产品将费用分配给完工产品和在产品），每个项目衡量在产品完工程度的标准应该是不一样的。即分配直接人工费用衡量在产品完工程度的标准应该是生产工人工时，分配制造费用和直接燃料及动力费用衡量完工程度的标准应该是机器工时。四个成本项目，会有三种不同的完工率。

第二种观点：关于直接材料费用的分配，和第一种观点相同。但是在分配其他加工费用项目的时候，则认为可以统一用人工生产工时作为衡量在产品完工程度的标准，直接人工、直接燃料及动力、制造费用这三个成本项目的完工率完全相同。

思考题：

1. 选择一种你认为合理的观点，并说明理由。

2. 在产品成本计算过程中，费用的横向分配及纵向分配的含义是什么？说明费用横向分配与纵向分配之间的关系。

【案例三】　　　　在产品按定额成本计价法与定额比例法比较案例

某企业定额管理基础比较好，定额准确、稳定。该企业生产甲产品，经两道工序制成。某月份完工 752 件，原材料在生产开始时一次投入。单件产品原材料费用定额为 93 元，工时定额为 10 小时。每工时直接人工费用定额 4.9 元，制造费用定额 1.7 元。各工序工时定额及在产品数量如表 1-4-1 所示：

表 1-4-1　　　　　　　　甲产品定额及产量资料表

工序	工时定额（小时）	月末在产品数量（件）
1	6	120
2	4	80
合计	10	200

各工序月末在产品平均加工程度为 50%。

甲产品月初及本月生产费用累计为 150 333.6 元，其中：原材料 95 343.6 元，工资及福利费 42 300 元，制造费用 12 690 元。

思考题：

1. 利用在产品按定额成本计价法计算完工产品成本和月末在产品成本。

2. 利用定额比例法计算完工产品成本和月末在产品成本。

3. 试比较两种方法的计算结果、工作量大小及适用范围。

【案例三】　　　　　　　约当产量比例法应用案例

某生产性股份有限公司，注册税务师于 2001 年 2 月 4 日受托代理审查其 2000 年企业所得税纳税情况。该企业核算生产费用在完工产品与在产品之间的分配采用"约当产量比例法"。注册税务师在纳税审查时发现，该企业年末库存商品单位成本异常，于是对 X 产品 12 月份生产费用在完工产品与在产品之间的分配进行重点的抽查。该公司主产品 X 产品需经过 3 道工序完成，原材料逐步投料，完工产品定额工时为 60 小时，其中，第一道工序 10 小时，第二道工序 30 小时，第三道工序 20 小时。12 月末完工产品 1 500 件，在产品 1 500 件，其中，第一道工序 400 件，第二道工序 500 件，第三道工序 600 件。X 产品的基本生产明细账如下：

经查，车间月末存有已领未耗材料 80 000 元，未办理退库手续，全部计入了生产成本。"库存商品——X 产品"账户借方余额 600 000 元，贷方结转已销售产品成本为 1 400 000 元。

假设该公司 2000 年度盈利。企业已按账面利润计算并缴纳了企业所得税，除所给资料外，无其他纳税调整项目。

表 1-4-2　　　　　　　　　　　产品成本明细账

产品名称：X 产品　　　　　　　　　　　　　　　　　　　本月完工产品产量：1 500 件
单位产量：件　　　　　　　　　　　　　　　　　　　　　月末在产品约当量：200 件

摘要	材料（元）	工资（元）	费用（元）	合计（元）
上月结存	235 000	56 000	32 000	323 000
本月生产费用	950 000	270 000	126 000	1 346 000
合计	1 185 000	326 000	158 000	1 669 000
结转完工产品成本	1 045 588.24	287 647.06	139 411.76	1 472 647.06
完工产品单位成本	697.06	191.76	92.94	981.76
月末结余	139 411.76	38 352.94	18 588.24	196 352.94

根据上述资料，可以指出存在的问题，并做调账处理，计算该公司应补缴的所得税。

约当产量比例法一般适用于在产品数量较多，各月在产品数量变动也较大，同时产品成本中各项费用的比重又相差不多的企业。采用这种方法分配费用应按成本项目进行，在分配直接材料费用时，应按产品生产时原材料的不同投料方式采用不同的分配程序。如果原材料是生产开工时一次投入，那么在产品无论完工程度如何，都应负担全部原材料费用，即按在产品实际数量与完工产品产量的比例直接分配材料费用；如果原材料是分次投入，则在产品的直接材料费用负担额应按完工程度确定，此时，在产品应按完工程度折合为约当产量与完工产品产量的比例进行分配。对于加工费用采用与材料费用相同的分配方法。

该公司的 X 产品平时单位成本在 780 元左右，12 月单位成本突然增加到 981.76 元，显然不正常。X 产品基本生产成本明细账各项结转金额计算正确，可以初步断定是由该企业对在产品约当产量计算有误造成的。

某道工序在产品完工率=（工序累计定额工时+本工序工时定额×50%）÷单位产品

工时定额×100%

　　第一道工序完工率＝10×50%÷60＝8.33%

　　第二道工序完工率＝（10+30×50%）÷60＝41.67%

　　第三道工序完工率＝（10+30+20×50%）÷60＝83.33%

　　在产品约当产量＝400×8.33%+500×41.67%+600×83.33%＝33.32+208.35+499.98＝741.65≈742（件）

　　该企业 X 产品约当产量为 200 件，少计 542 件。

　　本月实际耗用材料金额＝1 185 000－80 000（已领未耗材料）＝1 105 000（元）

　　完工产品材料成本＝1 105 000×1 500/（1 500+742）≈739 295.27（元）

　　在产品材料成本＝1 105 000×742/（1 500+742）≈365 704.73（元）

　　完工产品工资及费用成本＝（326 000+158 000）×1 500/（1 500+742）

　　　　　　　　　　　＝484 000×1 500/2 242＝323 818.02（元）

　　在产品工资及费用成本＝（326 000+158 000）×742/（1 500+742）

　　　　　　　　　　　＝484 000×742/2 242＝160 181.98（元）

　　应结转完工产品成本＝739 295.27+323 818.02＝1 063 113.29（元）

　　期末在产品成本＝365 704.73+160 181.98＝525 886.71（元）

　　多转完工产品成本＝147 247.06－1 063 113.29＝409 533.77（元）

　　期末库存产品应分摊金额＝600 000/（600 000+1 400 000）×409 533.77

　　　　　　　　　　　＝122 860.13（元）

　　已销产品应分摊金额＝1 400 000/（600 000+1 400 000）×409 533.77＝286 673.64(元)

　　应补缴企业所得税＝286 673.64×33%＝94 602.30（元）

　　调账分录如下：

　　（1）借：原材料　　　　　　　　　　　　　　　　　　　　80 000
　　　　　　生产成本　　　　　329 533.77（＝525 886.71－196 352.94）
　　　　　贷：库存商品　　　　　　　　　　　　　　　　　　　　122 860.13
　　　　　　以前年度损益调整　　　　　　　　　　　　　　　　286 673.64

　　（2）借：以前年度损益调整　　　　　　　　　　　　　　　94 602.30
　　　　　贷：应缴税费——应缴所得税　　　　　　　　　　　　94 602.30

　　（3）借：以前年度损益调整　　　　　　　　　　　　　　192 071.34
　　　　　贷：利润分配——未利润分配　　　　　　　　　　　192 071.34

思考题：

　　1. 什么是约当产量，根据案例的计算过程，总结约当产量法的基本原理及适用条件。

　　2. 材料的投料方式有哪些？是否会对约当产量比例法的计算结果产生影响？

　　3. 分配不同成本项目的在产品约当产量是否应全部统一，说明原因。

二、作业与练习题

（一）单项选择题

1. 月末在产品数量较大且各月末在产品数量变化较大，产品中各成本项目费用的比重相差不多的产品，其在产品成本计算应采用（　　）。

    A. 定额成本法　　　　　　　　　　B. 定额比例法

    C. 约当产量法　　　　　　　　　　D. 固定成本法

2. 定额基础管理较好，各种产品有健全、正确的定额资料的企业，月末在产品数量变化较大的产品，在产品成本的计算应采用（　　）。

    A. 定额成本法　　　　　　　　　　B. 定额比例法

    C. 约当产量法　　　　　　　　　　D. 固定成本法

3. 采用约当产量法，原材料费用按完工产品和月末在产品数量分配时应具备的条件是（　　）。

    A. 原材料是陆续投入的　　　　　　B. 原材料是生产开始时一次投入的

    C. 原材料在产品成本中所占比重大　D. 原材料按定额投入

4. 在定额管理基础较好，消耗定额准确、稳定，而且月初、月末在产品数量变化不大的条件下，在产品成本计算应采用（　　）。

    A. 定额成本法　　　　　　　　　　B. 定额比例法

    C. 约当产量法　　　　　　　　　　D. 固定成本法

5. 分配加工费用时所采用的在产品的完工率是指产品（　　）与完工产品工时定额的比率。

    A. 所在工序的工时定额

    B. 前面各工序工时定额与所在工序工时定额之半的合计数

    C. 所在工序的累计工时定额

    D. 所在工序的工时定额之半

6. 如果某种产品的月末在产品数量较大，各月在产品数量变化也较大，产品成本中各项费用的比重相差不大，生产费用在完工产品与月末在产品之间分配，应采用的方法是（　　）。

    A. 不计在产品成本法　　　　　　　B. 约当产量比例法

    C. 在产品按完工产品计算方法　　　D. 定额比例法

7. 某企业产品经过两道工序，各工序的工时定额分别为 30 小时和 40 小时，则第二道工序的完工率为（　　）。

    A. 68%　　　　　　　　　　　　　B. 69%

    C. 70%　　　　　　　　　　　　　D. 71%

8. 下列方法中不属于完工产品与月末在产品之间分配费用的方法是（　　）。

    A. 约当产量比例法　　　　　　　　B. 不计算在产品成本法

    C. 年度计划分配率分配法　　　　　D. 定额比例法

9. 按完工产品和月末在产品数量比例，分配计算完工产品和月末在产品成本，必须具备下列条件（　　　）。

　　A. 在产品已接近完工　　　　　　　B. 原材料在生产开始时一次投料

　　C. 在产品原材料费用比重较大　　　D. 各项消耗定额比较准确、稳定

10. 某产品经过两道工序加工完成。第一道工序月末在产品数量为 100 件，完工程度为 20%；第二道工序的月末在产品数量为 200 件，完工程度为 70%。据此计算的月末在产品约当产量为（　　　）。

　　A. 20 件　　　　　　　　　　　　B. 135 件

　　C. 140 件　　　　　　　　　　　　D. 160 件

（二）多项选择题

1. 广义的在产品包括（　　　）。

　　A. 正在车间加工中的产品　　　　　B. 完工入库的自制半成品

　　C. 已完工但尚未验收入库的产成品　D. 已完工且验收入库的产成品

2. 企业应根据（　　　）的情况，考虑到管理的要求和条件，选择适当的方法计算月末在产品成本。

　　A. 在产品数量的多少　　　　　　　B. 各月在产品数量变化的大小

　　C. 各项费用在成本中占的比重　　　D. 定额管理基础的好坏

3. 在产品成本按所耗原材料费用计算适用于（　　　）的产品。

　　A. 月末在产品数量较多

　　B. 各月在产品数量变化较大

　　C. 直接材料费用在成本中占的比重较大

　　D. 定额管理基础较好

4. 在产品成本按约当产量法计算适用于（　　　）的产品。

　　A. 在产品数量较多

　　B. 各月在产品数量变化较大

　　C. 各成本项目费用在成本中比重相差不多

　　D. 完工产品数量较多

5. 以下属于在产品成本计算方法的有（　　　）。

　　A. 直接分配法　　　　　　　　　　B. 定额比例法

　　C. 约当产量法　　　　　　　　　　D. 品种法

6. 采用约当产量比例法，必须正确计算在产品的约当产量，而在产品约当产量的计算正确与否取决于产品完工程度的测定，测定在产品完工程度的方法有（　　　）。

　　A. 按 50% 平均计算各工序完工率　　B. 分工序分别计算完工率

　　C. 按定额比例法计算　　　　　　　D. 以上三种方法均是

7. 分配计算完工产品和月末在产品的费用时，采用在产品按定额成本计价法所具备的条件是（　　　）。

　　A. 各月末在产品数量　　　　　　　`B. 产品的消耗定额比较稳定

C. 各月末在产品数量变化比较小　　　　D. 产品的消耗定额比较准确

（三）判断题

1. 盘亏或毁损的在产品，经批准后均应记入"制造费用"账户。（　　）

2. 不计算在产品成本法适用于月末没有在产品的产品。（　　）

3. 采用约当产量法计算月末在产品成本，原材料费用分配时必须考虑原材料的投料方式。（　　）

4. 月末在产品按定额成本计算，实际费用脱离定额的差异完全由完工产品负担。

（　　）

5. 采用定额比例法计算月末在产品成本必须具备较好的定额管理基础，而且月初、月末在产品数量变化不大的产品。（　　）

（四）简答题

1. 在产品数量核算的方法有哪些？

2. 生产费用在完工产品和在产品成本分配的方法有哪些？

3. 怎样确定在产品的完工程度？

4. 生产费用在完工产品和在产品成本分配的方法有哪些？

（五）名词解释

1. 不计算在产品成本法

2. 按年初数固定计在产品成本法

3. 在产品按所耗直接材料费用计价法

4. 约当产量

5. 约当产量比例法

6. 在产品按定额成本计价法

7. 在产品按完工产品成本计算法

8. 定额比例法

（六）计算题

1. 练习在产品完工率的计算

海东企业 2013 年 8 月生产的甲产品经过三个生产工序，各工序单位产品工时定额及在产品数量见表 1-4-3，各工序在产品完工程度按平均 50% 计算。

表 1-4-3　　　　　　　　　　工时定额及在产品数量

工序	工时定额	各工序在产品数量
一	32	250
二	40	360
三	28	160
合计	100	770

要求：计算各工序的完工率和约当产量并编制表格（见表 1-4-4）

表 1-4-4　　　　　　　各工序的完工率和约当产量计算表

工序	工时定额	完工率（%）	在产品数量	约当产量

2. 练习生产费用在完工产品和月末在产品之间的分配

海东企业 20×7 年 9 月生产乙产品，有关月初在产品成本和本月生产费用如下（见表 1-4-5）：

表 1-4-5　　　　　　月初在产品成本和本月生产费用　　　　　　单位：元

项目	直接材料	燃料动力	直接人工	制造费用	合　计
月初在产品成本	4 680	230	970	600	6 480
本月生产费用	43 460	3 170	5 880	2 300	54 810

其他资料如下：

（1）乙产品本月完工 80 件，月末在产品 20 件，原材料在生产开始时一次投入，在产品完工程度 50%。

（2）乙产品月末在产品单件定额成本为：直接材料 470 元，燃料和动力 20 元，直接人工 42 元，制造费用 18 元。

（3）乙产品完工产成品单件定额成本为：直接材料 470 元，燃料和动力 36 元，直接人工 70 元，制造费用 31 元。

要求：根据上列资料，按照以下几种分配方法计算乙产品完工产品成本和月末在产品成本。

1）按约当产量比例法分配计算，见表 1-4-6。

2）按在产品定额成本法分配计算，见表 1-4-7。

3）按完工产品和月末在产品的定额比例分配计算，见表 1-4-8。

4）按年初在产品成本数固定计算，见表 1-4-9。

5）在产品只负担原材料成本法（材料费用采用约当产量法分配），见表 1-4-10。

表 1-4-6　　　　　　　　　　乙产品成本计算单
（约当产量法）

摘要	直接材料	燃料动力	直接人工	制造费用	合　计
月初在产品成本					
本月生产费用					

表1-4-6(续)

摘要	直接材料	燃料动力	直接人工	制造费用	合 计
合计					
约当产量					
分配率					
完工产品成本 （ 件）					
月末在产品成本 （ 件）					

表 1-4-7　　　　　　　　　　　乙产品成本计算单
（定额成本法）

摘要	直接材料	燃料动力	直接人工	制造费用	合 计
月初在产品成本					
本月生产费用					
合计					
完工产品成本 （ 件）					
月末在产品成本 （ 件）					

表 1-4-8　　　　　　　　　　　乙产品成本计算单
（定额比例法）

摘要	直接材料	燃料动力	直接人工	制造费用	合 计
月初在产品成本					
本月生产费用					
合计					
完工产品的定额成本					
期末在产品的定额成本					
合计					
分配率					
完工产品的实际成本 （ 件）					
期末在产品实际成本 （ 件）					

表 1-4-9　　　　　　　　　　　乙产品成本计算单
（按年初数固定计算法）

摘要	直接材料	燃料动力	直接人工	制造费用	合 计
月初在产品成本					
本月生产费用					

表1-4-9(续)

摘要	直接材料	燃料动力	直接人工	制造费用	合　计
合　计					
完工产品成本（　件）					
月末在产品成本（　件）					

表 1-4-10　　　　　　　　　　**乙产品成本计算单**

（在产品只负担原材料成本计算法）

摘要	直接材料	燃料动力	直接人工	制造费用	合　计
月初在产品成本					
本月生产费用					
合计					
约当产量					
分配率					
完工产品成本（　件）					
月末在产品成本（　件）					

3. 某企业某月份生产丙产品，本产品产量为 450 件，月末在产品盘存数量为 100 件，原材料随加工程度陆续投入，月末在产品完工率仍为 50%，在产品投料率为 60%。期初在产品成本和本期发生的费用如表 1-4-11 所示：

表 1-4-11　　　　　　　　　　　　　　　　　　　　　　　　　　单位：元

项目	期初在产品成本	本期发生费用
直接材料	1 550	10 000
直接人工	1 000	3 500
制造费用	1 100	4 000
合计	3 650	17 500

要求：采用约当产量法分配计算完工产品成本和在产品成本。

4. 某企业某年 8 月份乙产品成本明细账（部分数据）见表 1-4-12。当月完工产品 10 件。其单位定额为：原材料 700 元，工时定额 30 小时。

表 1-4-12　　　　　　　　　　**乙产品成本明细账（部分数据）**

成本项目	月初在产品费用		本月生产费用	
	定额	实际	定额	实际
原材料	2 500	3 000	7 500	8 000

表1-4-12(续)

成本项目	月初在产品费用		本月生产费用	
	定额	实际	定额	实际
工资及福利费	150 小时	150	350 小时	500
制造费用		200		300
合计		3 350		8 800

要求：（1）计算完工产品的定额原材料费用和定额工时。

（2）计算月末在产品的定额原材料费用和定额工时。

（3）采用定额比例法，分配计算完工产品和在产品的费用分配率。

（4）计算完工产品成本和月末在产品成本。

（5）登记乙产品成本明细账（8月份）。

第三篇　成本核算的方法

第五章　产品成本计算方法概述

一、教学案例

【案例一】　　　　　　　　　**成本计算方法选择案例**

可口可乐公司的罐装可乐，所需的直接材料是糖浆、碳酸水和易拉罐。装瓶公司从可口可乐公司购买糖浆或加工成糖浆的浓缩液，生产过程的第一步骤将糖浆与碳酸水混合制成可装罐的液体。在这一步骤，材料成本是碳酸水和糖浆的成本。另一独立步骤是，空罐被送往工厂，在那里它们被检测及清洗，在第二步骤被装入可乐，这仅需要加工成本。第三步骤在罐上加盖，然后将已装罐的可乐包装成箱。至此整个生产流程结束了。

思考题：

1. 成本计算的基本方法有哪些？各自有什么特征？
2. 对于可口可乐公司罐装可乐，哪种成本计算方法更合适？
3. 说明选择计算方法的理由。

【案例二】

胜利发电厂供应电力和热力，以火力发电为主，为工业生产企业提供动力来源。鉴于电力和热力的加工过程不能被间断，所以生产过程中没有半成品。

利用煤、天然气和使用等化石燃料所含能量发电的方式统称为火力发电。利用燃料燃烧发热，加热水，在锅炉内形成高温高压过热蒸汽，推动汽轮机旋转，带动发电机转子旋转，发出电能，再利用升压变压器，升到系统电压，与系统并网，向外输送电能。

电力的加工过程决定了胜利发电厂应设有以下生产车间：（1）燃料车间；（2）锅炉车间；（3）汽机车间；（4）电气车间。由于胜利发电厂供电的同时也供热，汽机车间要负责产出热能，同时为后面环节提供热能动力，所以汽机车间划分为电力化生产和热力化生产两部分。

思考题：

1. 胜利发电厂在成本核算中应采用何种成本计算方法？说明理由。

2. 在该厂供应的电力和热力明细账中，应如何设置成本项目？

【案例三】   厦华应诉反倾销案例分析

历时一年多的中国彩电业应诉美国反倾销一案，以中方失利而告终，美国商务部已于日前颁布反倾销令，对中国进入其市场的 21 英寸（52 厘米）以上的显像管彩电征收反倾销税。

根据美国反倾销的有关法律，如果对于被调查企业首次仲裁倾销幅度低于 2%，将不会对其征收反倾销税，视同倾销幅度为零。此次中国彩电业应诉，没有一家企业能够逃脱被征收反倾销税的结局。

与国内同行相比，厦华获得了最低终裁（厦华倾销幅度为 5.22%、康佳 9.69%、长虹 26.37%、TCL21.25%、其他应诉企业 22.94%、其他未应诉企业 78.45%）。4 月 13 日美国商务部做出终裁后一周内，厦华就接到来自美国主流客商的数字彩电有效订单 6.28 万台。

厦华：最终未能获得零倾销幅度的结果，可能是美方对厦华的人工成本费、电费等产生了怀疑，而没有"采信"厦华的某些成本数据。专家：在反倾销调查中，如果调查方索要的数据企业不能提供，调查方就可以采用申诉方提供的数据来代替，这对企业是不利的。

这是美国商务部核查员去年就中国彩电业进行反倾销调查时，在厦华电子公司（以下简称"厦华"）车间，与一位生产线线长的一段对话：

问：你每天如何统计有多少员工来上班？

答：我每天到打卡机提取记录，并列出名单，统计出当天工人上班人数。

问：请把 2002 年 12 月的记录给我看。

答：我没保留那么久的原始记录单，因为我记录的目的是每个月发放奖金时作为依据，发完奖金之后就扔掉了；如果您要，可以查看公司电脑，那里有详细的记录。

问：公司电脑里的总出勤我已经调看过了，可是我现在需要你的原始手工记录单来证明电脑里面那个数据的真实性。

答：实在对不起，我以前只保留到发放奖金的时候。

从以上对答中可以判断出，美方对厦华的人工成本费产生了怀疑。

厦华：在美国立案调查时，厦华第一个主动申请当"被告"；专家：遇到反倾销调查，企业一定要积极应诉，这是赢得胜利的前提。

据厦华品牌部经理孙光荣介绍，欧盟 1988 年开始对中国的小彩电立案进行反倾销调查时，厦华最初采取回避的做法，并先后在新加坡、马来西亚、波兰、捷克、南非等地设厂，试图"曲线"进入欧盟市场。结果，欧盟很快就对这些国家采取反规避措施，最后厦华又不得不把海外的工厂关掉。而由于缺乏经验，厦华在应诉过程中也屡屡受挫，交了不少学费，也积累了许多经验，直至 2002 年获得胜利，得以重返欧盟市场。

在与欧盟漫长的反倾销应诉之战中，厦华董事长郭则理提炼出两句话，一句是"应对反倾销是门必修课"，另一句是"要把应对反倾销当饭吃"。郭则理解释说，作为一家致力于开拓国际市场的企业，如果不了解其规则，不能通过应诉反倾销来维护自己的权益，那在国际市场上将难以立足；虽然欧盟等国对我们的反倾销调查带有歧视性，但其规则的设计却体现了严格的市场经济精神，这对提高应诉企业的财务管理、成本管理水平大有裨益。

由于美方的起诉书列入调查的名单并没有厦华，为争取独立公正的裁决，厦华第一个主动提出申请要求接受单独调查，并最终被美国商务部选中为特别调查对象，为争取单独税率走出成功的第一步。

厦门大学国贸系副主任郑甘澍博士认为：面对反倾销调查，只有企业勇敢站出来才有可能奏效；因为我国尚未获得市场经济国家地位，只有企业自身才能证明其产品是在市场经济条件下形成的，这样才不会被采用"替代国"的成本等数据来替代。

在美国律师的实地指导下，厦华预先进行"模拟核查"，规定不论查到谁的头上，不论律师需要了解什么情况、调阅什么资料，都必须在半个小时内送达"模拟核查室"；同时，不论涉及任何人，一旦应诉反倾销小组（包括律师在内）指出有任何问题，当事人必须立即进行更正，以保证资料的完整性、原始性、真实性。经验告诉厦华，如果美方核查员有一个数据要了三次，你还不能拿出来，他就不会再要这个数据，也不会"采信"你过后提供的数据，而是采用"替代国"的相关数据来替代，这样企业往往就会吃大亏。

厦华：在企业内部，各部门、各分公司之间都有详细的财务记录和原始资料，能够随时查得到、调得出、用得上，经得起最严格的交叉分析。专家：企业必须建立科学的管理制度，能为证明自己的产品是在市场经济条件下形成提供的可靠的依据，这是能否胜诉的核心。

美方在初裁之前为了图省事，将厦华填写的"问卷调查"中上千项的元器件和零部件简单地合并成几十个项目来简化运算，如把"后机壳"归入"其他"类，并将"其他"类材料的价格统一设定为每千克 25 美元。这样，仅一个后壳的成本就被计算为：5 千克×25 美元 = 125 美元；而实际成本是：5 千克×6 元 = 30 元人民币，约折合 3.6 美元，仅此一项就使得该机型的成本被高估了约 121.4 美元。

在美方进行的实地核查中，厦华发现了不少类似的问题，即请核查人员一个个仔细比对，尽量使对方"采信"企业提供的数据，使其真正符合实际成本。这样，才把美国商务部初裁厦华倾销幅度为 31.7%中的"水分"一滴滴挤掉。

细节决定成败。郭则理认为，对于中国彩电企业，要解决目前效益不佳的问题和长远的管理深层次问题，唯一的出路是尽快实践"精益管理"。在此次核查过程中，对方要看什么材料，厦华半个小时内保证送达，大大增强了对方的信任度，厦华的"精益管理"收到了实实在在的效果。

厦华：厦华获得最低终裁，是基于企业在美国没有倾销行为这个事实，只是这种事实没有得到全部确认。专家：企业要靠竞争力、而不是靠价格来赢得国际市场份额，不要"授人以柄"。

据厦华海外营销总部总经理李永介绍，按照美国反倾销法规定，倾销行为有两种：其一是以低于行业平均成本价在美国大量销售某种商品，其二是某种成熟技术制造的商品在短期内市场份额突然暴涨数倍乃至数十倍。厦华出口美国市场的显像管电视平均单价为 280 美元，而平板电视的平均单价达到 700 美元，其利润率却比国内市场和其他海外市场高得多。

由于此次美国反倾销的范围是来自中国的 21 英寸以上的彩色显像管和背投电视，其中大部分属于模拟电视，业内人士认为，纵使没有反倾销，其市场也已日趋萎缩；预计在未来一段时间内，美国数字高清电视年需求量约 3 000 万台，其中数字等离子电视、数字液晶电视均不在此次反倾销的范围之内，彩电行业只要适时调整产品结构、提高科技含量、向高端市场发展，在美国仍有极大的机会。

确定倾销有三个步骤，其中之一就是出口价格的确认。然而成本是影响出口价格高低的因素之一。如果各元器件和零部件的价格水平相差不多，那么实际成本与合并简化运算的成本的差异就不会过大，还是有一定的参考价值的。但事实上，实际的单件成本与统一价格后的单件成本差异很大，这使得成本被高估。由此可见，运用合理的方法计算成本是十分重要的，直接影响成本的高低。

思考题：

1. 成本核算过程中，只要保证总成本基本正确，成本项目设置可以较为随意，这种观点是否正确？结合厦华案例的情况说明理由。

2. 此案例中，厦华产品成本被高估的原因是什么，具体分析。

二、作业与练习题

（一）单项选择题

1. 产品成本计算最基本的方法是（　　）。

    A. 分批法　　　　　　　　　　　B. 分类法

    C. 品种法　　　　　　　　　　　D. 分步法

2. 各种产品成本计算方法的命名主要在于（　　）。

    A. 企业生产类型　　　　　　　　B. 企业管理要求

    C. 成本计算对象　　　　　　　　D. 成本计算程序

3. 下列不属于成本计算基本方法的是（　　）。

    A. 品种法　　　　　　　　　　　B. 分批法

    C. 分类法　　　　　　　　　　　D. 分步法

4. 在大量大批多步骤生产企业，管理上不要求分步计算产品成本，其成本计算方法是（　　）。

    A. 品种法　　　　　　　　　　　B. 分类法

    C. 分批法　　　　　　　　　　　D. 分步法

5. 工业企业产品成本的计算最终是通过下列（　　）账户进行的。

    A. "制造成本"　　　　　　　　　B. "基本生产成本"

    C. "制造费用"　　　　　　　　　D. "辅助生产成本"

6. 生产特点和管理要求对于产品成本计算的影响，主要表现在（　　）。

A. 产品生产的品种上 B. 成本计算程序上

C. 产品生产的批次上 D. 成本计算对象的确定上

7. 下列属于产品成本计算辅助方法的是（　　）。

A. 品种法 B. 分批法

C. 分步法 D. 分类法

9. 区别各种成本计算基本方法的主要标志是（　　）。

A. 成本计算日期

B. 成本计算对象

C. 间接费用的分配方法

D. 完工产品与在产品之间分配费用的方法

10. 在小批单件多步骤生产的情况下，如果管理上不要求分步计算产品成本，应采用的成本计算方法是（　　）。

A. 分批法 B. 分步法

C. 分类法 D. 定额成本法

（二）多项选择题

1. 工业企业的生产按照工艺过程划分为（　　）。

A. 大量生产 B. 单步骤生产

C. 单件生产 D. 多步骤生产

2. 成本计算的基本方法有（　　）。

A. 品种法 B. 分批法

C. 分步法 D. 分类法

3. 品种法适用于（　　）。

A. 大量大批单步骤生产企业

B. 大量大批多步骤生产但管理上不要求分步计算成本的企业

C. 大量大批多步骤生产而且在管理上要求分步计算成本的企业

D. 小批单件生产企业

4. 受生产特点和管理要求的影响，产品成本计算对象包括（　　）。

A. 产品类别 B. 产品品种

C. 产品批别 D. 产品生产步骤

5. 企业在确定成本计算方法时，必须从企业的具体情况出发，同时考虑（　　）。

A. 企业的生产特点 B. 月末有没有在产品

C. 企业生产规模的大小 D. 进行成本管理的要求

（三）填表题

成本计算的三种基本方法之比较，见表 1-5-1：

表 1-5-1　　　　　　　　　　　成本计算基本方法的比较

成本计算方法		品种法	分批法	分步法
成本核算对象				
成本计算期				
生产费用在完工产品与在产品之间的分配				
适用范围	生产组织类型			
	生产工艺过程和管理要求			

（四）简答题

1. 企业按生产特点可分为哪些生产类型？

2. 企业按生产类型特点可分为哪些方法？

3. 产品成本的计算基本方法有哪些？

4. 产品成本计算的辅助方法有哪些？

（五）名词解释

1. 成本计算对象　　　　　　　　　2. 单步骤生产

3. 多步骤生产　　　　　　　　　　4. 大量生产

5. 成批生产　　　　　　　　　　　6. 单件生产

7. 产品成本计算的主要方法　　　　8. 产品成本计算的基本方法

9. 产品成本计算的辅助方法

第六章　产品成本计算的基本方法

一、教学案例

【案例一】　　　　　　Mueller Lehmkuhl 有限责任公司成本核算案例

Mueller Lehmkuhl 公司的总裁，理查德·韦尔克（Richard Welkers）博士认为：

兼并 Atlas 公司显著提高了本公司与日本企业竞争的能力。目前，我们是欧洲最大的摁扣生产商，可以得到规模化的好处。此外，我们比日本工厂有成本竞争优势。尽管日本公司的人工和制造费用比较低，但我们的销售成本比较低，因为我们更接近销售地。过去，日本公司就是因为其低成本而取得了很大成功。

目前，日本产品的价格比我们低 20%，但这并不能抵消我们的质量优势，如果他们进一步降低价格或提高质量，我们的销售就会遇到问题。

公司背景

Mueller Lehmkuhl 公司是德国的一家摁扣制造商。它在 1876 年刚成立时只是一家鞋饰物工厂。不久，它开始生产其他产品，如摁扣等。公司和汉诺威的一家名叫Weiser 的公司合并后，其产量急剧上升。1929 年，Mueller - Weiser 公司和 Felix Lehmkuhl 公司合并成立了 Mueller Lehmkuhl 公司。新公司仍然执行原有的产品多样化策略，并保持了销售额的增长。1938 年公司被 Moselhammer 集团所收购。

1982 年，Mueller Lehmkuhl 公司和跨国公司 Atlas 集团的德国子公司成立了一家合营企业。Atlas 有六大业务领域，而其中摁扣和 Mueller Lehmkuhl 公司的相同。当时，Mueller Lehmkuhl 公司的市场份额还比较小，而 Atlas 的德国子公司却已经有了相当广的客户群。合并的目的是把 Mueller Lehmkuhl 公司的质量优势、高利润率和 Atlas 公司的广泛客户整合起来。尽管合并后，Mueller Lehmkuhl 公司的销量有了显著提高，但 Mueller Lehmkuhl 公司的业务却被限制在了欧洲和非洲，因为世界其他地方是由 Atlas 集团的其他分部负责的。公司估计 1986 年的销售收入是 1.03 亿美元（见表 1-6-1）。1986 年的汇率是 1 美元=2.1 德国马克。

表 1-6-1　　　　　　　　　　　　1986 年预算收入　　　　　　　　　单位：千美元

销售收入			103 000
产品成本			
材料（包括和材料有关的杂项费用）		31 000	
直接人工（包括调试人工）		1 610	
机器制造费用		4 500	
一般制造费用			
工厂支持	3 020		
工厂物耗	470		
技术管理	6 500		
支持部门	6 500		
机器部门	13 350		
工具部门	3 050		
		32 890	
合计			70 000
销售费用、一般费用和管理费用			
研发费用	5 810		
营销费用	2 760		
运输费用 产品担保	7 930 3 830		
			23 500
净利润			9 500

产品描述

在服装工业中，摁扣用来代替纽扣和扣眼。Mueller Lehmkuhl 公司制造大约五类700 种不同的摁扣：S 型弹簧扣座摁扣、圆形扣座摁扣、两种开口扣角摁扣（铜的和不锈钢的）和钉扣等。

1985 年，Mueller Lehmkuhl 公司引进了一条新的生产线。该生产线可以使用各种材质生产的不同摁扣和钉扣，形状各异。公司营销经理想让市场了解，摁扣也可以有各种时髦款式，并能在各种衣物上代替纽扣。

公司每种产品的目的各不相同。S 型弹簧扣座摁扣用在中等厚度的衣料（1.4~2.0毫米）上，但不能用于弹性衣料，因为它们是在中心连接的，可能会损坏衣物。圆形扣座摁扣可以用于厚衣料（不厚于 6.5 毫米），可以承受较大的压力。开口扣脚摁扣（铜的和不锈钢的）特别适合薄衣料（0.25~0.75 毫米），并可以用在弹性衣料上，因为它们不损坏衣物。所有的摁扣都能洗涤、烘干和熨烫。钉扣用来代替传统纽扣，主要用于牛仔服。摁扣可以按照客户的要求定制颜色，或在扣面上绘制客户的图标。

作为公司一体化生产战略的一部分，Mueller Lehmkuhl 公司还制造摁扣安装机。1986 年公司一共制造了六台摁扣制造机——三台手工的、三台自动的。所有的机器都可以调整以适应安装别的公司制造的摁扣。在手工机上，工人需要手动摆放摁扣的两个部件和衣料，然后再按动操作按钮。自动机上，这些部件可以自动安放，但仍需人工按按钮。

多年来，公司的政策一直是销售手工机，但出租自动机。出售手工机是因为它不贵，无需售后服务，经过简单的调整，就能适应不同的摁扣。自动机却不是这样的，它们按年出租，尽管公司可以在它愿意时随时收回。每年出租的 7 000 件机器中有 10%要返回。公司在得到新的出租合同前，需要储存这些机器。为了使机器能适应其他公司的摁扣，它们需要进行调整，但这很昂贵，因为所有与摁扣有关的部件都需要进行调整。公司估计平均的调整费用是 2 000 美元。

尽管租赁合同中并没有指明公司需要提供免费的售后服务，但提供免费的预防性维修和应急服务是行业规范。尽管多数客户都有停工保险，但 Mueller Lehmkuhl 公司视可靠和快速的售后服务为一个重要的销售工具。结果，维修人员在收到求救电话的几小时内就涌向客户是很平常的。1986 年，售后服务的成本估计为 450 万美元。为了部分弥补这项服务的成本，公司在租赁服务中附加了两个条件：（1）出租的机器只能使用 Mueller Lehmkuhl 公司的产品；（2）每年需要购买公司至少价值 10 000 美元的产品。但因为需求的不确定和客户的过度要求，出租一台机器平均只相当于 7 000 美元的产品。

市场情况

Mueller Lehmkuhl 公司把自己定位在需要自动机器的大产量市场。大产量是指某种出售的摁扣的数量，而不是某个公司全部的摁扣消费量。Mueller Lehmkuhl 公司看好的市场可以分为两个部分：大公司大量采购某些摁扣；小公司主要消费某些种类的摁扣。大消费量的公司占到摁扣销量的 85%。

欧洲是一个寡头市场，四家主要的生产商占所有市场份额的 65%（见表 6-2）。另外 13 家公司（包括日本公司）占有其余的市场份额。这些公司多数都销售摁扣和安摁扣机器。除了那些摁扣制造商，也有些公司只生产安摁扣机器。这些机器相对比较便宜，但质量要比 Mueller Lehmkuhl 公司的产品来得差。Mueller Lehmkuhl 公司向那些使用其他公司的安摁扣机器的客户提供的产品占其总销量的 10%。但 Mueller Lehmkuhl 公司并不知道实际的数字，因为要准确地知道其他公司到底使用什么机器来安装摁扣是几乎不可能的。

表 1-6-2　　　　　竞争性分析——按照摁扣种类分的预计销量　　　单位：百万美元

产品名	原产国	S 型弹簧扣座摁扣	圆形扣座摁扣	开口扣角摁扣	钉扣	合计
Mueller Lehmkuhl	德国	12	9	60	15	96
Piloni	意大利	44	30	16	2	92
Berghausen	德国	63	11	11	2	87
Yost & Co.	德国	12	21	46	4	83
其他		61	46	63	23	193
		192	117	196	46	551

注：Mueller Lehmkuhl 公司的开口扣角摁扣的销量中，铜开口扣角摁扣 3 000 万美元，不锈钢开口扣角摁扣 3 000 万美元。

四家提供类似产品的主要供货商已经和平共处多年了。他们从来都不发动价格战，并从未打算从其他公司处挖客户。客户从多个供货商处进货也使这种共存局面得到维持。客户一般会认定一家主要的供货商，但至少还从另外一家供货商处进货。如果 Mueller Lehmkuhl 公司想通过压价使自己从第二供货商成为第一供货商，那么那家受到威胁的公司也可以轻易地用同样的方法来反击。

此外还有其他因素减弱了主要的生产商之间的竞争，首先，公司和客户建立了长期的私人关系。这些关系和高度的客户满意度使得业务不至于被别人所轻易地抢走。其次，出租安摁扣机器，并使得某家公司的产品只能用供货商自己的机器来安装的做法，使得改换供货商的代价很大。最后，市场上没有标准价格，每个客户用不同的价格来购买产品，使得价格竞争很困难。

但尽管有这些限制因素，这些主要生产商还是在三个方面竞争：

（1）摁扣的质量，特别是耐受性（耐受性越高，摁扣引起机器停工的机会就越小，它们的使用寿命也越长）。

（2）安扣机器的表现（特别是速度，可靠性、安全性、噪音水平和不划伤摁扣表面的安装能力）。

（3）售后服务的质量。

Mueller Lehmkuhl 公司在约二十个国家销售其产品。这些国家的语言、安全管制、人工成本、审美、关税、利润处理和货币都不相同。即使是最小的产品也需要用所在国语言书写的营销材料、产品描述书和标签，此外还有制造费用和生产成本。在某些国家，为了阻止外国竞争者和本国企业竞争，关税甚至高达 100%。另外一些国家，人工成本是如此低廉，以至于即使生产大产量产品使用手工机器也是有利可图的。而有些国家如果没有一个精通本国语言的销售人员，业务就无法成功。

为了克服这些困难，Mueller Lehmkuhl 公司在一些国家使用代理商，在另外一些国家使用分销商，而其他一些国家使用地方性销售代表处。安摁扣机器的销售和出租都是由 Mueller Lehmkuhl 公司直接负责的。代理商一般代理一系列相关但不互相竞争的产品。他们负责公司产品的促销，并收取销售额的 6%～10% 作为佣金。代理商不持有存货。分销商和代理商的不同在于他们持有存货，因而减少了当地供给的不确定性。和代理商类似，分销商也采用本地人员来面对客户。总体而言，代理商和分销商占公司总销售额的 75%。产品经过分销商后，一般加价 10%～15%。在那些本地差异不明显的国家或 Mueller Lehmkuhl 公司有地区销售代表处的国家，大客户可以从公司直接以折扣价得到产品。

欧洲市场已经相对成熟，年均增长率一般为 1%。这种低增长率使得公司开始寻找新兴市场，如非洲市场。非洲市场的价格敏感度比欧洲市场要高。低价的制造商有显著的优势，而高质量产品的市场渗透很困难，因为质量在非洲不是主要的考虑因素，公司并不能因为高质量而要求加价。因为防治工业在不断地向发展中国家转移，因而低价制造商可以凭借其价格优势来占领那些发展中市场。不幸的是，Mueller Lehmkuhl 公司和 Atlas 公司的合并限制了其地理扩张，而制衣业的转移使得 Mueller Lehmkuhl 公司的业务已经转移到了 Atlas 集团其他分部的地域。

生产工序

Mueller Lehmkuhl 公司的生产厂和位于德国杜塞尔多夫的公司总部紧挨着，是一个四层的建筑。生产厂的顶层是机器和工具部，主要用于生产安摁扣机器。所有的设计和样机制造都是在这里完成的。这里的工程师占公司工程师数的 30%。外购部件，如马达、引擎和所有的电子部件，占自动化机器或半自动化机器总成本的 30%。金属部件是当地一家铸铁公司按照公司的要求铸造的。铸造完的金属部件运到工厂后，就准备进行焊接，然后进行组装。焊接和组装需要熟练工人，特别是对自动化和半自动化机器。

所针对每种产品的部件（指如果机器改装其他种类的摁扣时必须进行更换的部件）都是由 Mueller Lehmkuhl 公司制造的。为了使机器符合客户的要求，需要有很高的精确性。因此，检测是一道很重要的工序。通常，一台机器在送抵客户前需要经过10 000件产品的测试。

除了生产安摁扣机器外，Mueller Lehmkuhl 公司还生产一些自用的机器。如 1986 年公司就宣布它正在开发一种自动固定衣料的机器。这些新机器很依赖那些为安摁扣机器而开发的技术。

机器部的员工分为两部分——其中一部分生产安摁扣机器和生产机器，其他一部分调整那些退组的安摁扣机器。管理层估计生产机器的工人占总工人的 80%。

同时位于顶层的工具部生产和维修那些用于制造摁扣和安摁扣机器的工具。生产摁扣的机器相当昂贵，并需要经常维护。而生产安摁扣机器的工具则相对便宜，只在出现损坏时才进行更换，并没有人仔细调查过工具部的产能是如何在这两种工具间分配的。

生产厂其他三层楼都用于摁扣的制造。摁扣生产由三步组成：冲压、组装和完工处理。每层楼都主要针对一种工序。在冲压工序，摁扣的金属部件被在金属板上冲成型。如果大量生产，就使用那种能一次成型 12 个部件的自动化机器。这些高产量机器所需的工具很昂贵，可能高达 5 万美元一件。对低产量产品，就使用较为简单的机器。冲压部有 47 种机器。在该部，工人经常需要同时操作数台机器。

在组装阶段，冲压件被机器组装成型。例如，钉扣由五个部件组成——三个在扣帽，两个在下脚。扣帽由帽盖（上面通常有冲压成型的标志）、用于锁定的塑料插件和金属插脚组成。这三个部件组合成钉扣的扣帽。下脚由两个部件——栓柱和栓塞组成。用于组装部件的机器也按照产量的不同而不同。组装部总共有 112 种机器。

部件一旦组装完毕，就进行焊接，如果需要还要在送去完工处理前进行热处理。这包括电镀（使部件光亮）、土漆或烤瓷、磨砂和抛光。完工处理部有 15 种不同的机器。

仔细地包装以供装运。公司只有极少量的再产品和产成品存货，因为多数生产都是按订单进行的。

表面上看，摁扣的生产只需要简单的技术，但实际上，它需要很高的精度。因此对冲压和质量控制的要求很高。同样地，安摁扣机器是衣料处理机的基础。为了保证其技术的先进性，公司有一个强大的研发部。时尚设计的引入需要大量的研发力量。管理层估计 50% 的研发力量用于现有产品的生产，而其余则用于新产品开发。

成本系统

目前的成本系统已经过时了。按照公司主计长的观点，由 70 个成本中心组成的老成本系统不能区分公司的自动化机器和人工操作机器。新成本系统会按照每类机器设计成本中心，因而有更多的成本中心。

材料，包括边角料的调整，直接分摊到产品。新成本系统还有一类和材料有关的杂项费用，如采购、材料处理和存储成本等。这些费用按照产品的直接材料成本来分摊。

在冲压和组装部，除以每个工人所操作的机器数量得到的人工成本也直接分摊到产品。调试的人工费用，经过必要的调整，也直接分摊到产品。制造费用被分为两类：机器成本和一般制造费用。机器成本是那些能直接分摊到机器的成本，如占地面积、能耗、维护、折旧和资产的利息费用。以后年度的某类机器的每美元直接人工成本的制造费用率是把该类机器的这些项目的总成本除以预算的用于该类机器的直接人工成本（含调试人工成本）。产品成本中的机器成本是把这种制造费用率乘以该产品的标准直接人工成本。

一般制造费用包括工厂支持、工厂物耗、技术管理、支持部门成本、工具部门成本。如果可能，就把一般制造费用直接分摊到产品，否则就按照直接人工成本（包括调试成本）分摊到各个部门。各种产品的每美元直接人工成本的制造费用率是把每种产品的一般成本库中的成本除以该种产品预算的直接人工成本（包括调试成本）。产品成本中的一般制造费用是把这种部门制造费用率乘以该产品的标准直接人工成本。

分批成本制是核算冲压和组装部门成本时最合适的方式。在完工处理部则采用分步成本制，即每道工序被视做一个成本中心来归集相关成本。这些成本然后按照每种产品所耗资源（即分摊因子）分摊到产品。成本系统所采用的成本分摊方法如表 1-6-3 所示。

表 1-6-3　　　　　　　　成本分摊方法　　　　　　　　单位：千件

材料	标准成本+和材料有关的杂项费用
冲压和组装	
人工	标准人工小时×标准工资率/所操作的机器数
调试	标准调试人工小时×机器制造费用率
机器制造费用	标准人工成本×机器制造费用率
一般制造费用	标准人工成本×部门制造费用率
完工处理	总部门成本×分摊因子

尽管在外行眼里不同产品的成本似乎类似，但实际上它们的成本结果有很大不同，表 1-6-4 列出了五种代表性产品的成本结构。

表 1-6-4　　　　　代表性产品的成本结构（每千件）　　　　　单位：美元

	S型弹簧扣座摁扣	圆形扣座摁扣	开口扣角摁扣（铜）	开口扣角摁扣（不锈钢）	钉扣
平均售价	46.75	39.83	15.28	20.32	38.40
材料	合计	合计	合计	合计	合计
原材料	9.70	8.88	6.04	5.74	11.88
和材料有关的制造费用	0.54	0.50	0.34	0.32	0.67
	10.24	9.38	6.38	6.06	12.55
冲压					
调试人工	0.12	0.25	0.01	0.03	0.03
人工	0.68	0.48	0.04	0.21	0.25
机器制造费用	1.31	1.27	0.17	1.13	1.11
一般制造费用	22.40	14.64	0.94	5.64	8.42
	24.51	16.64	1.16	7.01	9.81
组装					
调试人工	0.14	0.05	—	—	0.01
人工	0.10	0.24	—	—	0.18
机器制造费用	0.25	0.45	0.00	0.00	0.26
一般制造费用	1.56	3.55	0.00	0.00	2.51
	2.04	4.29	0.00	0.00	2.96
完工处理	5.66	8.28	1.88	0.56	3.84
合计	42.46	38.59	9.42	13.63	29.17
所有部门的直接人工成本合计（包括调试）	1.32	1.43	0.14	0.27	0.66

日本公司的竞争

Hiroto Industry 是欧洲市场中的主要竞争者。它是一家贸易公司，经营用于鞋、皮革产品和服装的各种扣类产品，如松紧带、带扣、拉链等。Hiroto Industry 要比 Mueller Lehmkuhl 公司大 10 倍。两家公司的竞争领域只占 Hiroto Industry 市场份额的 20%。不像 Mueller Lehmkuhl 公司，Hiroto Industry85%的销量是外购的。它自己生产的那 15%的产品是一些大批量、同质性的产品。Hiroto Industry 宣称其目标是成为日本的老大，并在世界市场成为重要的一员。它希望其欧洲业务要占其总业务的 25%。

现有的摁扣技术显示出显著的规模经济性。为了支持竞争，市场中至少需要 2 亿消费者。对于没有国际业务的国内企业而言，有 1.2 亿人口的日本和 6 000 万人口的德国这样的市场都不够大。而较大的日本市场较之德国市场有明显的经济优势。因为日本市场的封闭性，日本的制衣业需要为纽扣等产品支付较高的价格（较德国产品高 120%）。

Hiroto Industry 是 1973 年进入欧洲市场的。它遇到了很大的准入壁垒，特别是欧洲客户和供应商间长期的合作关系、适合本公司产品的安摁扣机器的缺乏和分销商和售后服务网络的缺乏。按照 Welkers 的看法，Hiroto Industry 为了克服这些困难，就集中生产那些大批量产品，如用于工装、皮革制品和婴儿装的摁扣。这些市场的客户订单都是大批量的。

1982 年，按照 Atlas 集团和 Mueller Lehmkuhl 公司合作计划的一部分，Mueller Lehmkuhl 公司解雇了一部分售后服务人员。而 Hiroto Industry 却雇佣了这些人员以加强其在欧洲市场中提供快速服务的能力。这个举措提高了 Hiroto Industry 在欧洲市场的渗透程度。但它很快失败了，因为 Mueller Lehmkuhl 公司重新雇佣了这些人，Hiroto Industry 丢失了多数新近得到的客户。

为了弥补损失，Hiroto Industry 采用了新的营销策略。它不是自己出租安摁扣机器，而是寻找那些愿意购买这些机器并出租给客户的分销商。这些安摁扣机器是由那些只生产安摁扣机器的公司生产的，因而同时生产摁扣和安摁扣机器的公司只向其最终用户提供安摁扣机器。Hiroto Industry 向分销商提供比欧洲主流价格低 20%的产品。它可以从这个策略中得到不少好处。首先，Hiroto Industry 无需承担售后服务。其次，资本投资可以减到最低。最后，公司无需承担机器停租的风险。

分销商也有好处。它们现在可以和 Mueller Lehmkuhl 公司这样的公司竞争。通过其价格优势的时候，他们可以从其他公司偷来那些没有和一家公司签订排他性合同的客户。

Hiroto Industry 的新策略威胁到 Mueller Lehmkuhl 公司的两个子市场。第一个子市场是那些小批量的，使用一般性产品的客户。若干个这样的客户就抵得上一个大客户。但这些客户的忠诚度比较低。

第二个子市场，也是更麻烦的，是大客户开始决定在 Mueller Lehmkuhl 公司的安摁扣机器上使用日本公司的产品。尽管多数产品是不通用的，但一些大批量产品，如不锈钢弹簧摁扣，却是标准化的，可以在任何机器上安装。某些 Mueller Lehmkuhl 公司的客户，尽管合同要求他们只从 Mueller Lehmkuhl 公司购买产品，却开始在 Mueller Lehmkuhl 公司的安摁扣机器上使用日本公司的产品。Mueller Lehmkuhl 公司威胁如果发现有公司在违约，就终止租赁合同。实际上，已经捉住了一家这样的公司，但这家公司马上保证停止"试用"日本产品。

Hiroto Industry 的新策略取得了一些成功。到 1986 年，它已经占领了 6% 的欧洲市场。

Mueller Lehmkuhl 公司的销售经理这样说：

我最大的忧虑是面对日本公司竞争，我们还把价格定得尽可能高。我们不想失去市场份额，但问题是它们的价格是如此的低，以至于如果我们跟进，代价就太大了。日本公司并不是直接威胁，因为我们的质量是如此高。尽管我们的客户通过仔细的分析决定维持和我们的合作，但它们也时时为这样的想法所困扰：如果使用日本产品，说不定会得益更多。

思考题：

1. 分析 Mueller Lehmkuhl 公司五种代表性产品的不同成本结构对经营决策的影响。

2. 按照你的理解，分析 Mueller Lehmkuhl 公司在价格竞争中的处境，及可以采取的对策。

资料来源：罗宾·库珀，罗伯特·S. 卡普兰. 成本管理系统设计教程与案例 [M]. 王立彦，高展，卢景琦，等，译. 大连：东北财经大学出版社，2003：103-113.

【案例二】 产品成本核算基本方法的选择

大洋公司生产并销售 X、Y 两种产品。这两种产品每月投产和完工的产品数量都很多，属于大量大批生产。生产过程能够划分为几个可以间断的步骤，X 产品生产过程中半成品的种类相对较多。X、Y 产品的生产比较稳定，针对两种产品制定的定额比较准确，管理基础好；X 产品各月末在产品数量变动较大，Y 产品各月末在产品数量比较稳定。

X 产品生产过程中的半成品仅供生产使用，不对外出售，不需要计算半成品成本；Y 产品生产过程中产生的半成品主要提供给加工 Y 产品所用，同时也有一部分对外销售，因而需要计算半成品成本。

就成本管理要求而言，两种产品均属于要求分步骤计算成本的多步骤生产。X 产品需要从整个公司角度考核和分析成本；Y 产品需要从整个公司角度出发，还要严格进行分步骤的成本管理，要求各步骤均能提供清晰的成本资料，明确反映各步骤的工作业绩和经济责任。

思考题：

1. 考虑到成本管理的需要以及简化计算的要求，X 和 Y 产品适合采用什么样的成本计算方法？

2. 针对选择的方法，说明理由，并解释该种方法的成本计算包括哪些方面的工作。

3. X 和 Y 产品将生产费用分配给完工产品和在产品时，应选择什么样的费用分配方法？

4. 说明进行费用纵向分配方法选择的理由，以及如何取得费用分配所需的数据。

【案例三】 　　　　　　　　　**产品成本计算的品种法案例**

　　大明工厂是一个零件加工企业，生产多种不同规格的零件。其中加工一车间加工两种零件，分别为甲产品和乙产品。甲、乙产品加工业务量较大，为大量大批单步骤生产，采用品种法计算产品成本。甲、乙产品在同一个基本生产车间完成，还设有一个辅助生产车间——运输车间。

　　（一）成本资料

　　1. 产量资料见下表

　　该厂201×年5月份有关产品成本核算资料如表1-6-5所示：

表1-6-5 　　　　　　　　　　　**产品产量表** 　　　　　　　　　单位：件

产品名称	月初在产品	本月投产	完工产品	月末在产品	完工率
甲	800	7 200	6 500	1 500	60%
乙	320	3 680	3 200	800	40%

　　2. 月初在产品成本见下表

表1-6-6 　　　　　　　　　　　**月初在产品成本表** 　　　　　　　　单位：元

产品名称	直接材料	直接人工	制造费用	合计
甲	8 090	5 860	6 810	20 760
乙	6 176	2 948	2 728	11 852

　　3. 该月发生生产费用

　　（1）材料费用。生产甲产品耗用材料4 410元，生产乙产品耗用材料3 704元，生产甲乙产品共同耗用材料9 000元（甲产品材料定额耗用量为3 000千克，乙产品材料定额耗用量为1 500千克）。运输车间耗用材料900元，基本生产车间耗用消耗性材料1 938元。

　　（2）工资费用。生产工人工资10 000元，运输车间人员工资800元，基本生产车间管理人员工资1 600元。

　　（3）其他费用。运输车间固定资产折旧费为200元，水电费为160元，办公费为40元。基本生产车间厂房、机器设备折旧费为5 800元，水电费为260元，办公费为402元。

　　4. 工时记录。甲产品耗用实际工时为1 800小时，乙产品耗用实际工时为2 200小时。

　　5. 本月运输车间共完成2 100公里运输工作量，其中：基本生产车间耗用2 000公里，企业管理部门耗用100公里。

　　6. 该厂有关费用分配方法

　　（1）甲乙产品共同耗用材料按定额耗用量比例分配；

　　（2）生产工人工资按甲乙产品工时比例分配；

（3）辅助生产费用按运输公里比例分配；

（4）制造费用按甲乙产品工时比例分配；

（5）按约当产量法分配计算甲、乙完工产品和月末在产品成本。甲产品耗用的材料随加工程度陆续投入，乙产品耗用的材料于生产开始时一次投入。

（二）核算过程

采用品种法计算甲、乙产品成本的过程如下：

表 1-6-7 材料费用分配表 单位：元

应借账户		成本或费用项目	直接计入金额	分配计入		合计
				分配标准	分配金额	
基本生产成本	甲产品	直接材料	4 410	3 000	6 000	10 410
	乙产品	直接材料	3 704	1 500	3 000	6 704
	小计		8 114	4 500	9 000	17 114
辅助生产成本	运输车间	机物料消耗	900			900
制造费用		机物料消耗	1 938			1 938
合计			19 952			19 952

材料费用分配会计分录：

借：基本生产成本——甲产品 10 410

　　基本生产成本——乙产品 6 704

　　辅助生产成本——运输车间 900

　　制造费用 1 938

　　贷：原材料 19 952

表 1-6-8 工资费用分配表 单位：元

应借账户		成本或费用项目	直接计入金额	分配计入		合计
				分配标准	分配金额	
基本生产成本	甲产品	直接人工		1 800	4 500	4 500
	乙产品	直接人工		2 200	5 500	5 500
	小计			4 000	10 000	10 000
辅助生产成本	运输车间	工资	800			800
制造费用		工资	1 600			1 600
合计			2 400			12 400

工资费用分配会计分录如下：

借：基本生产成本——甲产品 4 500

　　基本生产成本——乙产品 5 500

　　辅助生产成本——运输车间 　　　　　　　　　　　　　　800

　　制造费用 　　　　　　　　　　　　　　　　　　　　　1 600

　　　贷：应付职工薪酬 　　　　　　　　　　　　　　　　　　12 400

表1-6-9　　　　　　　　　**其他费用汇总表**　　　　　　　　　　单位：元

应借账户	折旧费	水电费	办公费	合计
辅助生产成本——运输车间	200	160	40	400
制造费用	5 800	260	402	6 462
合计	6 000	420	442	6 862

　　其他费用分配会计分录如下：

　　借：辅助生产成本——运输车间 　　　　　　　　　　　　400

　　　制造费用 　　　　　　　　　　　　　　　　　　　　6 462

　　　　贷：累计折旧 　　　　　　　　　　　　　　　　　　　　6 000

　　　　　银行存款等 　　　　　　　　　　　　　　　　　　　　862

表1-6-10　　　　　　　　　**辅助生产成本明细账**

运输车间　　　　　　　　　　　　　　　　　　　　　　　　　单位：元

月	日	摘要	机物料消耗	工资	折旧费	水电费	办公费	合计
		材料费用分配表	900					900
		工资费用分配表		800				800
		其他费用汇总表			200	160	40	400
		合计	900	800	200	160	40	2 100
		分配转出	900	800	200	160	40	2 100

表1-6-11　　　　　　　　　**辅助生产费用分配表**

运输车间　　　　　　　　　　　　　　　　　　　　　　　　　单位：元

应借账户	费用项目	耗用劳务数量	分配率	分配额
制造费用	运输费	2 000		2 000
管理费用	运输费	100		100
合计		2 100	1	2 100

　　辅助生产费用分配会计分录如下：

　　借：制造费用 　　　　　　　　　　　　　　　　　　　　2 000

　　　管理费用 　　　　　　　　　　　　　　　　　　　　　100

　　　　贷：辅助生产成本——运输车间 　　　　　　　　　　　　2 100

表 1-6-12 　　　　　　　　　　　　制造费用明细账　　　　　　　　　　　单位：元

月	日	摘要	机物料消耗	工资	折旧费	水电费	办公费	运输费	合计
		材料费用分配表	900						900
		工资费用分配表		800					800
		其他费用汇总表			200	160	40		400
		合计	900	800	200	160	40		2 100
		分配转出	900	800	200	160	40		2 100

表 1-6-13 　　　　　　　　　　　　制造费用分配表　　　　　　　　　　　单位：元

应借账户	成本项目	生产工时	分配率	分配额
基本生产成本——甲产品	制造费用	1 800		5 400
基本生产成本——乙产品	制造费用	2 200		6 600
合计		4 000	3	12 000

制造费用分配会计分录如下：

借：基本生产成本——甲产品 　　　　　　　　　　　5 400

　　　　　　　　　——乙产品 　　　　　　　　　　　6 600

　　贷：制造费用 　　　　　　　　　　　　　　　　　12 000

表 1-6-14 　　　　　　　　　　　　产品成本计算单

产品：甲产品 　　　　　　　　　　　200×年 5 月 　　　　　　　　　　　单位：元

成本项目	直接材料	直接人工	制造费用	合计
月初在产品成本	8 090	5 860	6 810	20 760
本月生产费用	10 410	4 500	5 400	20 310
合计	18 500	10 360	12 210	41 070
完工产品数量	6 500	6 500	6 500	
在产品约当产量	900	900	900	
约当产量合计	7 400	7 400	7 400	
费用分配率	2.5	1.4	1.65	
完工产品成本	16 250	9 100	10 725	36 075
月末在产品成本	2 250	1 260	1 585	4 995

表 1-6-15   **产品成本计算单**

产品：乙产品   200×年 5 月   单位：元

成本项目	直接材料	直接人工	制造费用	合计
月初在产品成本	6 176	2 948	2 728	11 852
本月生产费用	6 704	5 500	6 600	18 804
合计	12 880	8 448	9 328	30 656
完工产品数量	3 200	3 200	3 200	
在产品约当产量	800	320	320	
约当产量合计	4 000	3 520	3 520	
费用分配率	3.22	2.4	2.65	
完工产品成本	10 304	7 680	8 480	26 464
月末在产品成本	2 576	768	848	4 192

产成品入库会计分录：

借：库存商品——甲产品   36 075

       ——乙产品   26 464

  贷：基本生产成本——甲产品   36 075

            ——乙产品   26 464

思考题：

1. 结合案例的资料，总结品种法的基本计算程序。

2. 品种法下，各环节的费用分配顺序能否前后互换？

【案例四】   **平行结转分步法的应用**

F 公司是一个服装生产企业，常年大批量生产甲、乙两种工作服。产品生产过程划分为裁剪、缝纫两个步骤，相应设置裁剪、缝纫两个车间。裁剪车间为缝纫车间提供半成品，经缝纫车间加工最终形成产成品。甲、乙两种产品耗用主要材料（布料）相同，且在生产开始时一次投入。所耗辅助材料（缝纫线和扣子等）由于金额较小，不单独核算材料成本，而直接计入制造费用。

F 公司采用平行结转分步法计算产品成本。实际发生生产费用在各种产品之间的分配方法是：材料费用按定额材料费用比例分配；生产工人薪酬和制造费用按实际生产工时分配。月末完工产品与在产品之间生产费用的分配方法是：材料费用按定额材料费用比例分配；生产工人薪酬和制造费用按定额工时比例分配。

（一）成本资料

F 公司 8 月份有关成本计算资料如下：

（1）甲、乙两种产品定额资料，如表 1-6-16、表 1-6-17：

表 1-6-16　　　　　　　　　　甲产品定额资料

生产车间	单件产成品定额		本月（8 月份投入）	
	材料费用（元）	工时（小时）	材料费用（元）	工时（小时）
裁剪车间	60	1.0	150 000	1 500
缝纫车间		2.0		4 000
合计	60	3.0	150 000	5 500

表 1-6-17　　　　　　　　　　乙产品定额资料

生产车间	单件产成品定额		本月（8 月份投入）	
	材料费用（元）	工时（小时）	材料费用（元）	工时（小时）
裁剪车间	80	0.5	100 000	500
缝纫车间		1.5		2 500
合计	80	2.0	100 000	3 000

（2）8 月份甲产品实际完工入库产成品 2 000 套。

（3）8 月份裁剪车间、缝纫车间实际发生的原材料费用、生产工时数量以及生产工人薪酬、制造费用如表 1-6-18、表 1-6-19 所示。

表 1-6-18　　　　　8 月份裁剪车间实际耗用生产工时和生产费用

产品名称	材料费用（元）	生产工时（小时）	生产工人薪酬（元）	制造费用（元）
甲产品		1 600		
乙产品		800		
合计	280 000	2 400	30 000	120 000

表 1-6-19　　　　　8 月份缝纫车间实际耗用生产工时和生产费用

产品名称	材料费用（元）	生产工时（小时）	生产工人薪酬（元）	制造费用（元）
甲产品		4 200		
乙产品		2 800		
合计		7 000	140 000	350 000

（4）裁剪车间和缝纫车间甲产品的期初在产品成本如表 1-6-20、表 1-6-21 所示。

表 1-6-20　　　　　裁剪车间和缝纫车间的期初在产品成本

项目	车间	直接材料（元）		定额工时（小时）	直接人工（元）	制造费用（元）	合计（元）
月初在产品成本	裁剪车间	30 000	30 000	2 000	18 500	60 000	108 500
	缝纫车间			800	7 200	15 600	22 800

（二）核算结果

（1）将裁剪车间和缝纫车间 8 月份实际发生的材料费用、生产工人薪酬和制造费用在甲、乙两种产品之间分配。

裁剪车间：

甲产品实际耗用的直接材料 = 280 000×［150 000/（150 000+100 000）］
= 168 000（元）

乙产品实际耗用的直接材料 = 280 000×［100 000/（150 000+100 000）］
= 112 000（元）

甲车间耗用的生产工人薪酬 = 30 000×（1 600/2 400）= 20 000（元）

乙车间耗用的生产工人薪酬 = 30 000×（800/2 400）= 10 000（元）

甲车间耗用的制造费用 = 120 000×（1 600/2 400）= 80 000（元）

乙车间耗用的制造费用 = 120 000×（800/2 400）= 40 000（元）

缝纫车间：

甲车间耗用的生产工人薪酬 = 140 000×（4 200/7 000）= 84 000（元）

乙车间耗用的生产工人薪酬 = 140 000×（2 800/7 000）= 56 000（元）

甲车间耗用的制造费用 = 35 000×（4 200/7 000）= 210 000（元）

乙车间耗用的制造费用 = 35 000×（2 800/7 000）= 140 000（元）

（2）编制裁剪车间和缝纫车间的甲产品成本计算单。

表 1-6-21　　　　　　　　　　　　甲产品成本计算单

裁剪车间

项目	产品产量（套）	直接材料（元）		定额工时（小时）	直接人工（元）	制造费用（元）	合计（元）
		定额	实际				
月初在产品成本	—	30 000	30 000	2 000	18 500	60 000	108 500
本月生产费用	—	150 000	168 000	1 500	20 000	80 000	100 000
生产费用合计	—	180 000	198 000	3 500	38 500	140 000	178 500
分配率	—	—	1.1	—	11	40	—
计入产成品份额	—	120 000	132 000	2 000	22 000	80 000	234 000
月末在产品成本	—	60 000	66 000	1 500	16 500	60 000	142 500

表 1-6-22　　　　　　　　　　　　甲产品成本计算单

缝纫车间

项目	产品产量（套）	直接材料（元）		定额工时（小时）	直接人工（元）	制造费用（元）	合计（元）
		定额	实际				
月初在产品成本	—	—	—	800	7 200	15 600	22 800
本月生产费用	—	—	—	4 000	84 000	210 000	294 000

表1-6-22(续)

项目	产品产量（套）	直接材料（元）		定额工时（小时）	直接人工（元）	制造费用（元）	合计（元）
		定额	实际				
生产费用合计	—	—	—	4 800	91 200	225 600	316 800
分配率	—	—	—	—	19	47	—
计入产成品份额	—	—	—	4 000	76 000	188 000	264 000
月末在产品成本	—	—	—	800	15 200	37 600	52 800

（3）编制甲产品的成本汇总计算表。

表 1-6-23　　　　　　　　　　甲产品成本汇总计算表

生产车间	产成品数量（套）	直接材料费用（元）	直接人工费用（元）	制造费用（元）	合计（元）
裁剪车间		132 000	22 000	80 000	234 000
缝纫车间		0	76 000	188 000	264 000
合计	2 000	132 000	98 000	268 000	498 000
单位成本		66	49	134	249

思考题：

1. 平行结转法与逐步结转法区别的最关键的点是什么？

2. 若要在平行结转法与逐步结转法之间进行转换，各成本计算对象的月初在产品成本是否需要调整？怎样调整？

【案例五】　　　　　　　　　　分批法成本制度案例

杰克是舒适航运公司的所有者和财务总监，该公司专门生产飞机座位。他最近收到写给美国海军公共审计部门的一封信的复印件，并确信它是一名本公司的雇员所写的：

亲爱的先生们：

19×8 年，舒适航运公司为海军生产了 100 个 X7 型座椅。你们也许会对下面的内容产生兴趣：

（1）100 个 X7 型座椅的直接材料成本为 25 000 美元

（2）100 个 X7 型座椅直接人工成本为 6 000 美元。其中包括 16 个小时的调整准备费用（每小时 25 美元），这一数额被计入到制造费用成本库。还包括 12 小时的费用设计（每小时 50 美元）。设计费用按合同是无须由海军承担的。

（3）100 个 X7 型座椅制造费用为 9 000 美元（直接人工的 150%），其中包括了被错误计入到直接人工成本中的 16 个小时调整准备成本（每小时 25 美元）。

你也许想知道，有超过 40% 的直接材料是从先驱技术公司购进的，杰克·哈尔勃的兄弟拥有这家公司 51% 的股权。

这封信没有签名，个中原因十分明显。转抄自《华尔街日报》舒适航运公司首席执行官杰克·哈尔勃舒适航运公司的合同载明海军以制造成本的 13% 向该公司支付货款。

思考题：

1. 舒适航运公司向海军出售的座椅的单位成本是多少？假定实际直接材料成本为 25 000 美元。

2. 舒适航运公司向海军出售的座椅的单位成本应该是多少？假定实际直接材料成本为 2 500 美元。

3. 为了减少类似事情的发生，海军应如何严格制定其采购程序？

（在回答问题时，假定信中所说完全属实。）

二、作业与练习题

（一）单项选择题

1. 品种法是产品成本计算的（　　）。
   A. 主要方法　　　　　　　　B. 重要方法
   C. 最基本的方法　　　　　　D. 最简单的方法

2. 品种法适用的生产组织是（　　）。
   A. 大量大批生产　　　　　　B. 大量成批生产
   C. 大量小批生产　　　　　　D. 单件小批生产

3. 以产品批别为成本计算对象的产品成本计算方法，称为（　　）。
   A. 品种法　　　　　　　　　B. 分步法
   C. 分批法　　　　　　　　　D. 分类法

4. 分批法适用的生产组织形式是（　　）。
   A. 大量生产　　　　　　　　B. 成批生产
   C. 单件生产　　　　　　　　D. 单件小批生产

5. 在采用分批法时，产品成本明细账的设立和结账，应与（　　）的签发和结束密切配合，协调一致，以保证各批产品成本计算的正确性。
   A. 生产任务通知单（或生产令号）　　B. 领料单
   C. 订单　　　　　　　　　　　　　　D. "生产成本" 总账

6. 产品成本计算的分批法，有时又被称为（　　）。
   A. 品种法　　　　　　　　　B. 间接费用分配率法
   C. 订单法　　　　　　　　　D. 简化分批法

7. 如果同一时期内，在几张订单中规定有相同的产品，则计算成本时可以（　　）。
   A. 按订单分批组织生产　　　B. 按品种分批组织生产
   C. 按产品的组成部分分批组织生产　　D. 将相同产品合为一批组织生产

8. 在简化的分批法下，它是（　　）。
   A. 不分批计算在产品成本　　B. 不计算月末在产品的材料成本

C. 不计算月末在产品的加工费用　　　　D. 月末在产品分配结转间接计入费用

9. 采用简化分批法，在各批产品完工以前，产品成本明细账（　　）。

A. 不登记任何费用　　　　　　　　　　B. 只登记间接费用

C. 只登记原材料费用　　　　　　　　　D. 只登记直接费用和生产工时

10. 采用简化的分批法，分配间接计入费用并计算登记该批完工产品的成本是在（　　）。

A. 月末时　　　　　　　　　　　　　　B. 季末时

C. 年末时　　　　　　　　　　　　　　D. 有产品完工时

11. 简化的分批法不宜在下列情况下采用（　　）。

A. 各月间接费用水平相差较大　　　　　B. 各月间接费用水平相差不大

C. 月末未完工产品批数较多　　　　　　D. 投产批数繁多

12. 某企业采用分批法计算产品成本。6 月 1 日投产甲产品 5 件，乙产品 3 件；6 月 15 日投产甲产品 4 件，乙产品 4 件，丙产品 3 件；6 月 26 日投产甲产品 6 件。该企业 6 月份应开设产品成本明细账的张数是（　　）。

A. 3 张　　　　　　　　　　　　　　　B. 5 张

C. 4 张　　　　　　　　　　　　　　　D. 6 张

13. 采用分步法计算产品成本时，生产成本明细账的设立应按照（　　）。

A. 生产批别　　　　　　　　　　　　　B. 生产步骤和产品品种

C. 生产车间　　　　　　　　　　　　　D. 成本项目

14. 采用逐步结转分步法，如果半成品完工后，要通过半成品库收发，在半成品入库时，应借记（　　）账户，贷记"基本生产成本"账户。

A. "库存商品"　　　　　　　　　　　　B. "在产品"

C. "制造费用"　　　　　　　　　　　　D. "自制半成品"

15. 在逐步结转分步法下，在产品是指（　　）。

A. 广义在产品　　　　　　　　　　　　B. 各步骤自制半成品

C. 狭义在产品　　　　　　　　　　　　D. 各步骤的半成品和在产品

16. 逐步结转分步法实际上是（　　）的多次连接应用。

A. 品种法　　　　　　　　　　　　　　B. 分批法

C. 分步法　　　　　　　　　　　　　　D. 分类法

17. 采用逐步结转分步法时，完工产品与在产品之间的费用分配，是指在（　　）之间的费用分配。

A. 产成品与月末在产品

B. 完工半成品与月末加工中的在产品

C. 产成品与广义的在产品

D. 前面步骤的完工半成品与加工中的在产品，最后步骤的产成品与加工中的在产品

18. 半成品成本流转与实物流转相一致，又不需要成本还原的方法是（　　）。

A. 逐步结转分步法　　　　　　　　　　B. 分项结转分步法

C. 综合结转分步法   D. 平行结转分步法

19. 某种产品由三个生产步骤完成，采用逐步结转分步法计算成本。本月第一生产步骤转入第二生产步骤的生产费用为 2 300 元，第二生产步骤转入第三生产步骤的生产费用为 4 100 元。本月第三生产步骤发生的费用为 2 500 元（不包括上一生产步骤转入的费用），第三生产步骤月初在产品费用为 800 元，月末在产品费用为 600 元。本月该种产品的产成品成本为（ ）元。

  A. 10 900   B. 6 800

  C. 6 400   D. 2 700

20. 需要进行成本还原的分步法是（ ）。

  A. 平行结转法   B. 分项结转法

  C. 综合结转法   D. 逐步结转法

21. 成本还原的目的是为了求得按（ ）反映的产成品成本资料。

  A. 计划成本项目   B. 定额成本项目

  C. 原始成本项目   D. 半成品成本项目

22. 成本还原的对象是（ ）。

  A. 产成品成本

  B. 各步骤所耗上一步骤半成品的综合成本

  C. 各步骤半成品成本

  D. 最后步骤的产成品成本

23. 采用平行结转分步法计算产品成本时，不论半成品是否在各生产步骤间直接转移，还是通过半成品库收发，其总分类核算（ ）。

  A. 均不通过"自制半成品"账户进行

  B. 均通过"自制半成品"账户进行

  C. 均在"基本生产成本"明细账内部转账

  D. 均设"库存半成品"账户进行

（二）多项选择题

1. 品种法是产品成本计算最基本的方法，这是因为（ ）。

  A. 品种法计算成本最简单

  B. 任何成本计算方法最终都要计算出各品种的成本

  C. 品种法的成本计算程序最有代表性

  D. 品种法需要按月计算产品成本

2. 下列企业中，适合品种法计算产品成本的有（ ）。

  A. 发电企业   B. 汽车制造企业

  C. 采掘企业   D. 船舶制造企业

3. 下列有关品种法的计算程序叙述中正确的有（ ）。

  A. 如果只生产一种产品，只需为这种产品开设一张产品成本明细账

  B. 如果生产多种产品，要按照产品的品种分别开设产品成本明细账

C. 发生的各项直接费用直接计入各产品成本明细账

D. 发生的间接费用则采用适当的分配方法在各种产品之间进行分配

4. 品种法适用于（　　　）。

　　A. 大量大批的单步骤生产

　　B. 大量大批的多步骤生产

　　C. 管理上不要求分步骤计算成本的多步骤生产

　　D. 小批、单件，管理上不要求分步骤计算成本的多步骤生产

5. 分批法适用于（　　　）。

　　A. 单件生产

　　B. 小批生产

　　C. 单步骤生产

　　D. 管理上不要求分步计算成本的多步骤生产

6. 分批法的成本计算对象可以是（　　　）。

　　A. 产品批次　　　　　　　　　　B. 单件产品

　　C. 订单　　　　　　　　　　　　D. 生产步骤

7. 分批法和品种法主要区别是（　　　）不同。

　　A. 成本计算对象　　　　　　　　B. 成本计算期

　　C. 生产周期　　　　　　　　　　D. 会计核算期

8. 下列关于分批法的说法中不正确的有（　　　）。

　　A. 分批法也称定额法

　　B. 分批法适用于小批单件及大批生产

　　C. 按产品批别计算产品成本也就是按照订单计算产品成本

　　D. 如果一张订单中规定有几种产品，也应合为一批组织生产

9. 在简化的分批法下，基本生产成本明细账登记的内容有（　　　）。

　　A. 直接计入成本的费用

　　B. 完工月份分配结转的直接计入费用

　　C. 完工月份分配结转的间接计入费用

　　D. 当月发生的生产工时

10. 累计间接费用分配率是（　　　）。

　　A. 在各车间产品之间分配间接费用的依据

　　B. 在各批产品之间分配间接费用的依据

　　C. 在完工批别与月末在产品批别之间分配各该费用的依据

　　D. 在某批产品的完工产品与月末在产品之间分配各该费用的依据

11. 企业为了（　　　）。需要计算产品各生产步骤的半成品成本。

　　A. 提供各种产成品所耗用的同一种半成品的费用数据

　　B. 简化和加速成本计算工作

　　C. 进行同行业半成品成本指标的对比

　　D. 计算对外销售的半成品的损益

12. 在分步法中，相互对称的结转方法有（　　）。

    A. 逐步结转与分项结转　　　　　　B. 综合结转与平行结转

    C. 逐步结转与平行结转　　　　　　D. 综合结转与分项结转

13. 采用综合结转法，应将各步骤所耗用的半成品成本，以（　　）项目综合记入其生产成本明细账中。

    A. "直接材料"　　　　　　　　　　B. "直接人工"

    C. "自制半成品"　　　　　　　　　D. "制造费用"

14. 广义的在产品包括（　　）。

    A. 尚在本步骤加工中的在产品

    B. 企业最后一个步骤的完工产品

    C. 转入各半成品库的半成品

    D. 已从半成品库转到以后各步骤进一步加工、尚未最后制成的产成品

15. 逐步结转分步法的特点有（　　）等。

    A. 可以计算出半成品成本　　　　　B. 半成品成本随着实物的转移而结转

    C. 期末在产品是指狭义在产品　　　D. 期末在产品是指广义在产品

16. 平行结转分步法的特点是（　　）。

    A. 各生产步骤不计算半成品成本，只计算本步骤所发生的生产费用

    B. 各步骤之间不结转半成品成本

    C. 各步骤应计算本步骤发生的生产费用中应计入产成品成本的"份额"

    D. 将各步骤应计入产成品成本的"份额"平行结转，汇总计算产成品的总成本和单位成本

17. 平行结转分步法下，第二生产步骤的在产品包括（　　）。

    A. 第一生产步骤完工入库的半成品

    B. 第二生产步骤正在加工的在产品

    C. 第二生产步骤完工入库的半成品

    D. 第三生产步骤正在加工的在产品

18. 采用平行结转分步法计算产品成本，最后一个生产步骤的产品成本明细账中，能够反映的数据有（　　）。

    A. 所耗上一步骤的半成品成本

    B. 本步骤费用

    C. 本步骤费用中应计入产品成本的份额

    D. 产成品实际成本

19. 平行结转分步法与逐步结转分步法相比，缺点有（　　）。

    A. 各步骤不能同时计算产品成本

    B. 需要进行成本还原

    C. 不能为实物管理和资金管理提供资料

    D. 不能提供各步骤的半成品成本资料

20. 在平行结转分步法下，完工产品与月末在产品之间的费用分配，不是指下列的

（   ）。

    A. 在各步完工半成品与狭义在产品之间分配

    B. 在产成品与广义在产品之间分配

    C. 在各步完工半成品与广义在产品之间分配

    D. 在产成品与狭义在产品之间分配

（三）判断题

1. 品种法是各种产品成本计算方法的基础。   （   ）

2. 品种法在大量大批多步骤的生产企业，无论其管理要求如何，均不适用。

                                                       （   ）

3. 生产组织不同对产品成本计算方法的影响是：品种法适用于小批单件生产；分批法适用于大批大量生产。   （   ）

4. 品种法主要适用于简单生产，因此称为简单法。   （   ）

5. 品种法应按生产单位开设产品成本计算单。   （   ）

6. 单步骤生产都应采用品种法计算产品成本。   （   ）

7. 从成本计算对象和成本计算程序来看，品种法是产品成本计算最基本的方法。

                                                       （   ）

8. 品种法的成本计算期与会计报告期一致，与生产周期不一致。   （   ）

9. 分批法成本计算期与产品生产周期一致。   （   ）

10. 分批法是按照产品的生产步骤归集生产费用，计算产品成本的一种方法。

                                                       （   ）

11. 分批法适用于大量大批的单步骤生产或管理上不要求分步计算成本的多步骤生产。   （   ）

12. 分批法应按产品批次（订单）开设产品成本计算单。   （   ）

13. 分批法一般不需要在完工产品和期末在产品之间分配生产费用，但一批产品跨月陆续完工时，也需要进行分配。   （   ）

14. 采用简化的分批法，必须设立基本生产成本二级账。   （   ）

15. 分步法的显著特征是计算半成品成本。   （   ）

16. 分步法中作为成本计算对象的生产步骤，应当与产品的加工步骤一致。

                                                       （   ）

17. 在逐步结转分步法下，不论是综合结转还是分项结转，半成品成本都是随着半成品实物的转移而逐步结转。   （   ）

18. 采用逐步结转分步法，半成品成本的结转与半成品实物的转移是不一致的。

                                                       （   ）

19. 采用分步法时不论综合结转还是分项结转，第一步骤的生产成本明细账的登记方法均相同。   （   ）

20. 采用分项结转法结转半成品成本，可以直接正确提供按原始成本项目反映的企业产品成本资料，而无需进行成本还原。   （   ）

21. 采用分项结转法结转半成品成本，在各步骤完工产品成本中看不出所耗上一步骤半成品的费用和本步骤加工费用的水平。 （　　）

22. 成本还原改变了产成品成本的构成，但不会改变产成品的成本总额。 （　　）

23. 广义在产品包括狭义在产品和半成品。 （　　）

24. 在平行结转分步法下，各步骤在产品成本与在产品实物量不相一致。 （　　）

（四）简答题

1. 什么是产品成本计算的品种法？

2. 产品成本计算的品种法特点和适用范围是什么？

3. 什么是产品成本计算的分批法？

4. 产品成本计算的分批法有何特点和适用范围？

5. 什么是产品成本计算的分步法？

6. 产品成本计算的分步法特点和适用范围是什么？

7. 什么是逐步结转分步法？

8. 逐步结转分步法有何特点？

9. 什么是成本还原？

10. 什么是分项结转？

11. 什么是平行结转分步法？

12. 平行结转分步法有何特点？

（五）名词解释

1. 产品成本计算的品种法　　　　2. 产品成本计算分批法

3. 简化的分批法　　　　　　　　4. 累计间接计入费用分配率

5. 产品成本计算的分步法　　　　6. 逐步结转分步法

7. 综合结转法　　　　　　　　　8. 成本还原

9. 分项结转法　　　　　　　　　10. 平行结转分步法

11. 广义的在产品

（六）计算题

1.【目的】练习产品成本计算的品种法

【资料】海东企业生产甲、乙两种产品，均是单步骤的大量生产，采用品种法计算产品成本，20×7 年 7 月份的生产费用资料如下：

1. 各项货币资金支出

根据 7 月份付款凭证汇总的各项货币资金支出为（为简化作业，各项货币资金均为全月汇总的金额，并假定均用银行存款支出）：

（1）基本生产车间负担的费用：办公费 1 200 元，水费 460 元，差旅费 3 400 元，运输费 1 800 元，其他费用 2 600 元。

（2）机修车间负担的费用：办公费 1 600 元，水费 380 元，其他费用 2 600 元。

（3）支付 7 月份的外购电费 9 360 元。（该厂外购电费通过"应付账款"核算，其中：电价 8 000 元，增值税 1 360 元）。

2. 材料费用

根据 7 月份材料领用凭证汇总的材料费用（按实际成本计算）为：甲产品原材料费用 68 000 元；乙产品原材料费用 58 600 元。

基本生产车间：消耗材料 3 100 元，修理费 1 900 元，劳动保护费 800 元。

机修车间：修理领用材料 2 850 元。

企业管理部门：修理费 2 260 元，其他费用 1 400 元。

3. 外购电费

该厂规定，耗电按各部门所耗电的度数进行分配。基本生产车间动力用电 22 000 度，其中：甲产品 12 000 度，乙产品 10 000 度，机修车间 8 800 度，企业管理部门 1 200 度。

4. 工资费用

根据 7 月份工资结算凭证汇总的工资费用为：

基本生产车间：生产工人工资 8 600 元，管理人员工资 920 元。

机修车间：车间人员工资 4 800 元。

企业管理部门：管理人员工资 3 600 元。

该厂规定，基本生产车间生产工人工资在甲、乙两种产品之间按产品的实用工时比例分配。实用工时为：甲产品 9 000 小时，乙产品 8 200 小时。通过工资分配表分配，且职工福利费按工资额的 14% 计提。

5. 折旧费用

7 月份应计提的折旧额：基本生产车间 4 050 元，机修车间 2 280 元，企业管理部门 2 600 元。

6. 待摊费用和预提费用

该厂在 6 月初支付下半年度报刊费 1 200 元，每月应摊销 200 元。

该厂季初预计全季的利息费用 4 500 元，每月预提 1 500 元。

7. 辅助生产费用

该厂规定，辅助生产车间的制造费用不通过"制造费用"账户核算，辅助生产费用按直接分配法计算分配。机修车间为全厂提供修理劳务工时 10 000 小时，其中：基本生产车间 8 100 小时，企业管理部门 1 900 小时。

8. 制造费用

该厂规定，制造费用按产品的实用工时比例，在甲、乙产品之间进行分配。

9. 完工产品和月末在产品

该厂甲产品、乙产品均为一次性投料，具体情况见表 1-6-24。

表 1-6-24　　　　　　　　　　　　　**产品产量统计表**

计量单位：件

产品名称	本月完工产品的产量	期末在产品数量	
		数量	完工程度（%）
甲	460	120	50
乙	330	60	80

10. 甲乙产品的月初在产品成本

甲产品 7 月初在产品成本为：直接材料 21 000 元，燃料和动力 1 200 元，直接人工费 1 900 元，制造费用 4 100 元，合计 28 200 元。

乙产品 7 月初在产品成本为：直接材料 16 000 元，燃料和动力 900 元，直接人工费 2 400 元，制造费用 3 900 元，合计 23 200 元。

【要求】

1. 根据各种生产费用有关的期初余额资料，登记生产成本明细账；

2. 根据上列资料，编制各种生产费用汇总表和分配表；

3. 根据各种生产费用汇总表和分配表，登记制造费用明细账和生产成本明细账，采用约当产量法计算各种产品成本；

4. 编制有关生产费用和产品成本的会计分录。

表 1-6-25　　　　　　　　　　　　　**原材料费用分配表**

年　月

应借账户		成本或费用项目	金额
基本生产成本	甲产品	直接材料	
	乙产品	直接材料	
	小计		
制造费用		消耗用材料	
		修理费	
		劳动保护费	
		小计	
辅助生产成本		直接材料	
		小计	
管理费用		修理费	
		其他	
合计		小计	

表 1-6-26　　　　　　　　　　　　外购动力费用分配表
年　月

应借账户		成本或费用项目	用电量（度）	分配率	应分配金额
基本生产成本	甲产品	燃料和动力			
	乙产品	燃料和动力			
	小计				
辅助生产成本	机修车间	直接材料			
管理费用		电费			
合计					

表 1-6-27　　　　　　　　　　　工资及职工福利费分配表
年　月

应借账户		工资				提取的职工福利费	合计
		生产工人		其他人员	合计		
		工时	分配金额（分配率：）				
基本生产成本	甲产品						
	乙产品						
	小计						
辅助生产成本							
制造费用							
管理费用							
合计							

表 1-6-28　　　　　　　　　　　固定资产折旧费分配表
年　月

应借账户　费用项目	制造费用		管理费用	合计
	基本生产车间	辅助生产车间		
折旧费				

表 1-6-29　　　　　　　　　　　　待摊费用分配表
年　月

费用项目	对方账户	应摊金额
合计		

表 1-6-30   **预提费用分配表**

年   月

费用项目	对方账户	预提金额
合计		

表 1-6-31   **辅助生产成本明细账**

车间名称：机修车间

年月	年日	凭证号数	摘要	费用项目						
月	日			材料费	工资及福利费	办公费	水电费	折旧费	其他	合计

表 1-6-32   **辅助生产费用分配表（直接分配法）**

辅助生产车间名称		机修车间	合计
待分配费用			
供应劳务量（工时）			
单位成本（分配率）			
基本车间	修理	耗用数量	
		分配金额	
企业管理部门	修理	耗用数量	
		分配金额	

表 1-6-33　　　　　　　　　　　　　制造费用明细账

车间名称：基本生产车间

摘要	办公费	水费	差旅费	工资	福利费	折旧费	消耗材料	修理费	劳动保护费	运输费	其他	合计

表 1-6-34　　　　　　　　　　　　　制造费用分配表

20××年　　月

应借账户		成本项目	实用工时	分配率	应分配金额
基本生产成本	甲产品				
	乙产品				
	小计				

表 1-6-35　　　　　　　　　　　　　基本生产成本明细账

车间名称：　　　　产品名称：　　　　完工数量：　　　　在产品数量：　　　　完工程度：

年		凭证		摘要	直接材料	燃料和动力	直接人工	制造费用	合计
月	日	种类	号数						
6	30			期初在产品成本					
7	31			材料分配表					
	31			动力分配表					
	31			工资及福利费分配表					
	31			制造费用分配表					
	31			本月合计					
	31			累计总成本					
	31			约当总产量					
	31			单位成本（分配率）					
	31			完工产品生产成本					
	31			期末在产品成本					

表 1-6-36　　　　　　　　　　　　基本生产成本明细账

车间名称：　　　　　产品名称：　　　　　完工数量：　　　　　在产品数量：　　　　　完工程度：

年		凭证		摘要	直接材料	燃料和动力	直接人工	制造费用	合计
月	日	种类	号数						
6	30			期初在产品成本					
7	31			材料分配表					
	31			动力分配表					
	31			工资及福利费分配表					
	31			制造费用分配表					
	31			本月合计					
	31			累计总成本					
				约当总产量					
				单位成本（分配率）					
	31			完工产品生产成本					
	31			期末在产品成本					

2. 练习产品成本计算的一般分批法

【资料】海东企业 20×× 年 9 月份投产甲产品 100 件，批号为 901，在 9 月份全部完工；9 月份投产乙产品 150 件，批号 902，当月完工 40 件；9 月份投产丙产品 200 件，尚未完工。

（1）本月发生的各项费用。

①材料费用：901 产品耗用原材料 125 000 元；902 产品耗用原材料 167 000 元；903 产品耗用原材料 226 000 元；生产车间一般耗用原材料 8 600 元；原材料采用计划成本计价，差异率为 4%。

②人工费用：生产工人工资 19 600 元；车间管理人员工资 2 100 元；职工福利费按工资额 14% 计提；生产工人工资按耗用工时比例分配，901 产品工时为 18 000 小时；902 产品工时为 20 000 小时；903 产品工时为 11 000 小时。

③其他费用：车间耗用水电费 2 400 元，以银行存款付讫；车间固定资产的折旧费 3 800 元；车间的其他费用 250 元，以银行存款付讫。

（2）制造费用按耗用工时比例分配。

（3）902 号产品完工 40 件按定额成本转出，902 号产品定额单位成本为：直接材料 1 100 元，直接人工 75 元，制造费用 60 元。

【要求】

1. 编制原材料费用分配表和工资及职工福利费分配表（见表 1-6-37、表 1-6-38）；2. 根据资料内容，以及原材料费用分配表和工资及职工福利费分配表，编制会计分录；3. 根据会计分录，登记制造费用明细账、生产成本明细账（见表 1-6-39、表 1

–6-40、表1-6-41、表1-6-42）；4. 根据制造费用明细账，编制制造费用分配表（见表1-6-42），并编制会计分录，登记生产成本明细账；5. 计算901产品总成本和单位成本，并编制完工入库的会计分录。

表1-6-37 　　　　　　　　　　　　原材料费用分配表
年　月

应借账户		成本或费用项目	计划成本	材料差异额	材料实际成本
基本生产成本	901产品				
	902产品				
	903产品				
小计					
制造费用	机物料消耗				
合计					

表1-6-38 　　　　　　　　　　　　工资及职工福利费分配表
年　月

应借账户		工资				福利费(14%)	合计
		生产工人		其他人员	合计		
		工时	分配金额（分配率：　）				
基本生产成本	901产品						
	902产品						
	903产品						
	小计						
制造费用							
合计							

表1-6-39 　　　　　　　　　　　　制造费用明细账

摘要	机物料消耗	工资	职工福利费	水电费	折旧费	其他	合计

表 1-6-40

制造费用分配表

年 月

应借账户		成本项目	实用工时	分配率	应分配金额
基本生产成本	901 产品				
	902 产品				
	903 产品				
合计					

表 1-6-41

基本生产成本明细账

批号：901

产品名称：甲产品　　　　　　　　批量：100 件

开工日期：9 月 1 日

完工日期：9 月 30 日

××年		凭证		摘要	直接材料	直接人工	制造费用	合计
月	日	种类	号数					

表 1-6-42

基本生产成本明细账

批号：902

产品名称：乙产品　　　　　　　　批量：150 件

开工日期：9 月 10 日

完工日期：

××年		凭证		摘要	直接材料	直接人工	制造费用	合计
月	日	种类	号数					

表 1-6-43 　　　　　　　　　　　　基本生产成本明细账

批号：903 　　　　　　　　　　　　　　　　　　　　　　开工日期：9 月 15 日

产品名称：丙产品　　　　　　　　批量：200 件　　　　　　　　完工日期：

××年		凭证		摘要	直接材料	直接人工	制造费用	合计
月	日	种类	号数					

3. 练习产品成本计算的简化分批法

【资料】海东企业所属的一个分厂，属于小批生产，产品批别多，生产周期长，每月末经常有大量未完工的产品批数。为了简化核算工作，采用简化的分批法计算成本。该厂计算 20××年 4 月成本的有关资料如下：

1. 月初在产品成本

（1）直接费用（直接材料）：101 批号 3 750 元，102 批号 2 200 元，103 批号 1 600元。

（2）间接费用：直接人工 1 725 元，制造费用 2 350 元。

2. 月初在产品累计耗用工时：101 批号 1 800 工时，102 批号 590 工时，103 批号 960 工时。月初累计耗用 3 350 工时。

3. 本月的产品批别、发生的工时和直接材料见表 1-6-44。

表 1-6-44 　　　　　　产品的批别、工时和直接材料费用　　　　　　单位：元

产品名称	批号	批量	投产日期	完工日期	本月发生	
					工时	直接材料
甲	101#	10 件	2 月	4 月	450	250
乙	102#	5 件	3 月	4 月	810	300
丙	103#	4 件	3 月	预计 6 月	1 640	300

4. 本月发生的各项费用：直接工资 1 400 元，制造费用 2 025 元。

【要求】根据上述有关资料计算 4 月份已完工的 101 批的甲产品、102 批的乙产品成本，未完工的 103 批的丙产品暂不分配负担间接费用，见表 1-6-45、1-6-46、1-6-47、1-6-48。

表 1-6-45   **基本生产成本二级账**

年		摘要	直接材料	工时	直接人工	制造费用	合计
月	日						

表 1-6-46   **基本生产成本明细账**

批号：101#

产品名称：甲产品   批量：10 件

投产日期：2 月
完工日期：4 月

年		摘要	直接材料	工时	直接人工	制造费用	合计
月	日						

表 1-6-47   **基本生产成本明细账**

批号：102#

产品名称：乙产品   批量：5 件

投产日期：3 月
完工日期：4 月

年		摘要	直接材料	工时	直接人工	制造费用	合计
月	日						

表 1-6-48 基本生产成本明细账

批号：103# 投产日期：3 月

产品名称：丙产品 批量：4 件 完工日期：6 月

年		摘要	直接材料	工时	直接人工	制造费用	合计
月	日						

4. 练习产品成本计算的分步法——逐步分项结转分步法

【资料】海东企业生产甲产品，有两个基本生产车间顺序进行加工，在产品按定额成本计价；半成品通过半成品库收发。各步骤所耗半成品成本按加权平均单位成本计算。该厂本月份产量、成本和在产品定额成本及月初结存自制半成品资料见表 1-6-49 至表 1-6-52。

表 1-6-49 产品产量记录 单位：件

项目	一车间	二车间
月初在产品	100	120
本月投产或半成品	540	520
本月完工产品	500	540
月末在产品	140	100

表 1-6-50 单位在产品定额成本资料 单位：元

项目	直接材料	直接人工	制造费用	合计
一车间	100	80	69	249
二车间	130	100	80	310

表 1-6-51 生产费用资料 单位：元

成本项目	一车间		二车间	
	月初在产品	本月费用	月初在产品	本月费用
直接材料	10 000	120 000	15 600	
直接人工	8 000	76 000	12 000	24 000
制造费用	6 900	40 800	9 600	26 600
合计	24 900	236 800	37 200	50 600

表 1-6-52   **自制半成品期初资料**   单位：元

摘要	数量	直接材料	直接人工	制造费用	合计
月初余额	110	25 319	15 894	8 381	49 594

【要求】

1. 编制第一车间、第二车间生产成本明细账；
2. 登记自制半成品明细账。

表 1-6-53   **基本生产成本明细账**

车间名称：一车间   产品名称：甲半成品

项目	直接材料	直接人工	制造费用	合计
月初在产品定额成本				
本期发生费用				
费用合计				
完工半成品成本				
半成品单位成本				
月末在产品定额成本				

表 1-6-54   **自制半成品明细账**

半成品名称：甲半成品

摘要	数量	直接材料	直接人工	制造费用	合计
月初余额					
本月增加					
合计					
单位成本					
本月减少					
月末余额					

表 1-6-55   **基本生产成本明细账**

车间名称：二车间   产品名称：甲产品

项目	直接材料	直接人工	制造费用	合计
月初在产品定额成本				
本月本步骤费用				
上车间转入费用				
费用合计				
完工产品成本				

表1-6-55(续)

项目	直接材料	直接人工	制造费用	合计
单位成本				
月末在产品定额成本				

5. 练习产品成本计算的分步法——逐步综合结转分步法

【资料】海东企业生产的丁产品，分两个生产步骤连续加工。其中：第一步骤制造丁半成品，入半成品库；第二步骤领用丁半成品继续加工成丁产成品。成本计算采用逐步综合结转分步法。8月份有关成本资料如下：

（1）第一车间完工丁半成品25件，在产品10件，本车间的在产品成本采用定额成本法计算，在产品的单位定额成本分别为：原材料25元，工资及福利费10元，燃料及动力费18元，制造费用13元。本月有关的成本资料如下（见表1-6-56）：

表 1-6-56　　　　　　　　　　**第一车间成本资料**

项目	产量	原材料	工资及福利费	燃料及动力	制造费用
月初在产品成本	15件	300	150	250	210
本月发生的生产费用	20件	600	250	780	720

（2）自制丁半成品的明细账资料（见表1-6-57）：第二车间本月领用丁半成品10件投入生产，发出半成品成本采用全月一次加权平均单价计算。

表 1-6-57　　　　　　　　　**自制半成品——丁半成品明细账**

月初结存		本月增加		合计			本月减少		月末结存	
数量（件）	金额（元）	数量（件）	金额（元）	数量（件）	单价	金额（元）	数量（件）	金额（元）	数量（件）	金额（元）
5	535	25		30			10		20	

（3）第二车间本月领用丁半成品10件，在生产时一次投入，本月完工丁产成品5件，在产品10件，本车间的在产品成本采用约当产量法计算，本月在产品完工程度50%。有关成本计算资料如下（见表1-6-58）：

表 1-6-58　　　　　　　　　**第二车间成本资料**　　　　　　　　单位：元

项目	产量	半成品	工资及福利费	燃料及动力	制造费用	合计
月初在产品成本	5件	506	300	500	404	1 710
本月发生的生产费用	10件		400	700	500	

【要求】采用综合结转法进行成本计算，并对丁产品进行成本还原。

（1）计算各步骤产品成本，填入下表。

表 1-6-59   **第一车间成本计算单**

项目	原材料	工资及福利费	燃料及动力	制造费用	合计
月初在产品成本					
本月发生的费用					
合计					
本月完工产品成本（　　）件					
月末在产品成本（　　）件					

表 1-6-60   **自制半成品——丁半成品的明细账**

（全月一次加权平均法）

年		月初结存		本月增加		合计		本月减少		月末结存	
月	日	金额	数量	金额	数量	单价	金额	数量	金额	数量	金额

表 1-6-61   **第二车间成本计算单**

项目	半成品	工资及福利费	燃料及动力	制造费用	合计
月初在产品成本					
本月发生的费用					
合计					
约当产量					
分配率					
本月完工产品成本（　　）件					
月末在产品成本（　　）件					

（2）对完工的丁产品成本进行成本还原。

表 1-6-62   **产成品成本还原计算表**

产品名称：   产量：   单位：元

项目	产量（件）	还原分配率	半成品	原材料	工资及福利费	燃料及动力	制造费用	成本合计
还原前产成品成本								
本月所产半成品成本								
产成品所耗半成品的成本进行还原								

表1-6-62（续）

项目	产量（件）	还原分配率	半成品	原材料	工资及福利费	燃料及动力	制造费用	成本合计
还原后产成品总成本								
还原后产品单位成本								

6. 练习成本计算的分步法——平行结转分步法

【资料】假设海东企业生产的 C 产成品，需要经过三个步骤加工完成，其中：第一步骤生产 A 半成品，第二步骤生产 B 半成品，将 A 半成品和 B 半成品交第三步骤装配成 C 产成品。第一步骤材料在生产开始时一次投入，第二步骤材料随加工程度的深化逐步投入。每件产成品由 1 件 A 半成品和 1 件 B 半成品装配而成。各步骤月末在产品的完工程度均为 50%，各步骤生产费用采用约当产量比例法在产成品和广义在产品之间分配。10 月份有关成本资料如下：

（1）产量记录资料（见表1-6-63）：

表 1-6-63　　　　　　　　　　　**产量记录**　　　　　　　　　　单位：件

项目	第一步骤	第二步骤	第三步骤
月初在产品	2 000	3 000	4 000
本月投入	12 000	14 000	10 000
本月完工转出	10 000	10 000	9 000
月末在产品	4 000	7 000	5 000

（2）月初在产品成本及本月生产费用资料（见表1-6-64）：

表 1-6-64　　　　　　　**月初在产品成本计本月生产费用**　　　　　单位：元

项目	直接材料	直接人工	制造费用	合计
月初在产品成本				
第一步骤	52 800	13 900	17 250	83 950
第二步骤	25 500	22 300	27 020	74 820
第三步骤		19 500	22 400	41 900
本月生产费用				
第一步骤	317 200	125 850	129 000	572 050
第二步骤	243 000	110 160	119 760	472 920
第三步骤		48 700	52 400	101 100

【要求】计算各步骤应计入产成品成本份额和月末在产品成本，并编制产品成本汇总计算表。

（1）各步骤约当产量的计算：

表 1-6-65 各步骤约当产量的计算

摘要	直接材料	直接人工	制造费用
一车间步骤的约当总量			
二车间步骤的约当总量			
三车间步骤的约当总量			

（2）填制各步骤的成本计算单：

表 1-6-66 成本计算单

生产车间：

摘要	直接材料	直接人工	制造费用	合计
月初在产品成本				
本月发生费用				
合计				
该步骤约当产量				
单位成本（分配率）				
计入产品成本的份额				
月末在产品成本				

表 1-6-67 成本计算单

生产车间：

摘要	直接材料	直接人工	制造费用	合计
月初在产品成本				
本月发生费用				
合计				
该步骤约当产量				
单位成本（分配率）				
计入产品成本的份额				
月末在产品成本				

表 1-6-68 成本计算单

生产车间：

摘要	直接材料	直接人工	制造费用	合计
月初在产品成本				
本月发生费用				
合计				
该步骤约当产量				

表1-6-68(续)

摘要	直接材料	直接人工	制造费用	合计
单位成本（分配率）				
计入产品成本的份额				
月末在产品成本				

（3）填制成本汇总表（表1-6-69）：

表1-6-69　　　　　　　　　　　产品成本汇总计算表

产品名称：　　　　　　　　　　产量：

项目	直接材料	直接人工	制造费用	总成本	单位成本
一车间					
二车间					
三车间					
合计					

第七章　产品成本计算的辅助方法

一、教学案例

【案例一】　　　　　　　　　　丰田汽车的成本规划

丰田汽车成立于1933年，约占全球汽车市场份额的10%，是仅次于通用、大众的世界著名汽车公司。丰田汽车公司为什么能经历几十年而充满活力、旺盛不衰？这很大程度上得益于其成本规划的实施。根据丰田汽车公司的定义，成本规划（cost planning）是从新产品的基本构想立案至生产开始阶段，为降低成本及确保利润而实行的各种管理活动。其基本实施程序如下：

1. 新产品规划（product planning）

汽车的全新改款通常每四年实施一次，在新车型上市前三年，一般就正式开始目标成本规划。每一车种（如卡罗拉、凯美瑞等）设一名负责新车开发的产品经理，以产品经理为中心，对产品计划构想加以推敲，编制新型车的开发提案。开发提案的内容包括：车子式样及规格（长、宽、重量、引擎的种类、总排气量、最高马力、变速比、减速比、车体构成等）、开发计划、目标售价及预计销量等。其中目标售价及预计销量是与业务部门充分讨论（考虑市场变动趋向、竞争车种情况、新车型所增加新机能的价值等）后而加以确定的。开发提案经高级主管所组成的产品规划委员会核准承认后，即进入指定目标成本的阶段。

2. 成本规划目标的决定

（1）丰田汽车公司通过参考长期的利润率目标来决定目标利润率，再将目标销售价格减去目标利润即得目标成本（target cost）。其计算公式如下：

目标成本＝目标销售价格－目标利益

（2）运用累计法计算出估计成本。由于车子的零组件合计约 2 万件，但在开发新车时并非这 2 万件全部变更，通常因变更而需重新估计的约 5 000 件，这些为有效的估计成本，因此丰田汽车公司相关产品成本可以用现有车型的成本加减其变更部分的成本差额计算得出。目标成本与估计成本对的差额为成本规划目标，它是需要通过设计活动降低的成本目标值。

3. 成本规划目标的分配

将成本规划目标进一步细分给负责设计的各个设计部，如按车子的构造、机能分为：引擎部、驱动设计部、底盘设计部、车体设计部、电子技术部、内部设计部。但并不是对各设计部硬性规定降低多少，而是由产品经理根据以往的经验及合理估计等，与各设计部进行数次协商讨论后才予以决定的。设计部为便于掌握目标达成活动及达成情况，还将成本目标更进一步地按零件予以细分。

思考题：

1. 丰田汽车公司的成本规划主要运用了哪些成本控制的方法？

2. 分析基本成本计算方法与辅助成本计算方法的关系。

资料来源：周宁，谢晓霞，郑筠. 现代企业成本控制与优化［M］. 北京：机械工业出版社，2012：18.

【案例二】　　　　　　　　**机械厂成本核算体系设计案例**

某机械厂设有铸工、加工、装配三个基本生产车间。铸工车间生产铁铸件和铜铸件两类产品；两类铸件主要供本企业加工使用，部分铸件对外销售，管理上要求单独计算、考核生产成本。

加工车间将铸件毛坯加工成零件（零件不外售），然后由装配车间装配制成甲、乙、丙三种产品。甲、乙产品为大批量生产；丙产品为小批量生产。

为了便于考核、分析企业内部各有关部门的工作业绩，在核算上要求划清各车间所耗原材料、半成品的经济责任。

思考题：

请你根据该厂的生产特点和管理要求，为其设计一套完整的成本计算方法。

资料来源：于富生，黎来芳，张敏. 成本会计学［M］. 北京：中国人民大学出版社，2012：210.

【案例三】　　　　　　　　**京江食品厂成本核算案例分析**

京江食品厂大批量生产各种饼干（如粗粮饼干、高纤维饼干、牛奶饼干、苏打饼干等）和蛋糕（面糊类蛋糕、海绵蛋糕、芝士蛋糕、布丁蛋糕等）。由于食品类产品保质期较短的特征，产品需要在流水线上不断经过烘烤、输送、喷油、冷却等步骤，生产过程不能间断。各种饼干及蛋糕产品的配量有指定要求，必须按配料比例耗用。因而京江食品厂为各种饼干和蛋糕制定了比较准确的定额，包括消耗定额及费用定额。由于食品的加工周期很短，不适宜库存过多，所以期末在产品数量不多，并且大部分处于包装阶段。材料费用占全部生产成本的 85%左右。

思考题：

1. 京江食品厂应如何选择成本计算方法？
2. 京江食品厂在各成本项目上应如何确定费用分配标准？
3. 费用纵向分配环节，适宜用什么样的分配方法？

【案例四】　　　　　　　　**利安公司标准成本法应用案例**

利安公司是一家位于深圳的加工型企业，专门生产小型家用电器。该公司 2013 年 8 月的生产报告如表 1-7-1 所示：

表 1-7-1　　　　　　　2013 年 8 月份利安公司生产报告　　　　　　　单位：元

成本项目	标准成本	实际成本	差异额
直接材料	1 040 000	1 046 500	6 500
直接人工	1 560 000	1 573 000	13 000
变动制造费用	650 000	696 150	46 150
固定制造费用	650 000	669 500	19 500

经理在工作中十分注重工作效率的提高，努力加大生产效率，产生上述不利差异使得管理层十分有危机感。经理带领中层管理人员召开会议，讨论生产中存在的问题及产生不利差异的原因，以便进一步了解实际生产状况。生产主管提供了如表 1-7-2、表 1-7-3 所示的信息。

表 1-7-2　　　　　　　2013 年利安公司变动制造费用表　　　　　　　单位：元

项目	年度预算额	8 月份实际金额
间接材料	2 925 000	234 000
间接人工	1 950 000	219 050
设备维修	1 300 000	106 600
设备动力	325 000	136 500
合计	6 500 000	696 150

表 1-7-3　　　　　　　2013 年利安公司固定制造费用表　　　　　　　单位：元

项目	年度预算额	8 月份实际金额
管理人员工资	1 690 000	143 000
折旧费	2 275 000	191 750
办公费	1 365 000	140 400
财产税	1 820 000	194 350
合计	7 150 000	669 500

利安公司全年计划人工总工时为 250 000 小时，8 月份实际发生人工生产工时 25 500 小时。

思考题：

1. 分析利安公司制造费用的各项差异。

2. 说明该公司制造费用差异产生可能的原因有哪些。

3. 上述分析结果会对生产主管的工作产生什么样的影响？

【案例五】　　　　　　　　低成本竞争战略案例分析

1962 年，山姆·沃尔顿开设了第一家沃尔玛（WAL—MART）商店。迄今沃尔玛商店已成为世界第一大百货商店。按照美国《福布斯》杂志的估算，1989 年山姆·沃尔顿家族的财产已高达 90 亿美元。沃尔玛在世界零售业中排名第一。《商业周刊》2001 年全球 1 000 强排名，沃尔玛位居第 6 位。作为一家商业零售企业，能与微软、通用电器、辉瑞制药等巨型公司相匹敌，实在让人惊叹。

沃尔玛取得成功的关键在于商品物美价廉，对顾客的服务优质上乘。

沃尔玛始终保持自己的商品售价比其他商店便宜，是在压低进货价格和降低经营成本方面下工夫的结果。沃尔玛直接从生产厂家进货，想尽一切办法把价格压低到极限成交。公司纪律严明，监督有力，禁止供应商送礼或请采购员吃饭，以免采购员损公肥私。沃尔玛也把货物的运费和保管费用降到最低。公司在全美有 16 个配货中心，都设在离沃尔玛商场距离不到一天路程的附近地点。商品购进后直接送到配货中心，再从配货中心由公司专有的集装箱车队运往各地的沃尔玛商场。公司建有最先进的配货和存货系统，公司总部的高性能电脑系统与 16 个配货中心和 1 000 多家商场的 POS 终端机相联网，每家商场通过收款机激光扫描售出货物的条形码，将有关信息记载到计算机网络当中。当某一货品库存减少到最低限时，计算机就会向总部发出购进信号，要求总部安排进货。总部寻找到货源，便派离商场最近的配货中心负责运输路线和时间，一切安排有序，有条不紊。商场发出订货信号后 36 小时内，所需货品就会及时出现在货架上。就是这种高效的商品进、销、存管理，使公司迅速掌握商品进销存情况和市场需求趋势，做到既不积压存货，销售又不断货，加速资金周转，降低了资金成本和仓储成本。

压缩广告费用是沃尔玛保持低成本竞争战略的另一种策略。沃尔玛公司每年只在媒体上做几次广告，大大低于一般的百货公司每年的 50～100 次的水平。沃尔玛认为，价廉物美的商品就是最好的广告，我们不希望顾客买 1 美元的东西，就得承担 20～30 美分的宣传、广告费用，那样对顾客极不公平，顾客也不会对华而不实的商品感兴趣。

沃尔玛也重视对职工勤俭风气的培养。沃尔玛说："你关心你的同事，他们就会关心你。"员工从进公司的第一天起，就受到"爱公司，如爱家"的店训熏陶。从经理到雇员，都要关心公司的经营状况，勤俭节约，杜绝浪费，从细微处做起。这使沃尔玛的商品损耗率只有 1%，而全美零售业平均损耗率为 2%，从而使沃尔玛大量降低成本。

沃尔玛每周五上午召开经理人员会议，研究商品价格情况。如果有报告说某一商品在其他商场的标价低于沃尔玛，会议可决定降价，保证同种商品在沃尔玛价格最低。

沃尔玛成功运用低成本竞争战略，在激烈的市场竞争中取胜。

我国的邯郸钢铁总厂（简称邯钢）是 1958 年建成的老厂，目前是中国钢铁企业前 10 名的国有大型企业。1990 年邯钢生产 28 种钢材有 26 种亏损。1991 年开始实行低成本目标管理战略，以"模拟市场核算、实行成本否决"为核心，加大了企业技术改造力度，加强了内部经营管理，坚持走集约化经营的道路，勤俭节约使效益大幅度提高，实力迅速壮大。

"模拟市场核算"的具体作法：一是确定目标成本，由过去以"计划价格"为标准的"正算法"改变为以市场价格为依据的"倒算法"，即将过去从产品的原材料进价，按厂内工序逐步结转的"正算"方法，改变为从产品的市场售价减去目标利润开始，按厂内工序反向逐步推算的"倒推"方法，使目标成本等项指标真实地反映市场的需求变化。二是以国内先进水平和本单位历史最好水平为依据，对成本构成的各项指标进行比较，找出潜在的效益，以原材料和出厂产品的市场价格为参数，进而对每一个产品都定出科学、先进、合理的目标成本和目标利润等项指标。三是针对产品的不同情况，确定相应的目标利润，原来亏损但有市场的产品要做到不亏或微利，原来盈利的产品要做到增加盈利。对成本降不下来的产品，坚决停止生产。四是明确目标成本的各项指标是刚性的，执行起来不迁就、不照顾、不讲客观原因。

"成本否决"的具体作法：一是将产品目标成本中的各项指标层层分解到分厂、车间、班组、岗位和个人，使厂内每一个环节都承担降低成本的责任，把市场压力及涨价因素消化到各个环节。全厂 28 个分厂、18 个行政处室分解承包指标 1 022 个，分解到班组、岗位、个人的达 10 万多个。目前全厂 2.8 万名职工人人身上有指标，多到生产每吨钢材负担上千元，少到几分钱，个个当家理财，真正成为企业的主人。二是通过层层签订承包协议，联利计酬，把分厂、车间、班组、岗位和个人的责、权、利与企业的经济效益紧密结合起来。三是将个人的全部奖金与目标成本指标完成情况直接挂钩，凡目标成本完不成的单位或个人，即使其他指标完成得再好，也一律扣发有关单位和个人的当月全部奖金，连续 3 个月完不成目标成本指标的，延缓单位内部工资升级。四是为防止成本不实和出现不合理的挂账及待摊，确保成本的真实可靠，总厂每月进行一次全厂性的物料平衡，对每个单位的原材料、燃料进行盘点。以每月最后一天的零点为截止时间，次月 2 日由分厂自己校对，3 日分厂之间进行核对，在此基础上总厂召开物料平衡会，由计划、总调、计量、质量、原料、供应、财务等部门抽调人员深入到分厂查账。账实不符的，重新核算内部成本和内部利润；成本超支、完不成目标利润的，否决全部奖金。

调整内部机构设置，保证低成本目标实现。一是精简机构，1990—1995 年总厂和分厂的管理科室从 503 个减到 389 个，管理人员从占职工人数 14% 减到 12%。二是充实和加强财务、质量管理、销售、计划、外经、预决算、审计等管理部门，进一步强化和理顺了管理职能。三是实行"卡两头，抓中间"的管理方法。一头是严格控制进厂原材料、燃料的价格、质量，仅此一项，从 1992 年以来总共降低成本 9 000 万元；另一头是把住产品销售关，坚持集体定价；抓中间就是抓工序环节的管理，不仅抓生产过程的"跑、冒、滴、漏"，而且将各项技术经济指标进行横向比较，以同业先进水平为赶超目标。

　　无论邯钢还是沃尔玛都存在规模经济，而且规模经济是这两个企业的重要成本驱动因素。一项价值活动由于学习提高其效率从而使成本下降，邯钢通过学习在制度改变、进度改进、劳动效率提高和使原材料更适合于工艺流程等方面使成本大幅度下降。沃尔玛通过学习降低零售商店和其他设施的成本。当一项价值活动与大量固定成本相联系时，活动的成本就会受到生产能力利用率的影响。邯钢固定成本比较大，如果不充分利用固定成本，改造陈旧设备，提高设备利用率，则必然增大产品的单位成本。一项价值活动的成本常受到其他活动实施情况的影响。从价值链内部联系看，邯钢利用直接活动和间接活动（生产和维修）、质量保证和其他活动（检查和购买）之间的联系，沃尔玛利用协调活动（内部后勤和营业）、取得成果可以相互替换的活动（广告和各种推销）之间的联系等，都大大降低了成本。从与供应商和销售渠道的价值链之间的联系看，与供应商联系对成本影响重大，如供应商交货频繁度和及时性与原材料库存之间的联系，供应商的包装材料与企业的原材料管理成本之间的联系。相互关系最重要的形式是当一项价值活动可以与一个兄弟业务单元共享时的相互关系。共享一项价值活动增强了该活动的生产能力。如果该活动的成本对于规模经济或学习是敏感的，或者如果由于不同的业务单元在不同的时间对价值活动提出需求而使共享改善了生产能力利用模式，如邯钢某些基础设施和某些经验在厂内共享，结果降低成本。另一种相互关系即在分离的活动之间共享专门知识也会降低成本，如沃尔玛各个分店共享的经验和专门知识。一项价值活动的纵向整合的程度影响其成本。整合可以采取不同方式降低成本。如通过整合可以使企业回避拥有较强讨价还价能力的供应商和买方，可以带来联合作业的经济性。如钢直接从炼钢工序运送到加工工序，就不再需要重新加热，从而降低成本。整合也可以避免利用市场的成本，如沃尔玛自己拥有强大的分销体系，拥有自己的车队，外部后勤成本就大大降低。一项价值活动的成本常常反映了对时机的选择。有时，企业作为率先行动者之一可以获得捷足先登的优势，但迟后行动者也可以有所收益。如购买最先进的设备在钢铁行业就是一种优势。时机选择对于成本地位的作用可能在更大程度上取决于选择与经济周期或市场条件有关的时机。如钢铁业在工业周期低谷时购买设备，不仅可以降低买价，而且对财务费用都有着巨大影响。一项价值活动的成本总是受到企业政策选择的影响。对成本影响最大的政策选择包括：产品的选型、性能和特点；所提供的产品组合与种类；所选用的工艺技术、独立性或规模、时机选择或其他成本驱动因素；所使用的原材料或其他外购投入的规格；生产速度安排、维修、推销队伍和其他活动的程序；其他人力资源政策，包括招聘、培训和雇员的激励；相对于普遍标准而言，为雇员支付工资和提供方便；所使用的销售渠道；市场营销和技术开发的效果，开发活动的费用比率；所提供的服务水平；所服务的买方；交货时间等。地理位置对所有的价值活动的成本都有影响。各种活动相互之间以及它们与买方和供应商之间的地理位置，通常对如工资、后勤效率和货源供应等方面具有显著的影响。如对供应商的地理位置是内部后勤成本的一个重要因素，而相对买方的地理位置又影响了外部后勤成本。沃尔玛正是把握地理位置这一理论，在全美以及全世界设立分店，在各分店与供应商相对最短距离点上设立配送中心，从而降低成本。包括政府法规、免税、关税、财政刺激手段及本土化规定等机构因素构成了最后一个主要的成本驱动因素。在某些产业一项或几项机构因素就可能成为最重要的成本驱动因素。对于沃尔玛全世界分销店来讲，关税和本土化等机构因素就成为重要的成本驱动因素。对于邯钢来讲，财政刺激手段可能是最重要的成本驱动因素。所以说有利的机构因素能降低成本，不利的机构因素能加大成本。

在沃尔玛和邯钢保持竞争优势的比较分析中，我们可以得出这样的结论：在市场经济中，竞争是正常的商业行为，而每个企业要想竞争取胜，必须制定竞争战略，取得竞争优势地位，而竞争有利地位取决于成本行为，成本行为取决于影响成本的驱动因素，不同驱动因素构成不同的价值链，从而决定价值活动的成本地位。因此，要控制成本驱动因素，重构价值链，寻求一切低成本来源，在竞争中取胜。

思考题：

1. 对于工业企业来说，成本驱动因素包括哪些？结合案例资料，分析沃尔玛和邯钢的实际情况。

2. 低成本目标应该如何实现？

3. 比较沃尔玛和邯钢的竞争优势，分析其异同。

【案例六】　　　　　　　　　　分类法应用案例

小李和小王到某灯泡厂实习，财务科负责人安排他们实习成本核算的内容。他们已了解到该企业 20XX 年 5 月生产 15 瓦、20 瓦、30 瓦、40 瓦、60 瓦、100 瓦的日光灯，生产 6 瓦、9 瓦、15 瓦、20 瓦、25 瓦的节能灯，生产 15 瓦、25 瓦、40 瓦、60 瓦、100 瓦、200 瓦的白炽灯，也已获得有关生产费用的资料。财务科负责人让他们考虑该厂应用何种成本计算方法，如何设置成本计算明细账。

刚开始他们这样考虑，该厂成本计算采用分类法与品种法相结合的方法。具体计算时，将所有产品看做一种产品——灯泡，设置生产成本明细账，把本月发生的各项生产费用分别按成本项目记入明细账中；然后将原材料、直接人工和制造费用各成本项目以原材料定额消耗量、工时定额为分配标准，计算灯泡的完工成本；最后分别按日光灯、节能灯、白炽灯中不同瓦数产品的售价，分配计算出各不同瓦数产品的完工产品成本。

但很快他们否定了此想法。他们为什么否定上述想法？他们又是怎样考虑的呢？

他们认为该厂采用分类法与品种法结合的方法计算成本，是正确的。但是，在具体考虑时，将日光灯、节能灯、白炽灯归为一类的分类方法应用得不正确。他们犯了分类法归类不合理与类距不适当的禁忌。运用分类法计算产品成本，强调"合理归类和划分类距"，而他们的错误正是对这一问题不清楚。其实，这只是表面反映出来的问题，实质上反映了他们没有把握分类法的特点、目的及其应用条件。

可见应用分类法时，第一，领料单、工时记录等原始凭证，可以只按产品类别填列；各种费用进行横向分配时，可以只按产品类别来进行；产品成本明细账可以只按产品类别设置。所以，首先应正确归类确定成本计算对象，以正确进行费用的横向分配和纵向分配，准确无误地计算出各类产品的成本。第二，在分类法下各项生产费用首先在各类产品之间归集和分配，而不论这些费用是直接计入费用还是间接计入费用。也就是说，即使属于某种产品的直接计入费用也不能直接计入该种产品的成本，而将这些费用与间接计入费用一样处理，均计入有关产品类别的成本，然后再采用一定的分配标准，在类内各种产品之间分配。因此，这种做法有一定的假定性，会影响各种产品成本计算的正确性。

本例将所耗原材料不同、工艺过程有别的日光灯、节能灯、白炽灯作为一类，分类错误，既不能简化成本计算工作，成本计算的结果也不正确。

按本例，分类法的正确应用是：

分别将日光灯、节能灯、白炽灯各自归为一类，设置 3 张成本计算对象，计算各类产品的完工成本。然后，在日光灯类完工产品成本计算的基础上确定 15 瓦、20 瓦、30 瓦、40 瓦、60 瓦、100 瓦各种规格产品的成本，在节能灯类完工产品成本计算的基础上确定 6 瓦、9 瓦、15 瓦、20 瓦、25 瓦各种规格产品的成本，在白炽灯类完工产品成本计算的基础上确定 15 瓦、25 瓦、40 瓦、60 瓦、100 瓦、200 瓦各种规格产品的成本。

思考题：

1. 分类法应用的条件是什么？是否与产品的生产特点有直接关系？
2. 分类法应用时，如何合理确定"类距"？

【案例七】　　　　　　　　联合成本分解案例分析

泰勒化学药品厂购买盐并加工成纯度更高的产品，如苛性钠、氯和聚乙烯氯化物。在 200x 年 6 月，该厂购买了 80 000 元的盐，在分离点前发生的加工成本为 100 000 元。分离点处生产出两种可销售的产品：苛性钠和氯。氯可以进一步加工成聚乙烯氯化物。6 月份的生产和销售资料如表 1-7-4：

表 1-7-4　　　　　　　　生产和销售资料表

	生产（吨）	销售（吨）	每吨销售价格（元）
苛性钠	1 200	1 200	50
氯	800		
聚乙烯氯化物	500	500	200

800 吨氯都被进一步加工成 500 吨聚乙烯氯化物，进一步加工成本为 20 000 元，在氯的进一步加工过程中没有产生副产品和废品。7 月份苛性钠、氯和聚乙烯氯化物没有期初及期末存货。

氯产品市场活跃，泰勒化学药品厂可以按每吨 75 元的价格销售 6 月份所有生产的氯产品。

1. 分配联合成本

分别采用分离点相对销售价值分配法、实物量分配法、预计可实现净值法分配联合成本，结果见下列表格所示：

表 1-7-5　　　　　　　　联产品计算表（相对销售价值分配法）

200x 年 6 月　　　　　　　数量单位：千克

金额单位：元

产品	产量	单价	销售价值	比例（%）	应负担成本
苛性钠	1 200	50	60 000	50	50 000
氯	800	75	60 000	50	50 000
合计			120 000	100	100 000

表 1-7-6　　　　　　　　　　联产品计算表（实物量分配法）

200x 年 6 月　　　　　　　数量单位：千克

金额单位：元

产品	产量	比重（%）	应负担成本	单位成本
氯	800	40	40 000	50
苛性钠	1 200	60	60 000	50
合计	2 000	100	100 000	

表 1-7-7　　　　　　　　　联产品计算表（预计可实现净值法）

200x 年 6 月　　　　　　　数量单位：千克

金额单位：元

产品	产量	单价	售价	分离后加工成本	净实现价值	比例（%）	分配联合成本
苛性钠	1 200	50	60 000		60 000	3/7	42 857
氯	500	200	100 000	20 000	80 000	4/7	57 143
合计	1 700		160 000	20 000	140 000		100 000

2. 产品毛利率计算

在上述三种方法下，苛性钠和聚乙烯氯化物的毛利率计算结果见下表。

表 1-7-8　　　　　　　　　　　　苛性钠的毛利率

	相对销售价值分配法	实物量分配法	预计可实现净值法
销售	60 000	60 000	60 000
联合成本	50 000	60 000	42 857
毛利	10 000	0	17 143
毛利率（%）	16.67	0	28.57

表 1-7-9 聚氯乙烯的毛利率

	相对销售价值分配法	实物量分配法	预计可实现净值法
销售	100 000	100 000	100 000
联合成本	50 000	40 000	57 143
可分成本	20 000	20 000	20 000
毛利	30 000	40 000	22 857
毛利率（%）	30	40	22.86

3. 销售对收益的影响程度

时代游泳池 7 月份要求以 75 元每吨的价格购买 800 吨氯，这意味着 7 月份将不再生产聚乙烯氯化物。接受此项要求将如何影响 7 月份的经营收益。

氯加工成聚乙烯氯化物的差量收入（500×200-800×75）　　40 000 元

氯加工成聚乙烯化合物的差量成本　　20 000 元

进一步加工的差量运营收益　　20 000 元

如果该公司将 800 吨氯出售给时代游泳池而不是进一步加工成聚乙烯氯化物，将会使公司的营运收益减少 20 000 元。

思考题：

1. 什么是联合成本？应当按照什么规则进行分解？

2. 分离点产品继续加工或出售，对企业的营运收益有何影响？

二、作业与练习题

（一）单项选择题

1. 成本计算的分类法的特点是（　　）。

A. 按产品类别计算产品成本

B. 按产品品种计算产品成本

C. 按产品类别计算各类产品成本，同类产品内各种产品的间接计入费用采用一定方法分配确定

D. 按产品类别计算各类产品成本，同类产品内各种产品的成本采用一定的方法分配确定

2. 产品成本计算的分类法适用于（　　）。

A. 品种、规格繁多的产品

B. 可按一定标准分类的产品

C. 大量大批生产的产品

D. 品种、规格繁多并可按一定标准分类的产品

3. 分类法下，在计算同类产品内不同产品的成本时，对于类内产品发生的各项费用（　　）。

A. 只有直接费用才需直接计入各种产品成本

B. 只有间接计入费用才需分配计入各种产品成本

C. 无论直接计入费用，还是间接计入费用，都需采用一定的方法分配计入各种产品成本

D. 直接生产费用直接计入各种产品，间接生产费用分配计入各种产品成本

4. 对于分类法下某类别产品的总成本在类内各种产品之间的分配方法，是根据（　　）确定的。

  A. 产品的生产特点　　　　　　　　B. 企业管理要求

  C. 成本计算对象　　　　　　　　　D. 成本计算方法

5. （　　）是系数分配法下的分配标准。

  A. 总系数或标准产量　　　　　　　B. 产品市场售价

  C. 产品定额成本　　　　　　　　　D. 产品的面积

6. 如果不同质量等级的产品，是由于违规操作，或者技术不熟练等主观原因所造成的，一般采用（　　）。

  A. 实物数量的比例分配法　　　　　B. 系数分配法

  C. 销售收入分配法　　　　　　　　D. 标准产量分配法

（二）多项选择题

1. 等级产品是指（　　）。

  A. 使用同一种原材料

  B. 使用不同的原材料

  C. 经过同一生产过程生产出来的品种相同而质量不同的产品

  D. 采用不同的生产工艺技术生产出来的品种相同而质量不同的产品

2. 下列关于副产品及其成本计算的描述，正确的有（　　）。

  A. 副产品指在主要产品生产过程中，附带生产出来的非主要产品

  B. 副产品不是企业生产活动的主要目的

  C. 副产品的价值比较低时，副产品可以不负担分离前的联合成本

  D. 可以按定额成本计算副产品成本

3. 联产品的联合成本的分配方法较多，常用的有（　　）。

  A. 实物量分配法　　　　　　　　　B. 系数分配法

  C. 销售价值分配法　　　　　　　　D. 可实现净值分配法

4. 系数分配法下，用于确定系数的标准可采用（　　）。

  A. 产品的定额成本、计划成本等成本指标

  B. 产品的重量、体积、长度等经济技术指标

  C. 定额消耗量、定额工时等产品生产的各种定额消耗指标

  D. 产品的售价等收入指标

5. 在副产品作价扣除法下，副产品的计算成本方法是（　　）。

  A. 先是将副产品与主要产品合为一类，开设成本计算单归集费用

  B. 然后按售价扣除税金和销售费用、利润后的余额，作为副产品应负担的成

本从联合成本中扣除

C. 副产品的成本可以从直接材料成本项目中一笔扣除

C. 副产品的成本可以按比例从联合成本各成本项目中减除

（三）简答题

1. 什么是产品成本计算的分类法？

2. 产品成本计算的分类法有何特点和适用范围？

3. 什么是产品成本计算的定额法？

4. 产品成本计算的定额法有何特点和适用范围？

（四）名词解释

1. 分类法	2. 系数法
3. 联产品	4. 副产品
5. 定额法	6. 定额成本
7. 脱离定额差异	8. 定额变动差异
9. 标准成本	10. 标准成本法
11. 理想标准成本	12. 正常标准成本
13. 现实标准成本	14. 现实标准成本
15. 成本差异	16. 直接材料成本差异
17. 直接材料价格差异	18. 直接材料用量差异
19. 直接人工成本差异	20. 直接人工工资率差异
21. 直接人工效率差异	22. 变动制造费用差异
23. 固定制造费用差异	

（五）计算题

1. 假设某企业生产甲产品。月初在产品 350 件的原材料定额成本按上月旧的消耗定额每件为 20 元，共计 7 000 元。自本月初起每件材料消耗定额调整为 18 元。本月投产 650 件，实际发生的原材料计划成本为 17 000 元，材料成本差异率为-2%。本月甲产品 1 000 件全部完工。要求：计算完工甲产品实际原材料总成本（将计算过程详细列出）。

2. 某类产品包括 A、B、C 三种产品，A 产品为标准产品，三种产品有关资料如下：

项目	A 产品	B 产品	C 产品
材料消耗定额（千克/件）	12	13.2	9.6
工时消耗定额（小时/件）	15	18	13.5
产成品数量（件）	200	150	120
期末在产品数量（件）	70	60	40

在产品完工率50%，材料费用开工时一次投入。

要求：按上述资料计算下列指标：

（1）各产品单项系数。

（2）各产品按单项系数计算的标准产量（包括在产品）。

补充：系数是根据以往的产量/耗用量或计划的产量/耗用量分规格型号计算出来的经验值，单位产量的成本材料耗用量就是系数了。系数根据各单位、各产品不同而不同，其在不断运作过程中可不断修正，以增强其合理性。

3. 甲产品的一些零部件从本月1日起实行新的消耗定额：旧的原材料费用定额为200元，新的为210元；旧的工时定额为40小时，新的为38小时。该产品月初在产品按旧定额计算的定额原材料费用为4 000元，定额工资费用为3 000元，定额制造费用为2 500元。

要求：计算甲产品新旧定额之间的折算系数，并据以计算该产品月初在产品定额变动差异。

4. 某企业生产A产品，采用定额成本法对完工产品和月末在产品的材料费用进行分配。已知：月初在产品定额成本1 000元，脱离定额差异-10元；本月发生定额成本9 000元，脱离定额差异+110元；本月产成品85件，每件定额成本100元，材料成本差异率为+2%。

要求：计算产成品实际成本。

第八章　其他行业成本核算

一、教学案例

【案例一】　　　　　　　　　　农作物成本核算案例

安康农场生产的农作物种类繁多，面向食品加工企业、调料生产企业及制药企业提供原料，其中玉米和胡椒的产量较大。玉米生长周期较短，属当年生作物，是消耗性生物资产；胡椒在生长过程中需要定期剪蔓、整形，种植后2~3年封顶投产，属于多年生作物，是生产性生物资产。这两种作物对应的成本计算方法差别很大。安康农场进行计算时，分别以品种作为成本计算对象，设置玉米和胡椒的明细账。胡椒在未产出产品前发生的整地、施肥、种植、田间管理等费用，应予以资本化，在其提供胡椒的预计年限中计提折旧，提供胡椒当年发生的各项生产费用将其计入当年收获的胡椒成本中；玉米当年发生的整地、种植、施肥、田间管理等费用都计入当年收获的玉米成本中。

思考题：

1. 玉米和胡椒的成本计算过程中，会用到哪些会计科目？

2. 玉米和胡椒的成本核算流程有何区别？

3. 玉米和胡椒的产品成本所包括的内容有何区别？

【案例二】　　　　　　　南星药业物流问题案例分析

一、南星药业简介

南星药业有限公司是经营现代医药科技产品、高质量药品，同时投资金融业务的新型公司，业务范围广泛，产品种类齐全。该公司的效益在西南地区高于同行业竞争对手，下属3个制药厂，6个医药器械专业公司，28个医药零售连锁药店。企业规模庞大，销路广，故而利润目标也逐年攀升。但是面对日益激烈的市场竞争，如何顺利完成预定目标，是管理层最为主要的工作任务。

二、南星药业的物流管理

南星药业的产品生产及市场销售已规模化，但是在产品运送过程中的物流管理严重滞后，物流成本畸高，这在产品制定价格时，就形成了困扰。即便生产成本不高，也难以形成价格优势。物流管理存在的突出问题如下：

（1）装卸搬运费用高

装卸搬运渗透于物流运输的各个方面，关键点是管理好储存物品、减少搬运装卸时间、减少搬运损耗等。南星公司储存产品的仓库设计不够合理，造成搬运距离太长，形成浪费；仓库内没有规范的作业流程，过程混乱，重复搬运、无效搬运很多；搬运手段方面，仅仅依靠手推车和小型货架完成运送，搬运设备十分老旧，以人工装卸操作为主，效率低下，人为损坏时有发生。

（2）仓储费用高

南星药业仓库的布置安排不够合理，只强调面积大、货架高、空间利用合理。没有考虑和配合各工序的衔接及生产日期分类排序，产品混合堆码现象严重，所以出入仓库进行挑选和运送的复杂性增加。部分过期药品及退回药品得不到及时处理，仍占据仓库空间，库存成本增大。

（3）运输费用未有效控制

南星药业有自己公司专门的运输队伍。但物流管理缺乏力度，没有独立的运输成本计算方法。为了让客户最大限度地满意，南星药业力求保证送货的及时性，以此作为第一目标。这种不计成本的做法，导致了无法批量配送，人力、物力都造成了不必要的浪费。部分员工素质低下，工作时间办私事，公车私用，降低工作效率的同时，也增加了运输费用。

（4）物流管理系统不完善

南星药业的产品生产管理十分科学，实现了科技化、自动化。但是物流信息的传递方式十分原始，一般利用批条或口头传达的方式完成，没有采用电脑、网络等先进设备，更没有物流管理方面的软件，使得各物流环节衔接不上，造成不必要的损失。

思考题：

1. 南星公司应如何改进装卸搬运环节？

2. 为南星公司在物流管理方面提出改善的措施建议。

【案例三】 春秋航空公司成本活动案例

春秋航空的发展模式是："两高两低两单两减"，即高客座率，高飞机利用率；低营销费用，低管理费用；单一机型，单一舱位；减少非必要成本，减少日常费用。

据春秋航空董事长王正华透露，他们飞机上每个与众不同的细节都瞄准了同一个目标，能省则省：航班为旅客免费提供的仅仅是一小瓶矿泉水，没有了一般航空公司的餐食；空乘人员自己打扫机舱；他们的服装一套大概不到千元，（而在去年，南方航空就曾为 6 000 名空姐定做了每套价格近 7 000 元的服装）；航班上是清一色的经济型座位，并没有头等舱（这使同样一架飞机能够多载 10%的顾客）……

另外，公司采取空客 A320 单一机型；大量选择非主流的二类机场，减少机场设备的使用（每年能够节约 5 000 万元左右）；缩短机场停靠时间；航空公司租用办公楼；董事长的办公室面积只有 12 平方米；夏天每次乘客下了飞机，哪怕机舱里达到 50 度，机长也会关掉给空调供电的发动机；采取各种节油措施（每年省下来的油钱就有 3 000多万元）；提高飞机利用率；采用自己开发的系统，不进入中国民航信息网络有限公司的销售系统（光此一项就能省下票面价值的 5%左右，通过网上和电话预订，则又能够在销售费用上节省 5%）……

低成本、低价格，使这个民营的航空公司达到国内单机赢利的最高水平。两年来，春秋航空总营业收入 15.2 亿元，上缴国家税收 4 782 万元，实现企业利润 6 700 万元。

虽然春秋航空想尽各种办法节省成本，但在保证安全上的成本却从不"吝啬"。比如最新租赁的 3 架新飞机，他们每个月都要多付出四五万美元的代价。

在进行有关决策时，需要考虑以下信息：

1. 成本核算对象是春秋航空公司每年在提供服务、管理设备和安全方面的耗费。

经营过程中的耗费有利息费、税金、职工薪酬等，还有其他支出。

2. 空乘的服装、办公室办公楼的租金、燃料发动机的使用以及利息费、税金等应列作成本计算对象的成本。

空乘的服装、办公室办公楼的租金、利息费、税金、燃料发动机等属于管理费用，故应列入期间费用。

3. 燃料发动机方面属于直接成本，租用的办公楼、空乘的服装等属于间接成本。

4. 成本是指生产经营过程中所耗费的生产资料转移的价值和劳动者为自己劳动所创造的价值的货币表现。成本核算的原则有 6 个：分期核算原则、一致性原则、配比（受益）性原则、可靠性原则、合法性原则、成本—效益原则。成本核算的一般程序为：审核各项耗费，进行要素耗费的初次分配、生产成本的分配、代摊费用和预提费用的分配、辅助生产成本的分配、制造费用的分配、废品损失及停工损失的分配、完工产品与月末在产品之间的成本分配、已销售产品生产成本的结转、期间费用的结转。

思考题：

1. 根据春秋航空的案例资料，确定春秋航空的成本计算对象，试列举其经营过程中的耗费。

2. 分析以上耗费，判断哪些耗费应该列作成本计算对象的成本，哪些耗费应列入期间费用。

3. 分析列作成本计算对象成本的耗费，判断哪些属于直接成本，哪些属于间接成本。

4. 通过以上分析，请简要分析成本的含义、成本核算的基本原理和成本核算的基本程序。

【案例四】 成本控制案例分析

玛格丽特·梅杰是休闲服饰公司的会计主管。休闲服饰公司在全球范围内拥有 20 个生产点供专卖店销售，所有的生产点均采用分步成本核算系统。每逢月末，各生产点的经理必须提交一份生产报告和一份成本报告。在生产报告中包括经理人员对期末在产品的直接材料和加工成本的完工比率的估计。各生产点按 1~20 排名，标准是：（1）直接材料约当产量的单位成本；（2）加工成本约当产量的单位成本。每个月梅杰都印制一份叫"休闲服饰的效率巨人记分表"的报告。排名最高的三个生产点的经理会得到一份奖金并作为公司业绩通报的佼佼者。梅杰对这一打分制十分满意。然而她也听到些让人不愉快的消息。有几封匿名信指出，为了获得较好的业绩，有两个生产点的经理人员篡改了他们对完工比率的实际估计值。

思考题：

1. 为什么生产点的经理人员要篡改他们的月完工比率？如何篡改？

2. 梅杰的第一反应是与各生产点的会计主管联系讨论这一问题。这是否有效？

3. 假定各生产点的会计主管首先对经理人员负责，并且每个会计主管都收到了要求 2 的电话通知。请指出每个会计主管对（a）玛格丽特·梅杰，（b）针对有关"效益记分表"中约当产量相关数据对休闲服饰公司的道德责任。

4. 梅杰如何才能真正掌握特定生产点经理是否篡改数据的情况？

二、作业与练习题

（一）单项选择题

1. 施工企业为反映企业在工程施工中发生的各项费用支出，应设置的科目是（　　）。

    A. 工程施工   B. 机械费用

    C. 待摊费用   D. 预提费用

2. 施工企业为核算企业非独立核算的辅助生产部门为工程施工等提供服务所发生的费用，应设置（　　）科目。

    A. 基本生产成本——辅助生产   B. 辅助生产成本

    C. 生产成本   D. 施工成本

3. 房地产开发企业的成本核算期为（　　）。

    A. 开发产品的周期   B. 一个月

    C. 一年   D. 二年

4. 交通运输企业用来核算因经营仓库堆场业务所发生的成本,应设置的科目为（   ）。

    A. 运输支出   B. 港务管理支出

    C. 堆存业务   D. 管理费用

5. 港口企业成本的核算期为（   ）。

    A. 旬   B. 月

    C. 年   D. 季

6. 商业批发企业的毛利率法,适用于计算（   ）已销商品的进价成本。

    A. 各个月份   B. 季末月份

    C. 1~11 月份   D. 每季度前两个月份

7. 结转已销商品应分摊的商品进销差价时,应借记（   ）账户,贷记"商品销售成本"账户。

    A. "商品采购"   B. "库存商品"

    C. "商品进销差价"   D. "库存商品"或者"商品进销差价"

8. 以下项目中,不是旅游、饮食服务企业的成本核算特点的是（   ）。

    A. 采用多种成本核算方法   B. 分别计算自制商品与外购商品成本

    C. 涉外企业需计算汇兑损益和换汇成本 D. 不需要进行成本核算

（二）多项选择题

1. 房地产开发企业成本核算的账户有（   ）。

    A. 开发成本   B. 开发间接费用

    C. 银行存款   D. 现金

2. 房地产开发企业在成本核算上设置的成本项目有（   ）等。

    A. 土地征用及拆迁补偿费   B. 前期工程费

    C. 建筑安装费   D. 基础设置费

3. 施工企业的工程成本分为（   ）。

    A. 直接成本   B. 间接成本

    C. 直接材料   D. 间接费用

4. 施工企业机械作业费用的分配方法有（   ）。

    A. 台班分配法   B. 预算分配法

    C. 作业量法   D. 机器工时法

5. 水上运输企业的成本核算期可以为（   ）。

    A. 月   B. 旬

    C. 年   D. 季

6. 零售企业采用售价金额核算法核算时,其库存商品明细账（   ）。

    A. 不记数量,只记金额   B. 按柜组设置

    C. 按售价登记购进金额和销售金额   D. 月末调整登记进销差价

7. 商品进销差价率可以按（   ）计算。

A. 商品品种、规格   B. 全部商品

C. 柜组   D. 商品类别

8. 汽车运输企业外胎费用核算可能涉及的账户有（   ）。

A. "材料"   B. "轮胎"

C. "预提费用"   D. "待摊费用"

9. 施工企业下属项目管理部门自管固定资产的折旧费，最终应记入"工程施工"的（   ）成本项目。

A. 机械使用费   B. 间接费用

C. 其他直接费用   D. 折旧及修理费

10. 农业企业的成本项目一般可包括（   ）。

A. 直接材料   B. 直接工资

C. 其他直接支出   D. 制造费用

（三）简答题

1. 物流运输企业成本特点是什么？

2. 建筑施工企业成本核算的特点是什么？

（四）名词解释

1. 生物资产   2. 消耗性生物资产

3. 生产线生物资产   4. 当年生大田作物

5. 多年生作物   6. 温床格日成本

7. 温室平方米日成本   8. 单位运输成本

9. 包装   10. 堆存成本

11. 装卸业务   12. 配送业务

13. 工程成本计算对象   14. 已完工程

（五）计算题

1. 东南企业由 A、B 两项工程，其中：

（1）A 工程于本月末通过盘点确定有 10 000 平方米砖墙水泥砂浆工程未完，估计其已完工序和工程内容相当于已完分部分项工程实物量的 80%，该分部分项工程的预算单价为 15 元/平方米。（2）B 工程分部分项工程的分项单价是 8 元/平方米，分三道工序完成，工序价值比重为 30%：30%：40%，已完第一道工序为 500 平方米，第二道工序为 400 平方米。

要求：（1）采用估量法确定 A 工程未完工程成本；

（2）采用估价法确定 B 工程未完工程的预算成本。

第四篇　前沿理论与成本报表

第九章　成本会计前沿

一、教学案例

【案例一】　　　　　传统成本计算方法与作业成本法比较分析

酷卡公司是一家专门生产制造文君用品的公司，主要产品有铅笔、中性笔、作业本、日记本、卡纸等多种类型。其中高档贺卡生产车间的产品有两种，分别是荧光贺卡和不带荧光的贺卡。贺卡根据客户订单要求生产，成批生产。荧光贺卡需要不同颜色的夜光粉，贺卡的图案、大小及花样都比不带荧光的贺卡多。不带荧光的贺卡由于生产过程简单、需求量大，所以其生产数量较多，是荧光贺卡的 10 倍。

若使用传统成本计算方法，荧光贺卡的单位成本为 12.90 元（单位直接成本 9 元，单位间接成本 3.90 元），不带荧光贺卡的单位成本为 11.10 元（单位直接成本 8 元，单位间接成本 3.10 元）。

若使用作业成本法，荧光贺卡的单位成本为 21.55 元（单位直接成本 9 元，单位间接成本 12.55 元），不带荧光贺卡的单位成本为 9.88 元（单位直接成本 8 元，单位间接成本 1.88 元）。

同样的生产情况，两种方法的计算结果截然不同。作业成本法强调作业动因，结果要比传统成本计算方法更准确。传统成本计算方法低估了产量虽小但生产复杂的荧光卡片的成本，也高估了自身虽然产量高但生产简单的成本。

思考题：

1. 传统成本计算方法和作业成本法计算结果差异大的原因是什么？

2. 说明传统成本计算方法与作业成本法的区别。

3. 不同的成本计算方法得到了不同的成本数据，可能会影响到公司在哪些方面的决策？举例说明。

4. 分析作业成本法产生的经济背景。

【案例二】　　　　　　某航材公司质量成本分析案例

第一部分：背景介绍。

该公司是一家股份制公司，下设四个独立运营的事业部，主营产品有：钛合金精密铸件、民用飞机刹车材料及装置、人体骨科植入物和碳纤维复合材料制品。

第二部分：现状分析。

质量成本是由于产品未能达到质量标准而发生的成本，或者由于可能或存在的质量问题发生的成本。质量成本报告作为反映该公司产品的质量和该公司销售收入之间关系的桥梁，反映了该公司的质量成本给该公司收益带来的影响和改进产品质量的方向。可见质量成本分析对实施质量改进、制定管理决策是非常重要的。

由于该公司的四个事业部独立核算，而各事业部的具体情况不同，因此管理基础也不相同。生物医学事业部作为国内人体骨科植入物的先行军，虽然在技术上有一定优势，但是在管理上一直延续着粗放型管理模式，因此在质量成本管理及分析方面开展的工作较少，各类成本的区分和界定也相对模糊，给质量成本分析带来了困难。

根据现阶段财务部的"月度核算项目分类报告"，对当年8~10月的财务核算项目进行了摘录，对财务核算项目中涉及或可能涉及质量成本的数据摘录见表1-9-1。

表 1-9-1　　　　　　　　月度核算项目质量成本项目摘录　　　　　　单位：元

序号	项目	科目代码	8月	9月	10月
1	销售费用	6 001	2 335 837.36	1 309 367.48	1 730 380.26
2	折旧	5 101.05	135 494.95	135 494.95	135 872.15
3	检验测试费	5 101.17	5 840	57 230	8 061
4	检验人员工资	5 101.19	41 400	41 294.63	41 266.45
5	科研材料	5 301.01.01	2 207.18	5 037.77	4 292.31
6	研发人员差旅费	5 301.01.04	0	0	2 480
7	退货损失	6 601.12.02	823.65	823.65	1 627.77
8	直接材料	5 001.02.01	858 437.02	858 473.02	1 207 697.01
9	直接人工	5 001.02.02	567 619.07	315 297.47	286 535.96

从表9-1的统计可以看出，现阶段生物医学事业部对涉及质量成本的各项指标的统计区分度不高，项目的类别很笼统，财务核算并未将质量成本中涉及的各类成本进行区分，给目前的质量成本分析带来了困难。如：折旧未将检验设备的折旧进行区分，财务报表中的折旧既包括生产设备折旧和检验设备折旧，又包括厂房折旧等；直接材料未将生产过程中的废品材料成本进行区分核算，财务报表中的直接材料既包括合格品的直接材料，又包括废品的直接材料等。

第三部分：质量成本分类。

质量成本分为：预防成本、鉴定成本、内部损失成本、外部损失成本。由于该公司目前未针对质量成本进行独立的财务核算，因此表9-1中的数据部分不能直接反映质量成本，所以对现有数据作以下分析：

1. 预防成本

预防成本是指企业为按照质量标准生产产品并避免由于低质量产品所发生的成本。

预防成本主要发生在产品的研发和工艺阶段。预防成本的增加在于期望减少后继的质量成本的发生。其主要包括：质量工艺、质量培训、质量计划、质量报告、供应商评估与选择、质量审计、质量循环、现场跟踪、设计评审和客户需求调研等。

根据生物医学事业部目前的管理情况，对表9-1中的数据进行预防成本属性的分析如下：

（1）科研材料的用途主要是质量工艺研究和试验，因此将科研材料归为在质量工艺研究中发生的预防成本。

（2）研发人员在进行产品设计的时候，会针对需要进行调研和学习，研发人员差旅费多因此产生，所以将研发人员差旅费归为产品需求调研中发生的预防成本。

因此可以做出预防成本费用表，见表1-9-2：

表 1-9-2　　　　　　　　　　　　预防成本费用表　　　　　　　　　　单位：元

类别	分项	项目	8 月	9 月	10 月
预防成本	质量工艺	科研材料	2 207.18	5 037.77	4 292.31
	客户需求调研	研发人员差旅费	0	0	2 480

2. 鉴定成本

鉴定成本是指用于检测产品是否符合内部要求或客户要求所发生的成本。其主要包括检测材料、包装检查、监督鉴定活动、检测设备及维护、过程控制监视、产品认可。

根据生物医学事业部目前的管理情况，对表1-9-1中各成本进行鉴定成本属性分析如下：

（1）表1-9-1（见第119页）中的折旧包括生产设备折旧、检验设备折旧和厂房折旧等，三个月的折旧费用范围在13.5万元左右。结合该事业部的实际情况，目前用于检测的大型设备只有2007年投入使用的荧光渗透检测线和2006年从其他事业部调拨到该事业部的投影仪。荧光渗透检测线设备的原值为108万元，经财务核查，目前的月度折旧是8 730元；投影仪的原值为30.4万元，月度折旧是2 457.41元。因此设备折旧中，检测设备折旧为11 187.41元，可归属于检测设备及维护下的鉴定成本。

（2）表1-9-1中的检验测试费包括材料检验测试费、计量器具的检验测试费和产品型式检验费用，该事业部的财务部门在统计上未进行区分，但上述均属于鉴定成本。

（3）表1-9-1中的检验人员工资应归属于检验测试费中的鉴定成本。

因此可以做成鉴定成本费用表，见表1-9-3。

表 1-9-3　　　　　　　　　　　　鉴定成本费用表　　　　　　　　　　单位：元

类别	分项	项目	8 月	9 月	10 月
鉴定成本	检验设备及维护	检测设备折旧	11 187.41	11 187.41	11 187.41
	检验测试费	检验测试费用	5 840	57 230	8 061
		检验人员工资	41 400	41 294.63	41 266.45

3. 内部损失成本

内部损失成本是指由于制造过程产生的不合格产品或部件及检测发生的成本。它主要包括由于不合格造成的延误工时、废品、废料损失、返工损失等。

表1-9-1（见第119页）中的直接材料和直接人工既包括合格品的直接材料和人工，也包括返工维修品的直接材料和人工，以及废品的直接材料和直接人工，因为所有产品的材料成本是打包计算的，并未进行具体产品和材料额区分，因此本分析报告通过8~10月的月度返工率和废品率的统计数据来对内部损失成本进行估算，见表1-9-4。

表1-9-4　　　　　2008年8~10月产品返工率、废品率统计数据　　　单位：元

项目	8月	9月	10月
返工率	0.008 921	0.002 684	0.002 655
废品率	0.003 741	0.010 379	0.009 515

（1）用直接材料乘以当月的废品率作为当月的废品材料损失估算数值。
（2）用直接人工乘以当月的废品率作为当月的废品人工损失估算数值。
（3）用直接人工乘以当月的返工率作为当月的返工延误的估算数值。

可以做出内部损失成本计算表，见表1-9-5。

表1-9-5　　　　　　　　　内部损失成本费用表　　　　　　单位：元

类别	分项	项目	8月	9月	10月
内部损失成本	废品损失	废品材料损失	3 211.55	8 876.53	11 491.24
		废品人工损失	2 198.28	3 272.47	2 126.39
	返工损失	返工人工损失	5 242.15	846.26	760.75

4. 外部损失成本

外部损失是指客户接收到产品以后发现质量问题后为弥补这些问题发生的成本。它主要包括产品法律诉讼、现场修理费用、退回产品、服务电话费、保险请求等成本。

表1-9-1中的退货损失主要是客户退回产品导致报废的损失，属于外部损失的范畴。因此可以做出外部损失成本费用表，见表1-9-6。

表1-9-6　　　　　　　　　外部损失成本费用表　　　　　　单位：元

类别	分项	项目	8月	9月	10月
外部损失成本	退货损失	退货报废损失	823.65	823.65	1 627.77

第四部分：质量成本报告。

经过对表1-9-1（见第119页）中的各数据的质量成本分类和处理，得到2008年8~10月生物医学事业部质量成本分析报告，见表1-9-7。

表 1-9-7　　　　　　　　　　　　2008 年 8~10 月质量成本报告

类别	项目	8月 金额/元	比率/%	9月 金额/元	比率/%	10月 金额/元	比率/%
预防成本	质量工艺	2 207.18	0.09	5 037.77	0.38	4 292.31	0.25
	客户需求调研	0	0	0	0	2 480	0.14
	小计	2 207.18	0.09	5 037.77	0.38	6 772.31	0.39
鉴定成本	检测设备折旧	11 187.41	0.48	11 187.41	0.85	11 187.41	0.65
	检验测试费用	5 840	0.25	8 061	4.37	8 061	0.47
	检验人员工资	41 400	1.77	41 266.45	3.15	41 266.45	2.38
	小计	58 427.41	2.5	109 712.04	8.38	60.514.86	3.50
内部损失成本	废品材料损失	3 211.55	0.14	8 876.53	0.68	11 491.24	0.66
	废品人工损失	2 198.28	0.09	3 272.47	0.25	2 126.39	0.16
	返工人工损失	5 242.15	0.22	846.26	0.06	760.75	0.04
	小计	10 651.98	0.46	12 995.26	0.99	14 978.38	0.87
外部损失成本	退货报废损失	823.65	0.04	823.65	0.06	1 627.77	0.09
	小计	823.65	0.04	823.65	0.06	1 627.77	0.09
质量成本	合计	72 110.22	3.09	128 568.72	9.82	83 893.32	4.85
销售收入	合计	2 335 837.36	100	1 309 367.48	100	1 730 380.26	100

1. 分析存在的问题

由于该公司还没有在质量成本管理方面展开相关的工作，因此本次质量成本分析报告数据仅供参考。可以看出：

（1）各项质量成本中，鉴定成本的金额和比例最大，内部损失成本次之，预防成本和外部损失成本相对较少。这也反映出目前该事业部重视过程检验，轻视事前预防的现实情况，高比例的鉴定成本对提高产品质量起到了较好的结果，所以外部损失成本相对较低。

（2）各月的质量成本金额波动较大。比如 9 月份鉴定成本较 8 月和 10 月高很多，经分析由于 9 月份部分产品按照新行标和法规要求送国家检测中心检测，带来了较大的临时鉴定成本，此鉴定成本并非持续存在，属于特殊行业在特别时期的特例。

（3）各月的质量成本所占销售额比重波动较大，这主要是由于各月销售收入有淡旺季的分别，而销售收入和在产期间的质量成本在时间上未必吻合，因此给月度质量成本的比例带来一定波动。

2. 改进措施

质量是产品（包括服务）达到或超越客户期望的能力。以客户为关注焦点，为客户及时提供高质量、低成本的产品和服务，是赢得客户的关键。降低质量成本、提高客户满意度可以显著增强企业的竞争优势和盈利能力。质量成本贯穿产品的整个生命周期，加大对生产前的质量管理可以显著降低企业的质量成本和总成本。因此如果该公司想在成本上占有优势，就必须建立质量成本管理体系。目前该公司尚未实施质量成本管理，并且相关管理人员还没有建立质量成本意识，导致对现阶段质量成本的分析不能够做到细致、准确，所以不具有决策指导性。

实施质量成本管理应该在成本细节上逐步完善。因此现阶段该公司首先需要实施的改善是建立质量成本管理模式，明确质量成本的管理要求。通过对质量成本进行定义、测量和分析，识别产品生命周期中各类质量成本，然后对各类质量成本进行测量、统计、分析和管理。在管理的过程中，完善分析各项质量成本的起因，摸索最佳的质量成本分配模式，加强研发阶段和检验过程的质量控制，从而降低总质量成本。

思考题：

1. 从该案例中你得到什么启示？

2. 请结合实际谈谈你熟悉的公司所进行的质量成本报告。

资料来源：周宁，谢晓霞，郑筠. 现代企业成本控制与优化［M］. 北京：机械工业出版社，2012：80-85.

【案例三】　　　惠普：Roseville 网络分部作业成本法案例分析

我们希望我们的设计师们尽可能多地使用通用配件，并希望从尽可能少的买主那里购得那些配件。此外，我们还希望设计师们设计的印刷电路板能使尽可能多的配件自动嵌入。这就意味着他们既不能把零件与零件靠得太紧，又不能把零件与板缘靠得太紧。

但是，为了保持竞争力，我们必须容许设计师们利用新技术。例如，四、五个传统的通用配件可能将被一块成本更低而且更可靠的集成电路所替代。有时，我们也会希望设计师们采用新技术，即使这些新技术用到的是特殊配件，而且不能自动嵌入。

我们希望我们的成本系统能够给设计师们提供适当的经济信息，使他在通用/自动嵌入配件与新技术之间做出必要的均衡。——提姆·哈斯楚普（Tim Hastrup），工程项目经理。

简介

惠普（HP）为电子工业、电信业、航空工业、飞行器制造、汽车工业和科学研究生产计算设备和电子度量设备。1988 年，公司的销售额大约为 100 亿美元，全世界的员工人数为 86 000 人。

Roseville 网络分厂（RND）是惠普的四个设计和销售网络产品的分厂之一，并且也是两个制造这些产品的分厂之一。1988 年，网络产品的销售额达到了几个亿，约为 RND 生产产品的 2/3。

产品

RND 的产品实际上是电路板和电缆接头的结合体——连接计算机与计算机或计算机与外设（如终端），所用到的电路板和电缆接头。例如，电路板用于把终端设备连接到一台微型计算机上，或用于把一台个人电脑（PC）机，如惠普公司的 Vectra，连接到一个局域网中，或者用于将局域网连接到数据中心或全球通信网中。网络电路板也用于把非计算机设备，如医疗设备，连接得到计算机上。整个的，RND 为不同的最终产品生产了几百种电路板。许多电路板都是小批量生产。平均而言，每一种电路板可用于两种最新产品。典型的最终产品由一块电路板、一根电缆和一个键盘构成。网络产品的寿命通常很短，而且他们的寿命还在逐年缩短。1988 年为止，RND 产品的平均寿命在两年之内。此外，随着通信需求的增加，不同产品的种类也在不断扩大。因此，在 1987 年，为了保持一种最新式的产品供应，RND 平均每月引进一种新产品，平均每天实施一次对现有产品的生产革新。

生产过程

生产过程是将电子配件连到电路板上。生产一块电路板的主要生产步骤如下：

（1）启动站。按照生产日程表，电路板被手工装进启动站的钛设备中。标记每一电路板的条形码被黏到载体上，载体接着被传递到自动嵌入设备中。

（2）自动嵌入。自动嵌入需要三种不同类型的机器，每一类型的机器嵌入一种不同类别的配件。DIP 嵌入器用于双列直插式集成电路（也就是说，导线分布呈两条平行线），轴向式嵌入器用于轴向式集成电路（即，导线和配件在一条直线上），辐射式嵌入器用于辐射状配件（即，导线在配件下面形成了一个环）。

（3）这里有四种 DIP 嵌入器。他们的使用方式是序贯式的，每一块电路板都是经过一台机器，接着再到下一台机器。采用这种序贯式的安排是为了消除与更换 DIP 自动储存送料装置中的配件相关的工装成本。为了让这种安排在给定的大量可自动嵌入配件的情况下良好运转，工程师们设计了专门的大容量圆盘传送带以增加插槽的数目（供料机的匀料筒，以监控自动储存送料装置中的不同配件）。这种一列式的安排与圆盘传送带上的添加插件一起，使得其能嵌入 588 种不同的配件，而不用进行任何的工装。

（4）这里有一台用于嵌入轴向式配件的轴向式嵌入器。用定序器把配件塑造成传送带，再供应给轴向式嵌入器。同样，由于可自动嵌入的轴向式配件数目很多，工程师们扩展了定序器，使得定序器能够塑造出包含绝大部分要求轴向式配件的传送带。这种定序器传送带被直接输给轴向式嵌入器。

（5）辐射式嵌入器是最新购得的设备。该机器从自动储存送料装置中嵌入辐射状配件。在购买该机器之前，分厂的产品里很少用到辐射状配件，即使用到辐射状配件，也是人工嵌入的。目前，自动嵌入的辐射状配件的种类非常少，可以一次全部装载到机器中。

（6）波状焊接。在进行完人工嵌入后，电路板被放到一个波状焊接器上。波状焊接器自动地对电路板进行焊剂处理、加热、焊接和冷却。然后，电路板被直接传送到一个清洗仪中，清洗仪对电路板进行清洗，除去残余的焊剂和干缩物。进行过焊接和清洗后，电路板被放到一个自动的递送器上，然后被送往最后的装配环节。

（7）最后装配。有些零件可能在焊接或清洗环节被损坏了，或者是零件太大了不能使用自动嵌入设备，或者是零件需要实地更新，出现了上述情况，这些零件就在最后的装配环节进行人工嵌入。

（8）电路板测试。通过性能检测部门和故障分析部门的许多标准化测试，对电路板进行功能性测试。每种电路板的测试所需时间波动相当大，总测试时间可以从 1 小时变化到 10 小时。在被继续送到封装部门之前，对那些没能通过功能性测试的电路板进行了维修。

（9）封装。配货和发货部门，把电路板和所需的电缆和键盘进行连接，然后被装进包装箱中以备发货。每一个工作日大约能发运 1 000 箱货物。

成本动因会计

1984 年，RND 的成本会计系统是一个全厂范围内的以美元为基础的直接人工费用系统。这些年来的自动化趋势显著地降低了产品中的直接人工费用。例如，在 1978—1981 年这三年内，直接人工费用就由总生产成本的 6%减为 3%，到 1988 年止，该比例将会降低为 1%。这种低人工费用导致了超过 400%的间接费用承担率。随着比率的攀升，经理人员开始对他们的成本系统所报告的产品成本的有效性产生怀疑，并且也对该成本系统对设计过程的行为影响产生了怀疑。

作为对标准成本系统的补充，产品工程开发了制造知识专家（MAKE）模型。该模型能够找出可选择的配件，并建议了如何降低设计成本。内含在 MAKE 模型中的是一个成本预测模型，该成本预测模型与分厂的传统成本系统有显著的不同。正是该模型引发了对新成本系统的设计。正如成本会计部经理戴比·伯兰特（Debbie Berlant）所说：

当我们发现工程师们运用了一个不同的产品成本定义来进行设计决策时，我们明白了，我们已经陷入了困境，而且必须要改变我们现有的成本系统。财务的性质就决定了，不管设计师们需要什么，我们都必须提供给他们。MAKE 模型实际上是一个离线的成本系统。由于我们可以在不改变正式成本系统的情况下，将所进行的变化考虑进模型中，故该模型在设计过程中早晚会用得上。因此，MAKE 模型往往是成本系统的前一个阶段。

在 MAKE 模型基础上开发的新成本系统在 RND 被认为是一个成本动因系统（CDA）。总会计师 John DeLury 对成本动因系统目标的评论如下：

成本动因会计的目的不是阻止工程师们引进昂贵的新技术，而是促使他们考虑成本，并促使他们不要每次都追求典雅。成本动因会计使工程师们对产品成本负责，从而促使他们的设计既重视功能性又重视可创造性。

成本系统再设计

对正式成本系统的第一次修正是在 1985 年前半年进行的。整个工厂被分为五个成本中心——自动嵌入、人工嵌入、最终装配、产品检测和故障分析。在这两个嵌入部门和最终装配部门中，直接人工成本根据嵌入量被回溯到每一个产品。将下六个月的直接人工成本预计额除以该期间的预计嵌入物数量，就可以计算出每一嵌入物的直接人工成本。另两个部门进行成本回溯的基础则是执行的测试量。类似地，将下六个月的直接人工成本预计额除以该期间的预计测试量，就可以计算出每一测试的直接人工成本。

全厂范围内的间接费用在直接成本预计额的基础上进行分配，使每一嵌入物和测试的成本反映的都是完全成本。间接费用率约为 400%，所以每一嵌入物和测试的完全成本都约为人工成本的五倍。

第二次修正发生在六个月之后，在 1985 年的后半年进行。间接成本被分成两部分，一部分与生产成本有关，另一部分与购置有关。购置成本包括采购成本、存储成本、产品供应成本、文档规格成本、计划成本和材料工程成本。其他所有成本被看做是生产间接费用。购置间接成本根据产品中所包含的零件数分配给产品。生产间接费用的分配过程则像以前一样。

在 1986 年的前半年，系统再一次得到修正。生产间接费用被追溯到每一主要生产领域。这就需要计算五个生产部门间接费用率——每一个成本中心计算一个。另外，现在将直接人工成本也处理为一个间接费用项目。除了非生产性作业之外，人工凭单被废止。非生产性作业包括建造模型、进行返工等。

根据嵌入物数量和测试时间，将生产间接费用分配给产品。嵌入物数量被用于两个嵌入部门和最终装配部门的分配过程中。测试时间则被用于产品检测和故障分析部门。

由测试量改为测试时间反映了设计组对原来运用的测试量感到不满意。这是因为，有些电路板需要的测试时间要比其他电路板需要的测试时间长得多，并且也需要消耗更多的资源。因此，测试时间被认为是更加精确的。

在 1986 年的后半年，自动嵌入部门被分成了三个独立的中心——启动站（在这里，电路板被置放到钛载体上，并且贴上了他们的条形码标志），轴向式嵌入（在这里，嵌入轴向式配件），和 DIP 嵌入（在这里，嵌入双列直线包装的集成电路）。

这些变化是在工程人员的坚持主张下进行的。一个工程师设计了一种电路板，里面包含了许多轴向式配件，却几乎没有 DIP 配件。该工程师认为根据成本系统得出的产品成本与现实不符。他自己对情形的分析表明，采取轴向式嵌入要比 DIP 嵌入便宜得多，会计部门的分析也支持了这一论点，并且系统也得到了相应的修正。

由于在启动站这一步，其作业动因是电路板的数量，故启动站的成本根据装配件（电路板）的数量被分配给产品。每一电路板必须被嵌入载体中，并且贴上条形码。轴向式嵌入操作和 DIP 嵌入操作的成本则根据各自的嵌入物数量进行分配，分配给产品。

当时也引进了第二次修正。最终装配部门被分为两个中心——波状焊接和最终装配。由于每一个装配件必须进行波状焊接，而且所需焊接接点的数量并不改变焊接的时间和成本，所以波状焊接的成本可根据装配件的数目进行分配。

最后，配备和发货成本（包装部门）以前一直被处理为期间成本。成本动因法表明，可根据装配件的数目，将这些成本分配给产品。因为每一个装配件必须进行配备和包装，并且装配件的规格对这些产品的配备和发货所需资源没有太大的影响，所以可以选择装配件的数目作为分配基础。

在 1987 年的前半年，该分厂改变了将购置成本分配给产品的分配方法。购置成本被分为两个成本库：一个成本库与装配件的数量有关，另一个成本库与零件的数量有关。以装配件数量为基础进行分配的成本包括生产计划成本、产品供应成本、产品规格成本和营销服务成本（对时序安排的作业负责）。以零件数量为基础进行分配的成本包括生产计划成本、产品供应成本、产品规格成本和营销服务成本（对时序安排的作业负责）。以零件数量为基础进行分配的成本包括采购成本、零件储存成本、零件规格成本和材料计划成本。

1988 年前半年，最终装配的成本被分成两部分。第一部分与人工嵌入有关。在这里，那些不能进行波状焊接的零件被嵌入。这些零件包括大的 VISI 芯片、插座、边棱连接器和所有热敏感配件或庞大配件。这些成本可根据嵌入物数量分配给产品。

第二个部分是人工焊接，在该环节，人工嵌入配件和跨接线被手工焊接在一起。不是所有的人工嵌入配件都必须进行焊接。例如，EPROMS 就睡采取插座连接的方式，这样他们就可以进行实地替换。跨接线用于将印刷电路板连接起来。大多数工程师都把它们看成是不可避免的缺陷，因此应该通过尽可能快地对这些电路板进行再设计来克服这些缺陷。该部分的成本可根据焊接点的书目分配给产品。

1988 年前半年发生的最后变化是引进了一个辐射式嵌入部分。这是由购买大型辐射式嵌入器引起的。该部分的成本可根据单位辐射式嵌入物的成本分配给产品。

1988 年中期，该成本系统的设计中有些潜在的关键局限性渐渐明显起来。尤其是，当前的成本系统忽视了每一种配件的使用量是不同的。由于有些成本的发生，配件的使用与使用量无关，因此，现有的成本系统高估了高业务量产品的成本，而低估了低业务量产品的成本。

针对该问题提议的解决方案是一个业务量—灵敏模型。该业务量—灵敏模型包括每个生产流程成本计算方法的改变。包括人工成本在内的每一个流程的成本现在被分为三个成本库，每一个成本库有一个不同的成本动因。第一个成本库包含了电路板进入生产过程的成本。这些成本除以每一生产过程中处理的装配件数目，就得到了每一过程的单位装配件成本。第二个成本库包括每一生产过程中将配件嵌入电路板的成本。这些成本除以嵌入物的数量以得到单位嵌入物的成本。第三个成本库包含了那些与装备机器有关的成本。这些是插槽成本。该成本库除以嵌入的不同零件型号数，得到单位零件型号成本。接着，将单位零件型号成本除以每种型号的嵌入配件个数，就得到了单位嵌入物的费用。在这种方法下，低业务量配件的单位嵌入物成本要高于高业务量配件。

在 DIP 嵌入部分，这种新的三成本库方法大大地改变了产品的报告成本。该部分的零件型号成本库包含了与安装在 DIP 机器上的圆盘传送带相关的人工、设备和支持性成本。该成本库除以圆盘传送带上的可用插槽数，得到了单位插槽成本。每一插槽专用于一种零件型号，因此单位插槽的成本被分配给圆盘传送带的每一种特殊配件。接着，将单位插槽的成本除以每一种零件型号的半年度业务量，就可得到该型号零件的单位零件成本。

弗莱德·黄（Fred Huang）解释了他为何建议采用插槽成本计算方法：

插槽成本计算方法逐渐成为一个设计、制造和会计的合作规划项目，但是，我是首先提议对 DIP 机器上插槽的使用计算插槽成本的人员中的一员。我所关注的是，由于我们在电路板的设计中装配了新型号的零件，工厂的间接费用可能会增加。我觉得插槽有一种特殊的经济价值，而且我希望成本系统能够反映这种价值。

弗莱德·伯兰（Fred Berland）描述了插槽成本计算方法的可能影响：

我相信，插槽成本计算方法将对决策行为产生主要的影响，原因是它将告诉我们占用一个插槽的真正成本是多少。尤其，我看到了插槽成本计算方法正在影响新的产品决策（如针对一种电路板决定是制造还是购买）；也在影响逐步停止生产决策（针对一种电路板决定是废止还是继续生产）。

Tim Hastrup 解释了零件型号的种类数与 DIP 机器生产能力的运用之间的关系：

如果我们能够减少用友的业务量零件型号种类数，我们将不需要如此多的的插槽。这是很重要的。因为我们的生产能力并不受嵌入生产能力的限制，是受到我们可以处理的零件型号数的限制，而不是我们能够进行的嵌入数。

目前，我们有四台 DIP 机器进行了序贯式安排。这种序贯式安排的目的是增加可插进某一特定电路板的零件型号的种类个数。如果每一台机器有 200 个插槽，那我们每块电路板的零件型号总能力为 800（即每块电路板上可安装 800 种不同的零件）。

如果我们等分零件号的种类个数，我们就可以从一个单独的四 DIP 机器链转化为两个平行的双机器链。这将大大提高我们的嵌入生产能力。目前，所有的电路板都必须经过所有的四台机器，即使其中有一台机器中并不包含该电路板所需的配件。所以转化为两个平行的机器链将使机器变得更为繁忙。由于电路板不再需要排队等候他们不用的机器，所以，闲置时间将会缩短。工装时间也会在某种程度上有所缩短。

设计者

设计者通过形成一系列的启发式设计规则，与成本会计系统和 MAKE 模型相互作用，使设计师们能够进行决策权衡。富有经验的工程师们已经形成了许多这样的规则。产品开发师弗莱德·黄（Fred Huang）描述了他所使用的规则类型：

（1）人工嵌入的成本是自动嵌入的三倍。

（2）在惠普零件系列中引进一种新零件将耗费公司 2.5 万美元。

（3）在 RND 中（RND 已经在惠普零件系列清单上）引进一种新零件将耗费分厂约 5 000 美元。

（4）那些不能用波状焊接器进行处理、必须进行人工嵌入，或需要进行特殊的焊接前处理的插头使电路板的间接成本增加了 2~3 美元。

（5）可靠性很关键。选择那些拥有高可靠性的配件要优于选择那些没有高可靠性的配件。这条规则将会促使我们选用那些损坏率和安全边际已知的买主和零件。在现场，每损坏一次要耗费至少 1 000 美元。

（6）配件推向市场的时间也很关键，选择那些仍处于开发阶段的配件会冒很大的风险。如果选择了一种新型配件，但该配件的生产能力还未建立，那就存在着需要该配件但该配件却并不现成的风险。运用一种新配件的成本处于 1 000 美元和 10 万美元之间，具体取决于该配件在多大程度上不可获得。

（7）同样地，配件获得的容易程度也很关键。选择一种行业生产能力过剩、供应商有多个的配件可以降低配件短缺的风险。用于可获得性调整的拇指原则表明，如果一种配件难以获得，由此产生的成本增加额将是其材料成本的 10 倍。

（8）运用现有设计是明智的。如果能够运用一种现有的功能或电路，将好于一切重新开始。设计一种新功能或电路的成本大约是：小项目（一个月的设计时间）要 1

万美元，大项目（三个月的设计时间）要 3 万美元。

一旦设计师们总结出这些启发式规则，他们将不必借助于成本系统来获取成本信息。但是，每引入一项新的成本动因，设计者们都需要研究这对于生产经济性的影响，同时要相应地调整设计规则。

例如，如果成本系统显示，引进新成本动因之前产品成本是 100 美元，而引进新动因之后产品成本变为了 150 美元，设计者们应该保证他们明白报告产品成本发生变化的原因是什么。工程师们认为，理解产品成本变化背后的原因很重要，这是因为由于产品的复杂组合，每次引进新的成本动因，至少有些产品的报告成本会发生激烈的变化。

黄描述了在设计过程中，他对产品报告成本的运用：

我的设计目的并不是使产品的报告成本最低，因为随着新成本动因的改进，产品的报告成本会不断变化。相反，我设计的是那些我认为在给定的可靠性和功能性水平上成本最低的产品，由于 MAKE 模型并没有包括所有的相关成本，所以设计不能以最小化 MAKE 模型成本为目的，这一点很重要。

我们读 MAKE 模型进行改建以包括进更多成本，但我们会面临着这样的风险——模型过于复杂，不利于理解和以后的运用，对于新雇佣的大学毕业生而言，这一点尤为贴切。他们从来没有被教导在进行设计的同时要考虑成本。如果我们给了我他们 MAKE 模型，并告诉他们"大胆尝试以实现模拟目标"，他们会感到束手无策。如果同时我们能告诉他们一些规则，并逐渐培养他们加快速度，这样做会更好一些。

把设计的目的设定为：最小化产品的报告成本，这样做的风险在该成本系统开发早期就暴露出来。一个工程师设计一种产品，使产品的报告成本最低，被人们当作了楷模，直到对 MAKE 模型中又进行了一次改进。新改进导致产品报告成本暴涨，涨到了登峰造极的程度。旧模型表明自动嵌入成本是人工嵌入成本的 1/10，而新模型则显示前者是后者的 1/3。

工程师们既看到了 MAKE 模型和此后的成本动因成本系统的优点，也看到了他们的缺陷。具体地，他们发现了四条主要的优点和三个主要缺陷。发现的优点如下：

（1）所有的工程师们都可以使用同样的数据来验证他们的设计。根据 MAKE 模型提供的成本信息，每个人都可以运用同样的启发式规则来对设计中各方面的权衡进行评价。

（2）MAKE 模型提供了一个有用的训练工具，有助于确立设计规则，并有助于工程师们培养对各个设计选择方案成本的敏感。

（3）MAKE 模型使工程师们能够很好地认识到，产品真正耗费了些什么资源。并有助于他们理解设计的经济效益性趋势。

（4）即使 MAKE 模型没有包括所有的设计成本，它也有利于识别出对现有产品或潜在产品进行再设计需要哪些部分的成本。例如，对一种包含了大量配件的产品进行再设计，再设计的年度节约额是 100 万美元左右，因此在不到一个月的时间内就可弥补再设计的成本。

发现的缺陷如下：

（1）对有些工程师而言，他们往往没有以一种更广阔的视野来运用 MAKE 模型数据。当有些问题需要考虑但没有包括进 MAKE 模型时，这一点就很容易发生。例如，最近，基于 MAKE 模型报告的产品成本引进了一种新产品。但是对假定的销售量进行更仔细的分析后，却表明这一销售量根本无法实现。

（2）成本系统和 MAKE 模型对会计规则的依赖很深。工程师们并不认为这些会计规则总是适当的。

黄的评论如下：

在你使用 MAKE 模型之前，你需要了解该模型的局限性。现在我已经学会了适当地运用该模型，但这花费了很多时间。如果你没有认识到这是一个会计模型，而不是一个设计模型，你就会犯严重的错误。MAKE 模型的设计目的是以尽可能好的方式分配成本，但这对于设计目的和其他重要决策而言，可能不是最好的报告成本的方式。

总的而言，工程师们对成本动因会计成本系统和 MAKE 模型都很满意。但是他们对两个模型实施的方式却有着复杂的感情。工程项目经理——黄的老板，凯尔·布莱克（Kyle Black）的评论如下：

最初，我对成本系统不断变化感到很生气。我觉得一直把成本变来变去令人无法接受。我希望我可以依赖一套数据。接着，我感到很失望——每个人对生产的经济效益性的理解都是那么少。再接着，我就打算接受挑战并改正错误。我们在会计、研发、制造和营销间建立了许多更为紧密的关系。我们所有人都在学习业务过程。现在我们在处于训练模式中。我们已经完成了成本系统设计问题中最困难的部分，现在正在对它进行推敲改进，并不断优化我们关于产品设计的经济效益性的直觉。总之，总体经验促使我们（工程师们）更加了解我们的设计过程。我们没有了"不是在此发明"的综合征，并开始了解杠杆的好处——运用现有的设计。

我应该从一开始就喜欢转变，但我以前不相信它原来可以这样做。仅仅借助于会计，对生产和设计流程的了解是不够的。如果我们在过去就试图进行转变的话，我们可能会面临这样的风险——按照我们设计的第一个系统，公司利润是很低的；因为我们并没有对系统进行改进以反映我们从中得出的新启发。

思考题：

1. 对于工程师和会计而言，成本目标是否完全一致？

2. MAKE 模型在实施过程中可能遇到的问题有哪些？

3. 比较引入成本动因对成本计算的影响。

资料来源：罗宾·库珀，罗伯特·S. 卡普兰. 成本管理系统设计教程与案例 [M]. 王立彦，高展，卢景琦，等，译. 大连：东北财经大学出版社，2003：464-472.

【案例四】　　　　作业成本法在戴尔公司的应用案例

为一名客户生产一台电脑要多少成本？生产成本是多少，他们如何控制？公司业绩如何提高？这是戴尔电脑公司的管理层要回答的一些问题。大多数情况下，它们回答的依据可以追溯到公司的管理会计系统上，这一系统收集戴尔运营多方面的数据，为管理人员回答问题、制定决策提供信息。

戴尔电脑总部位于德克萨斯州的奥斯丁城，是一家全球的制造业公司，戴尔不生产诸如芯片和硬盘之类的电脑零件。他专注于组装电脑并销往全世界。戴尔有四个系列的个人电脑：①Optiplex 高端台式机系列；②Dimension 实用系统；③笔记本电脑如 Inspiron 系列；④网络服务器。公司的生产厂为全球的客户服务。每台电脑都是依客户订单而生产。故戴尔没有产成品存货。直接材料存货周转天数为 30 天。

戴尔的目标是在平均 5~6 天内完成任何一笔客户订单。一笔订单中的每台电脑都是单独为一个批次，因为构成每台电脑零件的成本可能不同，要看客户的特别指定。成本追溯到各台电脑这一水平，包括直接材料、直接人工和一个标准的制造费用率。制造费用率在戴尔工程小组的参与下制定，建立在其生产单元或"模块"的成本水平基础之上。产品装配模块负责电脑的组装，包括组装和测试各个零件。组装和测试完成的电脑从组装模块移动到装运模块，在那里进行包装和分销准备。

为了保持竞争力，戴尔有一个产品小组，负责新产品思路的研发。这一个小组与戴尔的战略伙伴如英特尔公司协同工作，以生产能持续满足市场对更快处理能力和你速度的需求。具有最新科技含量的新产品有较高的利润空间，所以戴尔总是在努力最小化其开发和生产新产品的时间，通常，零件生产商一披露出其技术新发展，戴尔就能在当天推出相应的新产品。

当戴尔在 1994 年着手实施作业成本系统时，几乎没有经理知道前景是什么，据后勤服务的主任肯·哈希曼（Ken Hashman）说，德克萨斯州定制个人电脑的厂商 Austin 已经碰壁。1994 年其净利润是 29 亿美元，但是这一年却以 3 600 万美元的亏损结束。公司正保持着大量增长的势头，然而经理人员并不知道哪个产品和市场正在产生最大的利润。管理人员需要知道哪些产品线正驱动着利润而哪些没有。

因此，当管理层选择执行 ABC 系统时几乎没有人反对。戴尔管理人员认识到更好的产品成本信息的价值。并且想知道执行 ABC 系统的详细情况。再三思索后，Ken 注意到公司实际上在刚开始时不得不缩小范围，以使管理人员集中在有很大希望可以获得巨大收益的几个至关重要的领域上。

为了开始 ABC 程序，跨职能的小组确定了大约 10 个主要的作业，这些作业包括产品的合理流转、国内运输、接收、零件配合、装配、装运、国外分销和保修，装配作业进一步分解为不同的产品线。

再顾及作业和总间接成本时，戴尔的各个小组开始收集数据。先是成本动因的确定，接着是间接成本的估计，一些成本动因需要管理人员反复考虑，例如，采购职能为所有的生产线提供支持，并且要为计算机装配流程购买数百个零件，无论零件本身成本是 1 美元还是 100 美元。采购一个零件的作业成本几乎是一样的，因此，每条产品线零件数的相关程度变得很高，而在 ABC 系统以前，采购职能的成本仅仅是费用的一部分，而且不和单个成品线一起确认。

总成本通过戴尔的内部计算机信息系统进行收集。最初，电子表格软件被用来创建 ABC 模型并分析收集到的有关成本动因的数据。在电子表格软件中输入公式，这样计算每个作业的预计间接成本是很容易的。电子表格软件也被用来给成本对象（如不同的计算机成品线）分配以实际使用数量为基础的作业成本。

5 年的努力赢得了巨大的效益。1998 年度公司的净收入是 123 亿美元，比 1994 年增长了 329%，1998 年度的净利润达到 94 400 万美元。更重要的是，副总裁和主计长约翰·琼斯（John Jones）说得好"作业成本系统已经真正使戴尔达到了知道他所买的每个产品的盈利性的水平"通过戴尔团队的努力，管理人员能使用 ABC 信息进行作业管理，并真正地影响盈利性和决策制定。

分批法是以产品批别作为成本计算对象，归集各项生产耗费，计算产品成本的一种成本计算的基本方法。案例中的戴尔用的就是分批成本法，因为戴尔的目标是在平均 5~6 天内完成任何一笔客户订单。一笔订单中的每台电脑都是单独为一个批次，因为构成每台电脑零件的成本可能不同，要看客户的特别指定。在分批成本法中，首先要确认的是一台电脑为一个批次，然后要确定直接成本，戴尔公司要用到的直接成本包括中央处理器（CPU）、内存、硬盘、液晶显示器等。确定制造费用的分配率分配间接成本。实际上，戴尔公司的中心价值主要在他的产品研发、生产和顾客售后服务上。而在分配上，戴尔没有花太多的成本去研发。为了保持竞争力，戴尔有一个产品小组，负责新产品思路的研发。这一个小组与戴尔的战略伙伴如英特尔公司协同工作，以生产能持续满足市场对更快处理能力和你速度的需求。具有最新科技含量的新产品有较高的利润空间，所以戴尔总是努力最小化其开发和生产新产品的时间，通常，零件生产商一披露出其技术新发展，戴尔就能在当天推出相应的新产品。

戴尔从 1998 年度的净收入是 123 亿美元，比 1994 年增长了 329%。1998 年度的净利润达到 94 400 万美元。这是因为戴尔在 1994 年着手实施作业成本系统。分批成本法的间接成本分配率单一，会导致成品成本的相互补贴现象的出现，产品消耗了较高的资源水品，报告的单位成本却较低，产品消耗了较低的资源水平，报告的单位成本却较高，这样会导致管理层的决策失误以至于整个公司的经营失误。而作业成本法能追溯更多的成本作为直接成本，对每一个作业成本库，作业成本法都能找到一个和成本库中的成本有因果关系的成本分配基础。

戴尔公司使用跨职能团队来确定公司的作业是因为作业成本法会涉及很多不同的部门。而戴尔公司在最初实施作业成本法时集中在大约十个主要的作业上。这是因为太多的作业会使得成本浪费，计算复杂化。但是太少的作业，又不能清楚地表明成本的分配，这样就类似于分批成本法无法看出作业成本法的好处。

在当今并不是所有公司都可以使用作业成本法，因为作业成本法的成本收集比较复杂，成本库有时难以确定。只有像戴尔这样的跨国公司才可以更好地用好作业成本法。

1. 作业成本法是否可以应用于所有类型的企业当中？说明原因。

2. 结合戴尔公司的实际做法，解释该如何确定作业及成本动因。

【案例五】　　　　　　　　　　成本动因的追索分析

在 1992 年，联合办公用品公司是一家从事商务表簿和诸如书写纸、信封、便签卡、贺卡等特种纸制品经营的企业，年销售额为 9 亿美元。在 1988 年的时候，公司就已扩展到商务表簿库存管理服务领域。该公司相信，在这一领域可以通过提供增值服务使自己有别于其他生产经营商务表簿的企业。当时，表簿生产经营已经成熟，所有的竞争者都在寻求获得销售增长的途径，联合办公用品公司掀起了一场运动，要把它的企业客户纳入一项它称之为"全面表簿控制"（TFC）的计划。

到 1992 年的时候，TFC 业务获得的销售收入已达到大约 6 000 万美元，联合公司也在商务表簿业务分部内部设立了一家单独公司来办理这些客户的业务。TFC 项目所提供的服务除了存货控制、表单使用反馈外，还包括表簿的存储和配送（包括存货融资）。联合公司使用了一套复杂的计算机网络系统来监测客户的表簿存货、表簿使用及订货行动，再通过一套内容全面而又简洁易读的管理报告将这些信息提供给客户。

作为配送服务的一部分，联合公司还提供"拣包"服务，由训练有素的工作人员打开整装的箱子准确地拣出客户所要求的表簿数量。联合公司的基本思想是，管理有方的储存和配送网络对任何表簿管理业务都是至关重要的——"我们知道你需要什么……在正确的时间、正确的地点得到正确的产品"。

对少部分客户，联合公司还提供"桌面配送"服务，由联合公司的员工将表簿直接送到个人办公室（通常情况下表簿是送到装卸站）。作为一家综合表簿管理提供商，联合公司的产品系列也必然是综合全面的，包括从标准计算机打印纸、复印纸到客户自行设计以准确满足其需要的自定纸等各种产品。

目前的成本会计制度

联合公司将其表簿生产与 TFC 业务作为两个独立的利润中心，产品转移按照正常的交易关系进行，价格按市场公平价确定。

联合公司共在 13 个地点生产商务表簿。虽然公司在接到客户订单的时候鼓励在内部寻找货源，但 TFC 项目的销售人员有权在必要时从外部寻找货源。

参加表簿管理项目的客户在联合公司的 10 个配送中心中的一处保持有表簿存货，当需要的时候由公司配送。公司每月按当月该产品销售成本的一定比例向客户收取一笔服务费，以抵偿储存和配送的成本，收费的多少不直接与向客户提供的具体服务水平的高低挂钩。

如果一个客户使用了某种配送服务，公司就会对其购买的表簿收取高出产品成本 32.3% 的溢价，以抵偿储存和配送费用及存货所占用的资本成本和运输费。这一比例是根据 1990 年的实际财务数据确定的，以使各项费用总体来看都能得到抵偿。销售部门于是将产品和服务的价格平均高标 20%。针对具体客户的价格也可能会偏离标准公式。

理解客户盈利性

1992 年 10 月，TFC 项目的盈利性遭受了冲击，总经理约翰·马龙开始对这种配送收费方式的适当性提出了疑问。

"商务表簿分部在 1988 年的投资回报率（ROI）是 20%，但这些年来回报率一直在下降，1992 年预测的 TFC 项目的投资回报率只有 6%。某种东西告诉我，我们的这项业务管理得不是很好！在我看来，服务收费的做法还值得仔细思量。我认为应当根据客户实际得到的服务来收费，如果两个客户购买相同数量的产品，其中一个在我们的配送中心保有大量存货并不断地要求我们进行小批量发送，而另一家很少麻烦我们，而两者被要求支付同样的服务费，这看起来很不公平。"

约翰翻看了他的记录，找到两家规模相当的客户，客户 A 和客户 B，其年购买额都是 79 320 美元，产品成本都是 50 000 美元，分别由不同的销售人员办理其业务。在目前的会计制度下，对两家客户的收费相同。但约翰注意到，这两家客户仅仅是在产品销售值上相同，在要求联合公司提供的服务多少上却并不相同。

在过去的一年里，客户 A 提出了 364 次供货要求，涉及 910 个产品系列，都是"拣包"服务，而客户 B 提出了 790 次供货要求，涉及 2 500 个产品系列，也都是"拣包"服务。客户 A 在配送中心平均保有 350 箱存货，而客户 B 在配送中心平均保有 700 箱存货；客户 B 每月平均存货余额为 50 000 美元，其中约 7 000 美元的存货终年未动，而客户 A 的每月平均存货余额只有 15 000 美元。由于客户 B 活动频繁，每周需为其运送 3 次，年运输成本为 7 500 美元，而客户 A 只要求每周运送 1 次，年运输成本仅为 2 250 美元。此外，在过去的一年里，客户 B 要求过 26 次桌面配送，而客户 A 根本就没有要求过桌面配送服务。于是约翰·马龙转向 TFC 项目控制员梅丽莎·唐希和营运董事蒂姆·加宁汉寻求帮助。

约翰说："我应当怎样更好地理解客户盈利性？"蒂姆说："哦，如果我们能够搞清楚配送中心究竟做了些什么，也许我们可以更好地了解向不同客户提供服务的成本。当然，也不是对此事太感兴趣。"蒂姆心里明白，配送中心主要从事两项活动——储存表簿以及应客户要求发送表簿。约翰于是决定和他一道实地去找一些人交谈，以掌握更具体的信息。

配送中心：工作分析

约翰和蒂姆走访了联合公司位于密苏里州堪萨斯城的配送中心，中心经理威尔伯·史密斯证实说："我们所做的就是储存表簿纸箱并处理客户的要求，需要的库房空间视储存箱包的数量而定。看起来，有大量的箱包一直放在那儿不曾动过。如果我们能够开办一些灵活的租赁项目并对过道布局进行重新调整，即便储存的箱包数量发生变化，我们也能相应调整我们的空间要求。另一件实在让我烦恼的事情是，我们有些存货一直放在那儿，这时我们的客户究竟意味着什么？除非他们通知我们发货，否则他们对此不付分文。难道我们就没有办法让他们把这些东西从这里搬出去？"

"就营运管理而言，一切都取决于要求发货的次数。如果发货次数一定，客户要多少种不同的表簿都可以。"

两人接下来与库房监管理员瑞克·弗斯弥尔进行了交谈。"我不在乎接到的是 100 个发货通知，每个通知都要求不同的产品系列，还是接到一个发货通知要求 100 个产品系列，因为我的伙计们都得从架上挑出 100 项。还有那讨厌的'拣包'要求，如今几乎什么东西都得'拣包'，看来再也没有人订 500 件一套的整箱了。您知道在这些箱包中拣选要多费多少劳动吗？这些还不说，桌面配送对我的伙计们来说才真是痛苦！当然，我们得提供这些服务，但那些享受这一服务的客户也得额外付出点什么才对。我的伙计们并不是缺少足够的事情做。"

约翰和蒂姆开始对配送中心的情况有了一定了解，但还有一个人需要谈话了解。他们知道很多钱都花在数据处理上，主要是在人工成本上，他们需要了解这些人是如何支配他们的时间的。

汉泽尔·纳特雷在联合公司当数据录入操作员已有 17 年时间。"我所要做的一切就是一个系列一个系列地键入这些发货通知，我已到了这样的地步，对客户如此了解，以至于所有的订货信息都是驾轻就熟了，唯一需要注意的就是需要录入多少个系列。"

根据这些谈话与观察，蒂姆和约翰将配送工作分解为 6 个基本的增值活动——储存、发货通知处理、基本的库房存货挑选、"拣包"、数据录入和桌面配送。在梅丽莎的协助下，他们将成本分解到这些活动上，以 5 个配送中心的情况为例列表如表 1-9-8 所示。

表 1-9-8　　　　　　　　　　五个配送中心费用分解表　　　　　　　单位：美元

储存	1 550
发货通知处理	1.801
基本的库房存货挑选	761
"拣包"	734
数据录入	612
桌面配送	250
合计	5 708

其后，蒂姆根据历史资料和 5 个样本库房目前的存货情况将 1992 年的情况测算如下：

①分布于全国多个地方的 5 个配送中心平均将共保有存货约 350，000 箱，大部分箱包都保持相当标准的装量。

②1992 年全年将办理约 310 000 个发货通知。

③每个发货通知平均要求 2.5 个产品系列。

④客户要求的产品系列中 90%将需要"拣包"而不是整箱运送。

⑤1992 年的资本成本估计大约为 13%。

蒂姆说："我们新建的计算机系统即将启用，它将跟踪每笔运输费用，因此，我们可以根据实际耗费的成本向客户收费。"约翰和梅丽莎都认为这样做听起来是公平的。在配送中心听过的一句话仍然萦绕在蒂姆的脑海里："你不诊断我们应当做点什么，让那些老存货动起来吗？比如说，是否可以对存放时间超过 9 个月的存货额外收取点什么，比如说每月 1.5%的费用。"

"这倒是个好主意"梅丽莎说，"这样也有助于我们免遭因客户最后决定改变表簿种类而使老库存蒙受损失而带来的麻烦。你知道，我们把这些损失都是自己吞下来，从来没有因此而向他们索取过什么。"这样，他们基本上要对这件事情进行总结了。

"桌面配送如何？"蒂姆说，"我认为我们对此也应额外收费，但我不想把这事弄得太复杂。"

约翰说："让你们的伙计到客户公司走一圈平均要花多少额外的时间？"

"大约要花一个半到两个小时，按每小时 15 美元计算，每次大约 30 美元。应该算公平吧？""我认为合理。而且，这也与分配的总额 250 000 美元相当吻合，因为今年我们要处理的桌面配送要求大约是 8 500 次。"

基于服务的定价

整个管理班子，包括商务表簿分部的首席财务官道格·金斯雷，都感到确有必要实行一种更好的配送服务收费方式，以利于 TFC 项目变得更加有利可图。他们现在对配送服务所涉及的成本驱动因素也有了一个更好的了解。

"要让销售队伍接受按工作量定价的做法不会是一件容易的事"约翰说，"他们中有些人已经完全习惯了过去的方式，不喜欢变革。某些客户会因为实行基于服务的定价方式而增加配送费用，这些销售人员不会太高兴的。而另一方面，一些销售人员会看到他们的差距拉大了。"克服这些组织上的困难，将仅仅是冰山一角。

会计部门保存有一个数据库，能够显示每个客户的所有活动，并能计算出该客户对此项业务的利润贡献。不过，他们还不曾有效地运用过这些数据。TFC 项目管理层就把这套资料拿过去，开始研究起来。

虽然 TFC 项目保有 1 100 个独立客户，但业务的大部分还是来自于少数客户。前40 家客户占有公司净销售额的 48%。

为了更好地理解客户盈利性，TFC 项目管理层对数据库中的数据进行了重新处理。假定根据实际使用情况进行服务收费，而净销售额和产品成本还是和以前一样，他们再按照这些数据重新计算客户的利润贡献，并根据利润贡献大小对客户进行了重新排列。

鉴于利润机会中如此大的部分有赖于如此少量的主要客户，管理层觉得，通过集中精力于个别客户的管理，也许可以显著提高盈利水平。班子感觉到正走上改善客户盈利性的正确道路，并开始思考下一步应当做什么，还有哪些事项对于改善 TFC 项目全面盈利性具有重要作用。

表 1-9-9　　　　　　　　　　TFC 项目净销售额情况 （1991 年）

每户年销售额	客户数	占 TFC 项目净增额的百分比（%）
>300 000 美元	40	48
>150 00 0 美元	53	19
>75 000 美元	86	15
>30 000 美元	143	11
>0 美元	778	7
合计	1 100	100

思考题：

1. 什么是 TFC 计划，结合案例资料进行说明。

2. TFC 计划给联合公司带来的实际影响是什么，举例分析。

二、作业与练习题

（一）单项选择题

1. 为每批产品调整生产设备属于（　　）。
   - A. 单位成本
   - B. 批别作业
   - C. 产品作业
   - D. 维持性作业

2. 下列各项作业中属于典型的产品作业的是（　　）。
   - A. 机器加工
   - B. 产品检验
   - C. 产品设计
   - D. 厂区环卫

3. 供应商评估费用属于（　　）。
   - A. 质量预防成本
   - B. 质量鉴定成本
   - C. 质量内部失败成本
   - D. 质量外部失败成本

4. 在下列环境成本中，最具破坏性的是（　　）。
   - A. 环境保护成本
   - B. 环境检测成本
   - C. 环境内部失败成本
   - D. 环境外部失败成本

5. 下列关于环境购后成本的说法中不正确的是（　　）。
   - A. 产品销售后，顾客对产品的使用和处置可能造成环境破坏，这属于环境购后成本
   - B. 大多数情况下，环境购后成本属于社会成本
   - C. 环境购后成本也可能转变为已支付的外部失败成本
   - D. 环境购后成本不属于环境产品成本

（二）多项选择题

1. 作业成本法的产生背景包括（　　）。
   - A. 新技术革命
   - B. 日趋激烈的市场竞争
   - C. 间接费用大大增加并且构成内容更加复杂
   - D. 适时制、全面质量管理等企业经营管理思想和方法的出现

2. 下列关于作业成本法的基本原理的说法中正确的有（　　）。
   - A. 产品消耗资源，资源消耗作业
   - B. 作业消耗资源，产品消耗作业
   - C. 生产导致作业的发生，作业导致成本的发生
   - D. 生产导致成本的发生，成本导致作业的发生

3. 下列各项成本中属于内部质量内部失败成本的有（　　）。
   - A. 废品损失
   - B. 返工费用
   - C. 产品验收费用
   - D. 停工检验费用

4. 下列关于可接受质量观点和零缺陷观点的说法中正确的有（　　）。
   - A. 可接受质量观点认为控制成本与失败成本之间存在此消彼长的权衡关系

  B. 可接受质量观点允许并且实际上鼓励一定的缺陷率的存在

  C. 零缺陷观点，随着缺陷率的降低，控制成本先增后减

  D. 零缺陷观点下认为质量成本的最优水平是零缺陷

 5. 下列关于环境外部失败成本的说法中正确的有（ ）。

  A. 环境外部失败成本又叫社会成本

  B. 环境外部失败成本包括已支付的外部失败成本和未支付的外部失败成本

  C. 企业清理被污染的河流所发生的成本属于已支付的外部失败成本

  D. 企业由于恶劣环境声誉而造成的销售损失属于已支付的外部失败成本

（三）判断题

 1. 作业链同时表现为价值链。   （ ）

 2. 根据成本动因在资源流动中所处的位置，通常将其分为资源动因和产品动因两类。

                     （ ）

 3. 质量包括设计质量和一致质量两个方面。   （ ）

 4. 质量成本中的内部失败成本由企业承担，外部失败成本由顾客承担。 （ ）

 5. 显性质量成本直接给企业带来损失，隐性质量成本间接对企业造成损失。

                     （ ）

 6. 流程、产品和产品包装物都是环境成本的来源。   （ ）

 7. 完全环境将企业内部所有的环境成本都分配到产品中去。 （ ）

（四）简答题

 1. 简述作业成本法的基本原理。

 2. 简述作业成本法的一般程序和特点。

 3. 简述质量成本核算。

（五）名词解释

 1. 作业成本法   2. 作业

 3. 单位成本   4. 批别作业

 5. 产品作业   6. 维持性作业

 7. 成本动因   8. 资源动因

 9. 作业动因   10. 质量

 11. 质量成本   12. 生态效益

 13. 环境成本

（六）计算题

 1. 特蕾西公司拥有专门生产飞机部件的机器设备。原成本制度有两类直接成本（直接材料和直接人工）和一类间接成本库（制造费用，按直接人工小时进行分配）。2008 年，原成本制度下间接成本分配率为每直接人工小时 115 美元。最近，由产品设计人员、生产人员、会计人员组成的小组采用 ABC 法对其分批成本制度进行了改进。小组决定保留两类直接成本，并用五个间接成本库代替单一间接成本库。这五个成本

库代表了生产的五个作业领域，每个都有自己的监督人员和责任约束。相关数据如下表所示：

表 1-9-10　　　　　　　　　　　有关作业及成本资料

作 业 领 域	用于分配基础的成本动因	成本分配率
材料管理	部件数目	0.40 美元/件
车床加工	班 次	0.20 美元/次
铣床加工	机器小时	20.00 美元/小时
打 磨	部件数目	0.80 美元/件
检 验	检验数目	15.00 美元/件

信息收集技术十分先进，可以自动收集五个作业领域做预算时所有必需的信息。最近该公司两个代表性批次在新成本制度下有如下成本项目：

表 1-9-11

	410 号	411 号
每批次直接材料成本（美元）	9 700	59 900
每批次直接人工成本（美元）	750	11 250
每批次直接人工小时（小时）	25	375
每批次使用部件数目（件）	500	2 000
每批次使用班次（次）	20 000	60 000
每批次使用机器小时（小时）	150	1 050
每批次的产量（件）	10	200

要求：

（1）计算原成本制度下各批次的单位制造成本。

（2）计算 ABC 法下各批次的单位制造成本。

（3）比较要求（1）、（2）中计算出的 410 号与 411 号的单位成本数字。为什么原成本制度与 ABC 法在估计每批次的批次成本时会有所不同？这些不同对特蕾西公司重要吗？

2. 加利福尼亚食用油公司的会计主管为公司确定了间接成本库和成本动因。具体如下表所示。

表 1-9-12　　　　　　　　　　有关作业及成本动因资料　　　　　　　　单位：元

间接成本库	间接成本预算	成本动因	估计成本动因水平
机器调整	100 000	调整次数	100 次
材料整理	80 000	桶数	8 000 桶
质量控制	200 000	检验次数	1 000 次
其他间接成本	100 000	机器小时	10 000 小时
合计	480 000		

3 月份，一份 500 桶食用油的订单具有的特征如表 1-9-13 所示：

表 1-9-13　　　　　　　　　　　　　一份 500 桶订单的特征

机器调整	6 次
材料整理	500 桶
质量控制	20 次
机器小时	100 小时

要求：

（1）如果该公司采用以机器小时为基础的单一成本动因系统，分配到 500 桶食用油订单的间接成本总额是多少？

（2）在该单一成本动因系统下，归属于每一桶食用油的间接成本是多少？

（3）如果该公司采用基于全部间接成本的多成本动因系统，分配给 500 桶油的间接成本总额与要求（1）是否有差别？差别是多少？

（4）如果让你选择，你会选择哪一种成本计算系统？为什么？

第十章　成本报表与成本分析

一、教学案例

【案例一】　　　　　　　　　　　　某企业成本报表分析案例

某企业生产五种产品，简称 A、B、C、D、E。其中 A、B、C 过去曾生产过，有完整的成本资料可供对比，是可比产品；D 产品过去没有生产过，E 产品过去曾经生产过但规格性能已经发生了变化，二者均是不可比产品。五种产品的相关资料如表 1-10-1 所示：

表 1-10-1　　　　　　　　　　　　　五种产品的相关资料

产品名称		产量（件）			单位成本（元）		总成本（元）	
		本月	本年累计	本年计划	上年实际	本年计划	本月实际	本年实际
可比产品	A 产品	100	1 100	1 200	163	162	16 100	177 650
	B 产品	80	980	950	134	133	10 880	132 790
	C 产品	75	900	850	125	122	9 000	108 900
不可比产品	D 产品	50	650	700		108	5 300	69 550
	E 产品	60	780	780		60	3 300	45 240

1. 根据表 10-1 的资料，该企业的商品产品成本报表编制如表 1-10-2 所示。

表1-10-2

商品产品成本报表

产品名称	实际产量（件）		单位成本（元）				本月总成本（元）			本年累计总成本（元）		
	本月	本年累计	上年实际平均	本年计划	本月实际	本年累计实际	按上年实际平均单位成本计算	按本年计划单位成本计算	本月实际	按上年实际平均单位成本计算	按本年计划单位成本计算	本年实际
可比产品合计	×	×	×	×	×	×	36 395	35 990	35 980	423 120	418 340	419 340
其中												
A产品	100	1 100	163	162	161	161.50	16 300	16 200	16 100	179 300	178 200	177 650
B产品	80	980	134 125	133	136	135.50	10 720	10 640	10 880	131 320	130 340	132 790
C产品	75	900		122	120	121	9 375	9 150	9 000	112 500	109 800	108 900
不可比产品合计	×				×	×		9 000	8 600		117 000	114 790
其中：												
D产品	50	650		108	106			5 400	5 300		70 200	69 550
E产品	60	780		60	55			3 600	3 300		46 800	45 240
全部商品产品成本								44 990	44 580		535 340	534 130

2. 采用对比分析方法，按产品名称计算该企业年度全部商品产品成本计划的完成情况

从表1-10-3可以看出，该企业全部商品产品成本实际比计划节约1 210元，节约率为0.23%。从各产品看，可比产品未完成成本计划，其中A产品和C产品各自完成了成本计划，A产品实际成本比计划节约550元，节约率为0.31%，C产品成本实际比计划节约900元，节约率为0.82%，B产品未完成成本计划，成本实际比成本计划超支2 450元，超支率为1.88%；不可比产品均完成了成本计划，D产品成本实际比成本计划节约650元，节约率为0.93%，E产品成本实际比成本计划节约1 560元，节约率为3.33%。

表1-10-3　　　　　　　本年度全部商品产品成本计划完成情况分析表

产品名称		总成本（元）		差异	
		按计划计算	按实际计算	降低额（元）	降低率（%）
可比产品	A产品	178 200	177 650	550	0.31
	B产品	130 340	132 790	−2 450	−1.88
	C产品	109 800	108 900	900	0.82
	小计	418 340	419 340	−1 000	−0.24
不可比产品	D产品	70 200	69 550	650	0.93
	E产品	46 800	45 240	1 560	3.33
	小计	117 000	114 790	2 210	1.89
合计		535 340	534 130	1 210	0.23

3. 可比产品成本降低计划完成情况分析表如表1-10-4、表1-10-5所示。

表1-10-4　　　　　　　　　　可比产品成本计划降低任务

产品名称	计划产量（件）	单位成本（元）		总成本（元）		计划降低任务	
		上年实际平均	本年计划	按上年实际平均单位成本计算	本年计划	降低额（元）	降低率（%）
A产品	1 200	163	162	195 600	194 400	1 200	0.61
B产品	950	134	133	127 300	126 350	950	0.75
C产品	850	125	122	106 250	103 700	2 550	2.40
合计				429 150	424 450	4 700	1.10

表 1-10-5　　　　　　　　　　可比产品成本实际降低任务

产品名称	实际产量	单位成本（元）			总成本（元）			实际降低任务	
		上年实际平均	本年计划	本年实际平均	按上年实际平均单位成本计算	按本年计划单位成本计算	本年实际	降低额（元）	降低率（%）
A 产品	1 100	163	162	161.50	179 300	178 200	177 350	1 650	0.92
B 产品	980	134	133	135.50	131 320	130 340	132 790	−1 380	−1.05
C 产品	900	125	122	121	112 500	109 800	108 900	3 600	3.20
合计					423 120	418 340	419 340	3 780	0.89

根据上述表中可比产品成本实际降低额和降低率同可比产品计划降低额和降低率的比较，确定可比产品降低计划的完成情况。

降低额差额＝3 870−4 700＝−920（元）

降低率差额＝0.89%−1.10%＝−0.21%

从上述计算中可以看出，可比产品成本降低额计划未完成。下面，采用因素替代法来具体分析实际产量、实际品种结构和实际单位成本三要素的变化对可比产品成本降低额和降低率差异的影响。

产量变动只会影响成本降低额，不会影响成本降低率。

产量变动对成本降低额的影响＝423 120×1.10%−4 700＝−45.68（元）

产品结构变动对成本降低额的影响＝（423 120−418 340）−423 120×1.10%＝125.68（元）

产品结构变动对成本降低率的影响＝125.68÷423 120×100%＝0.03%

产品单位成本变动对成本降低额的影响＝418 340−419 340＝−1 000（元）

产品单位成本对成本降低率的影响＝−1 000÷423 120×100%＝−0.24%

各因素影响程度汇总如表 1-10-6 所示。

表 1-10-6　　　　　　　　　　各因素影响程度

影响因素	降低额（元）	降低率（%）
产品产量	−45.68	—
产品结构	125.68	0.03
产品单位成本	−1 000	−0.24
合计	−920	−0.21

思考题：

1. 什么是可比产品和不可比产品，二者的区别是什么？

2. 影响成本降低额和降低率的因素包括哪些？分析该公司这些因素的影响程度。

资料来源：冯浩，刘克自. 成本会计理论与实务 ［M］. 2 版. 北京：清华大学出版社，2010：284-287.

【案例二】　　　　　　　　　北京三元牛奶成本控制案例分析

北京的三元牛奶在巅峰时期，曾占据了北京市场的八成。由于大本营失守，成本控制乏力，到2004年，在市场上，三元已经在大本营北京退居第三。

此消彼长，中国奶业的市场规模在近年已没了爆发性的增幅，而在面对主要的对手——蒙牛、伊利的凌厉攻势下，竞争乏力，三元2004年在大本营的失利是必然的。而最近，产品涨价——三元希望借此来摆脱亏损困境的险招，有可能成为三元新一轮市场份额下滑的开端。

营销事件回放

2004年，北京市场的乳业格局已经发生巨大变化。

2004年10月，北京三元牛奶已经在大本营北京市场上退居第三，排在蒙牛、伊利之后，而在巅峰时期，三元曾占据了北京市场的八成，即使是2003年，三元也有超过50%的市场份额。

大本营失守以及成本控制乏力，使得三元利润大幅下滑。三元股份第三季度的季报披露，2004年1~9月，该公司的营业利润为负5 439万元。2004年12月22日，郭维健因业绩原因，辞去三元股份董事总经理职位。

败笔解析

1. 品牌力不如对手

国家统计局的资料显示，近几年来，我国城镇居民乳品消费增长幅度都在20%以上，而经过几年的高速增长后，增幅将相对放缓。在这种背景下，蒙牛、伊利等行业巨头加大了营销力度。

无论是广告投入还是促销力度，以及公关事件的炒作，蒙牛、伊利等企业都不遗余力、相互攀比，但与蒙牛、伊利等清晰的品牌定位、强大的品牌塑造攻势相比，三元要差很多。营销专家李光斗认为，近几年，三元品牌定位比较模糊，摇摆在"北京人的牛奶"和"新鲜牛奶"等概念之间。而品牌定位的模糊，导致品牌传播效果的减弱，刺激企业减少品牌传播活动。2004年，即使是在三元的大本营——北京市场上也很少能够看到三元的广告。三元品牌的忠诚度降低就在情理之中了。

2. 价格缺乏竞争力

通过对消费者的调查，李光斗发现：乳品属于价格敏感型商品。

早在2003年年底，在北京市场上伊利和蒙牛的产品销售价格就比三元低。如伊利500毫升利乐包买四赠一，同规格的蒙牛也是买四赠一，价格都是11.2元，每袋2.24元，而旁边的三元则为2.6元/袋。

到了2004年，蒙牛、伊利又发起多轮降价促销活动，第一轮价格战从6月底至8月中旬，促销、买赠幅度之大都为近年来所罕见；国庆黄金周过后，第二轮价格战又重新燃起，甚至比上一轮来势更为凶猛。而在这两轮价格战中，三元均没能踏上节拍。

由于加大了营销力度，蒙牛、伊利的销量都出现了不同幅度的提升。蒙牛乳业公布的上半年业绩报告显示：蒙牛营业额攀升105.2%，旗下三大产品（包括液态奶、冰淇淋及乳制品）的营业额分别上升97%、84%及5.66倍。伊利上半年营业额为41.8亿元，比 2003 年同期增长了 48.75%。在有限的市场规模中，对手市场份额的大幅提升必然导致了三元市场的失守。

3. 大本营被入侵

在全国市场中，北京向来都是大家垂涎三尺的肥肉。

北京人均乳品消费量一直高居全国各省市的首位，2003 年，北京人均乳品消费量为 48 千克，而全国平均水平只有 25 千克。面对如此巨大的市场，各乳业巨头纷纷携重兵杀入。

为了扩大北京市场的份额，减少运营成本，2002 年年末，蒙牛就开始投资 3.3 亿元人民币在北京布局生产线。自 2003 年 6 月第一条生产线正式投产以来，到目前已有 23 条生产线投产，日产奶量已突破 300 吨。伊利也先后在北京的密云、北京附近的河北廊坊建立了生产基地。

2004 年 8 月，蒙牛将营销中心从呼和浩特的大本营全部搬至北京通州。业内人士认为，蒙牛此次搬迁之举从一定程度上说明，他们已经将战略目光转向最有竞争力的主市场，以北京为核心的全国市场规划已初露端倪。而在蒙牛之前，伊利已经将其营销总部迁至北京潘家园。

三元在北京苦心经营多年，在终端拥有较好的基础。但在 2004 年，这种情况也在改变。2003 年下半年开始，蒙牛在北京一方面加速进入终端，一方面开始大量招聘促销员。据了解，蒙牛招聘的促销员多达几千人，都是做驻店促销，以便在终端拦截对手。

4. 成本控制乏力

2004 年，各种原材料都出现了不同幅度的涨价。与 2003 年相比，最高时，玉米价格涨幅为 33%，大豆涨幅为 73%，而与此同时，奶价却下跌了近四成。这虽然是全行业性的困难，但与它的主要竞争对手相比，三元的成本控制能力明显较弱。

2004 年 1~9 月，伊利主营业务成本占主营业务比例为 70.34%，而三元的比例为 79.11%。

这直接导致了三元的主营业务利润率低于伊利 8 个多百分点。三元的管理费用占主营业务收入比例也是伊利的好几倍。

三元成本高于对手，除了地处北京，土地、原材料、环保以及奶源建设投入大，人工成本几乎要高于某些竞争对手两倍以上等客观原因外，还有一些主观的失误。

之前几年，三元为了降低奶源成本，曾跑到北疆去办了一个奶源生产基地，但因那里风沙太大、缺乏优质牧草，造成牛奶的杂质超标而卫生、生化指标不达标，最后不得不放弃原订的液态奶基地计划。

2003 年，三元又跑到澳大利亚建立奶源基地。当时三元认为：“澳大利亚和新西兰是传统的乳品出口国，占世界出口总量的 40% 左右。澳大利亚产奶量的 50% 用于出口。由于天然的资源优势，澳大利亚的鲜奶价格低于我国 16%~18%，而且鲜奶质量明显好于我国。”但令三元意想不到的是，由于汇率变化及澳大利亚干旱，三元澳大利亚基地生产的鲜奶的价格没有它预计的那么低。无奈之下，2004 年年初，三元不得不放弃这个基地。

最近，面临窘境的三元不得不走一步险棋——产品涨价，原本卖 0.95 元的三元加钙奶现在卖到了 1 元，原本卖 1 元的三元纯鲜奶卖到了 1.15 元。很明显，三元希望通过涨价摆脱亏损的困境。

但，这只是企业的一厢情愿。

据报道，涨价后，北京一些社区的牛奶批发点减少了三元牛奶的进货数量。北京之外部分省市的终端上，三元的产品也已经没了踪影。

不知道涨价是否会成为三元新一轮市场份额下滑的开端？

思考题：

1. 分析三元牛奶的经营，说明该公司在成本分析上应注意哪些问题。

2. 与同行业产品成本进行横向对比的时候，应将成本分析的重点放在哪些方面？

【案例三】   **长江公司成本分析案例**

长江公司是一家特种车辆生产企业，专门生产吊车、叉车等特种车辆。2010 年该公司实现收入 4.1 亿元，净利润 0.66 亿元，在国内属于优质企业。2011 年年初，长江公司根据市场反馈的信息和其自身发展的需要，决定加大科研投资，研制新型特种汽车，从而在激烈的市场竞争中保持领先地位。经过公司全体科研技术人员的努力，在当年攻克十余项技术难关，申请六项专利技术，研制出一种具有竞争力的新型特种汽车。

但是，在全体员工的努力下，长江公司 2011 年在保持销售增长近 10% 的情况下，净利润不仅没有完成计划目标，而且较上年下降了 4%。这在公司内部引起了轩然大波，员工们纷纷议论公司管理层的经营管理能力。最后，由公司财务经理向员工提交了一份财务分析报告，并通过专业的成本报表分析，消除了员工的疑虑，经营成果简表如表 1-10-7 所示，管理费用明细表如表 1-10-8 所示。

表 1-10-7   长江公司 2011 年经营成果简表   单位：万元

项目	计划数	实际数	上年数
营业收入	44 800	45 120	41 204
营业成本	30 800	32 500	29 135
营业税金及附加	312	353	292
销售费用	492	476	503
管理费用	1 100	2 045	1 123
财务费用	272	226	247
企业所得税	3 902	3 141	3 268
净利润	7 922	6 379	6 636

表 1-10-8　　　　　　　长江公司 2011 年管理费用明细表　　　　　　单位：万元

项目	计划数	实际数	上年数
一、科研费			
实验检验费	50	386	60
设计制图费	50	155	55
产品试制费	50	363	50
技术研究费	100	275	116
科研费小计	300	1 179	281
二、招待费			
外宾招待费	10	20	20
企业招待费	80	90	100
招待费小计	90	110	120
三、日常管理费			
薪酬费用	300	280	297
工会经费	10	9	7
失业保险费	18	19	18
职工教育费	12	110	26
办公费	54	55	56
差旅及交通费	25	15	27
会议费	12	13	12
财产保险费	25	25	24
折旧费	72	72	72
修理费	95	85	96
排污费	6	6	6
水电费	30	16	29
取暖费	30	30	29
其他	21	21	23
日常管理费小计	710	756	722
管理费用合计	1 200	3 133	1 052

思考题：

1. 在本案例中，是什么原因导致收入上升的同时，净利润反而下降？

2. 作为财务经理，应如何进行报表分析，以消除员工的顾虑？

【案例四】 适时制与倒推成本法——中外企业实施准时制生产方式（JIT）的调整

JIT 思想在企业界已经深入人心。一些大的家电企业，如四川长虹、南京熊猫等企业，曾经因为大量的库存产品，造成企业资金周转困难，利润大幅下降。痛定思痛，不少企业，如上海大众、西安杨森等，在原材料购进、产品生产和销售等企业经营的方方面面，开始全面引进 JIT。但遗憾的是，由于缺少这些企业的案例报道，实施 JIT 的效果不得而知。美国学者 Swenson 和 Cassidy 对美国 22 家实施 JIT 的企业进行了调整，基本结论是，许多采用 JIT 的企业都报告说大大简化了他们的管理会计系统，成效显著。这 22 家企业中，11 家从事机械制造，7 家是运输企业，2 家是计算机企业，还有 2 家企业生产消费品。平均而言，他们使用 JIT 的时间为 4 年。截至调研时，JIT 已覆盖了他们 63% 的生产作业和存货系统。调查的主要结果如下：

1. 由于采用 JIT，在 4 个关键领域的有关指标的降低情况

（1）供应商数目平均减少 67%；

（2）返工产品和残料平均减少了 44%；

（3）生产准备时间平均减少了 47%；

（4）存货平均减少了 46%。

2. 会计系统的类型

表 1-10-9 会计系统类型表

类型	实施 JIT 之前（%）	实施 JIT 之后（%）
分批成本核算法	70	30
分布成本核算法	20	60
混合成本核算法	10	10

3. 实施 JIT 后，成本会计系统的复杂性

（1）72.7% 的企业认为减少了；

（2）27.3% 的企业认为增加了。

4. 22 家实施 JIT 的企业中，有 8 家企业在实施 JIT 后采用了倒推成本法，从而取消了从原材料到在产品的会计核算

5. 实施 JIT 后业绩衡量的复杂性

（1）77.3% 认为减少了；

（2）22.7% 认为增加了。

案例所述，一些大的企业曾经因为大量的库存产品，造成企业资金周转困难，利润大幅下降。这对于制造业企业来说是十分致命的。所以他们必须选择有效的方法来遏制这样的恶性循环。中国在成本管理与控制方面，还不及一些发达国家，所以我认为我国还应多多借鉴国外的优秀管理经验，结合自身的实际情况，进行融合，成为企业自身的管理控制成本的特色。现在我国一些企业纷纷借鉴了 JIT 的思想，根据 JIT 的中心思想进行企业生产管理的调整，收获显著。对于这种思想大部分国内外企业也是

持有非常支持赞同的态度。中国的企业应该放眼世界，汲取各家所长，取其精华，去其糟粕，使我国的企业发展，特别在成本控制管理这一领域能有大幅的提升。

思考题：

1. 何谓"JIT"思想？

2. 国内企业引入先进成本控制思想时，应如何因地制宜地进行调整？

【案例五】 **成本分析案例**

北冰洋隔热公司制造家用隔热材料，它把废纸与纤维混合起来形成隔热材料，再进行包装和销售，最后铺进用户的阁楼里。公司通过两个途径获得废纸；一是以较低价格从公众那里购买（通过废纸传送装置或由个人直接送到装卸点）；二是从废纸经营商那里大批量购买。从公众购买要更便宜一些，但需要花费更多的人力和时间从客户停在装卸点的卡车、小汽车上小批量地卸下业并进行打包，而直接人工费相当高，在1979年的时候是一个工人一年19 000美元（每个小时9.50美元）。当时一个工人一个小时平均可打2.5个各重300磅（1磅≈0.45千克）的包。打包的过程相当费时，因为需要先将废纸按类别（过塑纸、新闻纸、精工纸）和按颜色（白色、彩色）进行筛选，还必须把所有的金属物（订书钉或金属扣）去掉，并切成标准大小。而且，打包之后还要通过打包机用铁丝捆扎，以便储存供将来使用。另一方面，从废纸经营商处购买的废纸则已经分类、清洁并切割成标准大小。这样购得的废纸价格更高，但可以少费人力和时间，因为工人只需从大卡车上把废纸卸下来并打包。当时一个工人一个小时平均可以处理16个各重300磅的外购包。废纸行业的价格非常多变，大工厂对废纸的供求变化通常会导致其价格大幅波动。每当废纸市场价格明显下降的时候，北冰洋公司就降低从公众收购的价格，相应减少从公众渠道的购入，转而增加从经营商处批量购买。并且北冰洋公司往往利用市场价格的波动，在价格下降时大量囤积至仓库，以待日后销售。1981年3月，北冰洋公司总裁正在复阅1980年度的财务报告，并将其与1979年财务报告进行对比。当他看到表1-10-10所示的报告的时候，他注意到单位加工成本和打包量正在上升。

表 1-10-10 **各收购打包仓库合并的成本汇总报告** 单位：美元

	1979 年		1980 年	
	总成本	每包成本	总成本	每包成本
自制包				
直接工人	4 128 000	3.84	3 041 280	3.84
仓库间接成本	2 765 760	2.57	2 493 850	3.15
分部间接成本	3 384 960	3.15	2 706 740	3.42
总计	10 278 720	9.56	8 241 870	10.41
1980 年比 1979 年增加				0.85

表1-10-10（续）

	1979 年		1980 年	
	总成本	每包成本	总成本	每包成本
外购包				
直接人工	168 000	0.60	514 800	0.60
仓库间接成本	112 560	0.40	422 140	0.49
分部间接成本	137 760	0.49	458 160	0.53
总计	418 320	1.49	1 395 100	1.62
1980 年比 1979 年增加				0.13

看到此种情况，总裁把分部经理和成本会计师找来开会。会前成本会计师提供了一份补充成本会计报告（见表 1-10-11）。分部经理经过仔细研究汇总成本报告和补充成本报告，对单位成本上升了的内容表示难以接受，最终他把他自己的成本计算汇总起来，表明单位仓库成本从 1979 年到 1980 年实际上是下降了（见表 1-10-12）。

表 1-10-11　　　　　　　　所有仓库汇总的补充成本报告

1979 年 12 月 31 日和 1980 年 12 月 31 日　　　　　　单位：美元

	1979 年	1980 年
直接人工费	4 296 000	3 556 080
仓库间接费		
间接人工费	1 875 000	2 019 000
维修工时费	101 000	97 000
维修材料费	36 000	43 000
耗材费	53 000	46 000
动力费	55 000	59 000
其他（含社会保险税）	758 320	651 990
合计	2 878 320	2 915 990
分部机关间接费摊销	3 522 720	3 164 900
总计	10 697 040	9 636 970
自制包加工	1 075 000（79.3%）	792 000（48%）
外购包加工	280 000（20.7%）	858 000（52%）
合计	1 355 000（100%）	1 650 000（100%）

表 1-10-12　　　　　　　　　　分部总经理所提出的仓库成本报告　　　　　　　单位：美元

	1979 年		1980 年	
	金额	每包成本	金额	每包成本
自制包				
直接人工费	4 128 000	3.84	3 041 280	3.84
仓库间接费	2 283 540	2.12	1 399 675	1.77
摊销分部间接费	2 794 780	2.60	1 519 150	1.92
合计	9 206 320	8.56	5 960 105	7.53
1980 年比 1979 年下降				1.03
外购包				
直接人工费	168 000	0.60	514 800	0.60
仓库间接费	594 780	2.12	1 516 315	1.77
摊销分部间接费	727 940	2.60	1 645 750	1.92
合计	1 490 720	5.32	3 676 865	4.29
1980 年比 1979 年下降				1.03

在 1980 年，外购包的自制包的比例发生了相当大的变化，由于批量废纸的价格直线下降，因此使用外购包的比例大大上升，自制包占全部加工包的比例从 78% 降到 48%。同时，加工的纸包总数上升了大约 22%。虽然 1980 年的总加工量上升了，但人工成本实际上却下降了，因为加工的自制包数量减少了。

收购打包仓库的成本主要有三类：一是仓库的直接人工（分拣和打包）费；二是直接记在仓库头上的间接费用；三是分部机关间接费用摊销。外购废纸的成本没有计在仓库头上，而是由分部汇总分解到铡切装袋厂的产品之上。成本会计部门根据各仓库加工两项产品（自制包和外购包）的直接人工费之间的比例，将本仓库直接发生的间接费用分解到两项产品之上，摊销比率是用仓库合计间接费用除以仓库合计直接人工费来确定。分部机关间接费用是根据直接人工费摊销到仓库的，摊销比率是以分部机关合计间接费用除以整个分部（包括 4 个铡切袋厂和 22 个收购打包仓库）的合计直接劳动费确定的。

仓库间接费用其中最大的项目是间接人工费，包括 22 个工头的薪水（每个工头负责一个仓库，1979 年的人均薪水是 22 400 美元）和叉车驾驶员的工钱。叉车驾驶员将打包纸从打包机运到存放地点，并协助打包操作，在打包机的捆扎铁丝用完的时候给绕线框装上铁丝。在 1979 年，每个驾驶员每小时平均处理 7.5 个包，年工资是 15 000 美元（每小时 7.5 美元）。仓库间接费用还包括维修、耗材、动力、6% 的社会保险税（FICA）、折旧、保险和办公支出；分部机关间接费包括整个分部的杂务费、建筑维修工时费和材料费、生产管理人员工资及其他与购买、会计、管理相关的总成本。

在会议上，成本会计师告诉总裁，1980 年的仓库间接值与直接人工费的比率从

67%上升到82%，而每包废纸的单位成本之所以上升，很大程度上应该归因于这一点；还有一个因素，就是1980年的员工薪资比1979年上涨了6%。

分部经理则说，他很难相信单位成本是在上升，因为实际上总成本正在下降，而总产量正在增加。他认为问题出在间接费用的摊销方式上。按照目前以直接人工费为基础的摊销方式，自制包摊销的间接费用份额超过了合理的比例。他认为要正确计算单位成本，间接费用应按纸包的包数来摊销，而不应当按直接人工费的比例来摊销。的确外购包现在较多，但人工费少，同时自制包相对数量下降，但是好用的人工费却并没有对应下降。所以采用按直接人工费来分配非常不合理。

每个自制包和外购包的单位成本被用来确定最终产品——隔热袋的标准成本，但是标准成本很少使用，因为这一行业的成本变化实在太快了。公司只是将标准成本作为一个大致参照，以度量所销售的最终产品的盈利性。至于产品定价，一般是由竞争决定，不过在生产重点上也有一定的灵活性，特别是长期来看，当市场对纸张的隔热材料的需求高涨的时候，分部就满负荷运转。

思考题：

1. 案例公司的单位产品成本实际上到底是上升还是下降？解释其原因。

2. 各项费用分配标准的选择是否恰当？

【案例六】　　　　　　　　　成本决策与成本分析

本案例唯一家瞄准"中等市场"的小型自行车生产商审视一次推行"自定标签"合同生产的机会。对此问题的分析要求将财务、营销、战略等方面的考核结合起来。

1983年3月的一天，鲍得温自行车公司营销副总裁苏珊·莱斯特正在琢磨她前一天为与高值百货公司采购员卡尔·特诺的一场讨论。高值公司在西北部经营一系列打折百货商场，其销售量已增长到如此水平，已至公司已开始在若干百货商场的产品系列中增加"自定品牌"（也称"自定标签"）的商品。特诺先生是高值公司运动商品采购员，他找到莱斯特女士，谈论了请鲍得温公司为高值公司生产自行车的可能性。自行车的名称定为"挑战者"，高值公司计划在其所有的"自定品牌"运动商品上使用这一名称。

鲍得温公司生产自行车已有40年历史，在1983年，公司的产品系列包括10种型号，从初学者使用的带练习轮的小型车，到成年人使用的12速高级车，当时的年销售额约为1 000万美元。公司的财务报表见表1-10-13。公司的大部分销售都是通过独立拥有的零售店（玩具店、五金店、运动商品店）和自行车专卖店进行的，以前还从来没有通过任何类型的连锁百货商场进行过销售。莱斯特女士清楚，鲍得温公司的自行车享有质量和价格均高于平均水平的形象。但也不属于"高端系列"。

高值百货公司向鲍得温公司提出的建议中有些方面是与鲍得温公司惯常的为商之道大不相同的。

第一，高值公司非常重视能否随时得到大批量的存货，因为高值公司过去对每个商场，每个月自行车销量的预测遇到过很大困难，因此它希望能够在它的地区仓库保有存货，但同时又不希望自行车的所有权从鲍得温公司转给高值公司，除非该自行车已经从一个地区仓库运送到高值公司的具体某一个商场，这时候高值公司才认为该自行车已由高值公司从鲍得温公司购得，并同意30日内付款。不过，高值公司也同意将已在其地区仓库中存放4个月以上的自行车作为公司已购买产品，同样在30日内付款。特诺先生做过估算，一般情况下一辆自行车只会在高值公司的仓库中存放2个月。

第二，高值公司希望"挑战者"牌自行车销售价低于按原品牌销售的自行车，同时希望在每辆车上赚取同样的毛利润——其理由是，"挑战者"牌自行车会分走品牌自行车的销售份额，因此，高值公司希望从鲍得温公司购买的自行车价格，要比鲍得温公司通过常规渠道销售的同类自行车的批发价低。

第三，高值公司希望"挑战者"牌自行车在外观上应当与鲍得温公司的其他自行车有所区别，车架和机械部件可以与鲍得温公司目前的车型相同，但脚踏、坐垫、把手须有所区别，而且车胎的侧面还须印上"挑战者"的名称。莱斯特女士估计，这些要求将增加鲍得温公司的采购、库存和生产成本，比增加同样数量的鲍得温公司常规产品所导致的增加成本要更高。

从积极的方面讲，莱斯特女士深切地认识到，"自行车繁荣"已经消散，再加之经济萧条，鲍得温公司的销售量在过去的两年时间里已经走入颓势，结果，公司目前开工量只达到每天单班生产能力的75%。因此，因高值公司购买而增加的销量应该是非常有吸引力的。如果双方在价格上能够达成一致，高值公司将签订一份合同，向鲍得温公司保证3年内将只从该公司购买其自定品牌的自行车，3年后除非一方至少提前3个月向对方提出不再续签，否则该合同将年复一年自动续签。

莱斯特女士意识到，她需要对这一提议先做一些基础性分析，然后才与高值公司做进一步讨论。她于是在一个便签本上写下已经收集到的供初步分析用的信息，这些信息与高值公司的提议有关。

表 1-10-13　　　　　　　　　**鲍得温自行车公司资产负债表**

1982 年 12 月 31 日　　　　　　　　　　　　单位：千美元

资产		负债及所有者权益	
现金	342	应收账款	512
应收账款	1 359	应计支出	340
存货	2 756	短期银行借款	2 626
工厂及设备（净值）	3 635	长期应付票据	1 512
		负债合计	4 990
		所有者权益	3 102
合计	8 092		8 092

表 1-10-14　　　　　　　　　　　　**损益表**

1982 年 1 月 1 日—1982 年 12 月 31 日　　　　　　单位：千美元

销售收入	10 872
销货成本	8 045
毛利润	2 827

表1-10-14(续)

销售及管理费用	2 354
税前利润	473
所得税支出	218
纯收益	255

成本分析过程如下：

（1）生产"挑战者"牌自行车的第一年成本估算（单位平均成本，假定各种型号的构成比例不变）。

表 1-10-15　　　　　　　　　　　第一年成本估算　　　　　　　　　　　单位：美元

材料	39.80*
人工费	19.60
间接费（按人工费的 1.25 倍计算）	24.50**
	83.90

*包括为高值公司提供的专门型号所需而我公司标准型号所不需的材料；

**按照会计师的说法，总生产间接费的40%是可变的；人工费1.25倍的比例是按每年生产100 000辆自行车计算的。

（2）因使用与我公司标准型号不同的脚踏、坐垫、把手、轮胎及运输箱需要设计制图和安排货源而产生的一次性增加成本：大约5 000美元。

（3）单位价格和年生产量：高值公司估计每年将需要自行车25 000辆，提出第一年按每辆自行车平均92.29美元（按假定的型号比例计）给我公司付款。缔约时争取包含一项通货膨胀加价条款，以便使价格能够根据通货膨胀导致的第1项所列成本上涨情况而相应上涨，因此，单价92.29美元和成本83.09美元实际上是"固定金额"数。诺特私下里曾对我说，他所提出的初期每辆92.29美元的价格即便说还有什么可谈判之处，那回旋余地也非常有限。

（4）资料相关成本（年可变成本，按金额值占资产值的百分比计算）。

表1-10-16　　　　　　　　　　　年可变成本　　　　　　　　　　　单位：%

税前资金成本（应收账款或存货融资）	18.0
记账成本（应收账款或存货）	1.0
存货保险	0.3
存货的财产税	0.7
存货处理的人工和设备费	3.0
盗窃、报废、破坏	0.5

（5）"挑战者"牌自行车相关的增加存货假定（年平均）。

材料：2个月供应量。

半成品：1 000辆半装自行车（各项材料都已发出）。

制成品：500辆自行车（等待下一运货车批量运送至高值公司）。

（6）对公司正常销售的影响。

一些顾客会进行比较购买，其中很多人可能会把"挑战者"自行车与类似的自行车（无论是该公司的还是竞争对手公司的）进行比较，进而认为"挑战者"牌是货有所值的好买卖。在1982年，公司销售自行车98 791辆，乐观地估计，如果我们放弃高值公司的这笔买卖，今后3年的年销售量将达到100 000辆，而如果接受高值公司的买卖，则估计我们自身的正常销售量每年将减少3 000辆，因为自身的零售配送工作在高值公司的市场区域相当有力。此外，上述估算还包括如果为高值公司生产自行车，现有一些经销商可能会退出此系列这一因素。

思考题：

1. 如果你是鲍得温公司的管理者，高值百货公司向鲍得温公司提出的建议，你认为哪些是可以接受的？

2. 通过观察案例公司的成本分析过程，你认为应否接受高值公司的订单？请作出成本决策。

二、作业与练习题

（一）单项选择题

1. 可比产品成本降低额与降低率之间的关系是（   ）。

    A. 成反比   B. 成正比

    C. 同方向变动   D. 无直接关系

2. 企业成本报表（   ）。

    A. 是对外报送的报表

    B. 是对内编报的报表

    C. 有关部门规定哪些指标对外公布，哪些指标不对外公布

    D. 根据债权人和投资人的要求，确定哪些指标对外公布，哪些指标不对外公布

3. 经济技术指标变动对产品成本的影响主要表现在对（   ）指标的影响。

    A. 产品总成本   B. 产品单位成本

    C. 产品产量   D. 产品总成本和产品产量

4. 主要产品单位成本的计划完成情况分析，通常首先采用（   ）进行分析。

    A. 对比分析法   B. 趋势分析法

    C. 比率分析法   D. 连环替代法

5. 企业成本报表的种类、项目、格式和编制方法（   ）。

    A. 由国家统一规定   B. 由企业自行制定

C. 由企业主管部门统一规定　　　　D. 由企业主管部门与企业共同制定

6. 采用连环替代法，可以揭示（　　）。

A. 产生差异的因素

B. 实际数与计划数之间的差异

C. 产生差异的因素和各因素的影响程度

D. 产生差异的因素和各因素的变动原因

7. 可比产品是指（　　）。

A. 企业过去曾经正式生产过，有完整的成本资料可以进行比较的产品

B. 企业过去曾经生产过的产品

C. 有完整的定额成本资料可以进行比较的产品

D. 在行业中正式生产过，有完整的成本资料可以进行比较的产品

8. 下列关于主要产品单位成本表的说法，错误的是（　　）。

A. 主要产品单位成本表是反映企业在报告期内生产的各种主要产品单位成本构成情况的报表

B. 主要产品单位成本表应按主要产品分别编制

C. 主要产品单位成本表是对产品生产成本表的补充说明

D. 主要产品单位成本表是反映企业在报告期内全部产品单位成本构成情况的报表

9. 生产单一品种情况下，影响可比产品成本降低额变动的因素仅是下列的（　　）。

A. 产品产量

B. 产品单位成本

C. 产品产量和产品单位成本

D. 产品产量、单位成本和品种结构

10. （　　）是进行成本分析的主要依据。

A. 成本制度　　　　B. 成本预测

C. 成本报表　　　　D. 企业会计准则

（二）多项选择题

1. 工业企业成本报表一般包括（　　）。

A. 产品生产成本表　　　　B. 主要产品单位成本表

C. 制造费用明细表　　　　D. 各种期间费用明细表

2. 主要产品单位成本表反映的单位成本包括（　　）。

A. 本月实际　　　　B. 历史先进水平

C. 本年计划　　　　D. 上年实际平均

3. 生产多品种情况下，影响可比产品成本降低额变动的因素有（　　）。

A. 产品产量　　　　B. 产品单位成本

C. 产品价格　　　　D. 产品品种结构

4. 期间费用明细表，一般按照期间费用项目分别反映费用项目的（　　）。

　　A. 计划数　　　　　　　　　　B. 上年同期实际数

　　C. 本月实际数　　　　　　　　D. 本年累计实际数

5. 下列财务指标中，属于相关比率指标的有（　　）。

　　A. 产值成本率　　　　　　　　B. 销售收入成本率

　　C. 成本利润率　　　　　　　　D. 制造费用构成比率

6. 连环替代的顺序性表现在（　　）。

　　A. 先替代数量指标，后替代质量指标

　　B. 先替换基本因素，后替换从属因素

　　C. 先替换实物量指标，后替换价值量指标

　　D. 先替代质量指标，后替代数量指标

7. 成本报表分析的主要内容包括（　　）。

　　A. 成本计划完成情况分析　　　B. 主要产品单位生产成本分析

　　C. 费用预算执行情况的分析　　D. 成本效益分析

8. 下列费用项目中，属于生产性费用的有（　　）。

　　A. 生产车间的折旧费、修理费　B. 劳动保护费

　　C. 生产车间的机物料消耗　　　D. 职工教育经费

9. 技术经济指标变动对产品单位成本影响的分析，主要包括（　　）。

　　A. 产量变动对单位成本的影响

　　B. 废品率变动对单位成本的影响

　　C. 原材料利用率变动对单位成本影响

　　D. 劳动生产率和工资水平变动对产品单位成本的影响

10. 主要产品单位生产成本表中反映的内容主要包括（　　）。

　　A. 产品产量　　　　　　　　　B. 产品单位生产成本

　　C. 主要技术经济指标　　　　　D. 产品的销售价格

（三）判断题

1. 在商品成本表中，可比产品成本降低额和降低率，是可比产品的实际成本与计划成本相比的降低额和降低率。　　　　　　　　　　　　　　　（　　）

2. 在生产多种可比产品的情况下，影响可比产品成本降低任务的原因有三个，即产品产量变动的影响，产品品种结构变动的影响和单位成本变动的影响。（　　）

3. 主要产品单位成本表中，本年累计实际平均单位成本应根据该种产品成本明细账所记年初至报告期末止完工入库总成本除以本年累计实际产量计算填列。（　　）

4. 主要产品单位成本表的单位成本只列示上年实际平均、本年计划、本月实际和本年累计实际平均单位成本。　　　　　　　　　　　　　　　　　　（　　）

5. 制造费用明细表所列的制造费用，是工业企业所有车间的制造费用。（　　）

（四）简答题

1. 成本报表的作用是什么？

2. 成本报表的编制要求是什么？

3. 什么是成本分析？

4. 成本分析的方法有哪些？

（五）名词解释

1. 成本报表　　　　　　　　2. 全部产品生产成本表

3. 可比产品成本降低额　　　4. 可比产品成本降低率

5. 主要产品单位成本表　　　6. 比较分析法

7. 比率分析法　　　　　　　8. 相关指标比率分析

9. 构成比率分析　　　　　　10. 动态比率分析

11. 连环替代法　　　　　　　12. 差额计算法

13. 成本报表分析　　　　　　14. 产值成本率

15. 主营业务成本费用率　　　16. 成本费用利润率

17. 技术经济指标　　　　　　18. 期中成本预报

（六）计算题

1. 某企业甲产品单位成本表如表1-10-17：

表1-10-17　　　　　　　　主要产品单位成本表　　　　　　　　单位：元

成本项目	上年实际平均	本年计划	本期实际
原材料	1 230	1 240	1 242
工资及福利费	110	100	105
制造费用	90	92	95
合计	1 430	1 432	1 442
主要技术经济指标			
原材料消耗量（千克）	41	40	40
原材料单价	30	31	31.05

要求：（1）分析计算甲产品单位成本变动情况；

（2）分析计算原材料费用计划执行情况、影响因素和各因素变动的影响程度。

2. 本月甲产品所耗原材料费用：计划1 500元，实际1 512元。单位产品原材料消耗量：计划30千克，实际36千克。原材料单价：计划50元，实际42元。

要求：分别采用差额计算分析法和连环替换分析法，计算分析原材料消耗量和材料单价变动对原材料费用的影响。

3. 练习主要产品单位成本的分析

【资料】海东企业生产甲产品，有关资料如表1-10-18、表1-10-19、表1-10-20。

表 1-10-18　　　　　　　　　　　主要产品单位成本表　　　　　　　　　　单位：元

成本项目	上年实际平均	本年计划	本年实际
原材料	1 862	1 890	2 047
工资及福利费	150	168	164
制造费用	248	212	209
合计	2 260	2 270	2 420

表 1-10-19　　　　　　　　　单位甲产品耗用原材料的资料表

项　　目	上年实际平均	本年计划	本期实际
原材料消耗量（千克）	950	900	890
原材料单价（元）	1.96	2.10	2.30

【要求】1. 根据上述资料，分析甲产品单位生产成本的计划完成情况；2. 分析影响原材料费用变动的因素和各因素对材料费用变动的影响程度；3. 练习可比产品成本降低率计划完成情况分析。

【资料】海东企业生产甲、乙产品两种可比产品成本资料如下：

（1）可比产品成本计划降低率为 7%。

（2）可比产品生产成本资料见表 1-10-20。

表 1-10-20　　　　　　　　　　　可比产品成本资料表　　　　　　　　　　单位：元

可比产品	产量（件）		单位成本		
	计划	实际	上年实际平均	本年计划	本年实际
甲	15	25	200	185	175
乙	20	18	100	95	97.5
合计	—	—	—	—	—

【要求】计算可比产品成本降低率计划完成情况，分析其升降原因。

第二部分
实　　训

实训一　品种法技能训练

一、目的

练习品种法的应用。

二、资料

宏大食品机械厂是一家中型的大量生产杀菌锅和夹层锅的企业。该厂设有三个基本生产车间，基本生产车间按其铸锻车间、机加工车间、装配车间（将机加工车间生产的各种零部件以及外购件组装成杀菌锅和夹层锅）。该企业产品的生产工艺流程是：首先由铸锻车间根据生产计划生产各种毛坯件（生产铸铁件、铸铜件、锻钢件），经验收合格后送交机加工车间；机加工车间用各种毛坯件，加工成各种零部件，经验收合格后直接送交装配车间，装配车间将机加工车间生产的各种零部件以及外购件组装成杀菌锅和夹层锅，经验收合格后送交产成品仓库，各步骤半成品没有独立的经济意义。另设有供汽和机修两个辅助生产车间和其他职能科室及服务部门。

该企业材料日常收发核算采用实际成本计价；固定资产采用直线法计提折旧；低值易耗品采用一次摊销法；辅助生产车间在核算上不单设"制造费用"科目，为提供劳务发生的各项间接费用记入"辅助生产成本"科目。

根据该企业生产的特点和管理的要求，其产品成本计算采用品种法。

2008 年 12 月有关成本计算资料如下：

1. 月初在产品成本

月初在产品成本资料见表 2-1-1。

表 2-1-1　　　　　　　　　　　　　　　　　　　　　　　　　　　　　　单位：元

摘要	直接材料	直接人工	制造费用	合计
夹层锅月初在产品成本	5 850	1 300	2 100	9 250
杀菌锅月初在产品成本	78 500	5 600	6 450	90 550

2. 本月产量

本月产量资料见表 2-1-2。

表 2-1-2　　　　　　　　　　　产品生产情况表

项目	计量单位	杀菌锅	夹层锅
月初在产品	件	15	12
本月投入	件	200	300
本月完工	件	190	290
月末在产品	件	25	22

3. 本月份发生的有关费用

（1）根据领用单汇总编制"发出材料汇总表"，月末根据"发出材料汇总表"编制"材料费用分配表"。

表 2-1-3　　　　　　　　　　　　领料单

领料部门：铸锻车间　　　　　　　　2008 年 12 月 1 日　　　　　　　　编号：12-1

材料		单位	数量		单位成本	金额	备注
类别	名称		请领	实发			
原材料	生铁	吨	21	21	1 000	21 000	
用途			铸铁件				

仓库负责人：王丽　　　　　　　　　发料：张杰　　　　　　　　　领料：李林

表 2-1-4　　　　　　　　　　　　领料单

领料部门：铸锻车间　　　　　　　　2008 年 12 月 1 日　　　　　　　　编号：12-2

材料		单位	数量		单位成本	金额	备注
类别	名称		请领	实发			
原材料	黄铜	吨	15	15	7 000	105 000	
用途			铸铜件				

仓库负责人：王丽　　　　　　　　　发料：张杰　　　　　　　　　领料：陈东

表 2-1-5　　　　　　　　　　　　领料单

领料部门：铸锻车间　　　　　　　　2008 年 12 月 1 日　　　　　　　　编号：12-3

材料		单位	数量		单位成本	金额	备注
类别	名称		请领	实发			
原材料	锻钢	吨	25	25	4 000	100 000	
用途			锻钢件				

仓库负责人：王丽　　　　　　　　　发料：张杰　　　　　　　　　领料：刘明

表 2-1-6　　　　　　　　　　　　领料单

领料部门：机加工车间　　　　　　　2008 年 12 月 1 日　　　　　　　　编号：12-4

材料		单位	数量		单位成本	金额	备注
类别	名称		请领	实发			
原材料	轨钢	吨	2	2	5 200	10 400	
用途			杀菌锅				

仓库负责人：王丽　　　　　　　　　发料：张杰　　　　　　　　　领料：李新

表 2-1-7　　　　　　　　　　　　　领料单

领料部门：铸锻车间　　　　　　2008 年 12 月 1 日　　　　　　编号：12-5

材料		单位	数量		单位成本	金额	备注
类别	名称		请领	实发			
原材料	焦炭	吨	25	25	650	16 250	
用途		铸造件					

仓库负责人：王永福　　　　　　发料：张立　　　　　　领料：刘明

第二联　记账联

表 2-1-8　　　　　　　　　　　　　领料单

领料部门：供汽车间　　　　　　2008 年 12 月 1 日　　　　　　编号：12-6

材料		单位	数量		单位成本	金额	备注
类别	名称		请领	实发			
原材料	原煤	吨	100	100	600	60 000	
用途		供汽					

仓库负责人：王永福　　　　　　发料：张立　　　　　　领料：许文涛

第二联　记账联

表 2-1-9　　　　　　　　　　　　　领料单

领料部门：机加工车间　　　　　　2008 年 12 月 8 日　　　　　　编号：12-7

材料		单位	数量		单位成本	金额	备注
类别	名称		请领	实发			
原材料	轨钢	吨	14	14	5 200	72 800	
用途		夹层锅					

仓库负责人：王丽　　　　　　发料：张杰　　　　　　领料：李新

第二联　记账联

表 2-1-10　　　　　　　　　　　　　领料单

领料部门：机加工车间　　　　　　2008 年 12 月 8 日　　　　　　编号：12-8

材料		单位	数量		单位成本	金额	备注
类别	名称		请领	实发			
原材料	润滑油	千克	100	100	6	600	
用途		机器设备维护					

仓库负责人：马晓　　　　　　发料：张士林　　　　　　领料：李新

第二联　记账联

表 2-1-11　　　　　　　　　　　　　　　领料单

领料部门：机修车间　　　　　　　　2008 年 12 月 8 日　　　　　　　　编号：12-9

材料		单位	数量		单位成本	金额	备注
类别	名称		请领	实发			
原材料	润滑油	千克	200	200	6	1 200	
用途			机器设备维修				

第二联　记账联

仓库负责人：马晓　　　　　　　发料：张士林　　　　　　　领料：孙杰

表 2-1-12　　　　　　　　　　　　　　　领料单

领料部门：机修车间　　　　　　　　2008 年 12 月 8 日　　　　　　　　编号：12-10

材料		单位	数量		单位成本	金额	备注
类别	名称		请领	实发			
原材料	汽油	升	700	700	4	2 800	
用途			机器设备维修				

第二联　记账联

仓库负责人：马晓　　　　　　　发料：张士林　　　　　　　领料：孙杰

表 2-1-13　　　　　　　　　　　　　　　领料单

领料部门：供汽车间　　　　　　　　2008 年 12 月 21 日　　　　　　　　编号：12-11

材料		单位	数量		单位成本	金额	备注
类别	名称		请领	实发			
原材料	原煤	吨	200	200	600	120 000	
用途			供汽				

第二联　记账联

仓库负责人：王永福　　　　　　　发料：张立　　　　　　　领料：许文涛

表 2-1-14　　　　　　　　　　　　　　　领料单

领料部门：铸锻车间　　　　　　　　2008 年 12 月 21 日　　　　　　　　编号：12-12

材料		单位	数量		单位成本	金额	备注
类别	名称		请领	实发			
原材料	生铁	吨	20	20	1 000	20 000	
用途			铸铁件				

第二联　记账联

仓库负责人：王丽　　　　　　　发料：张杰　　　　　　　领料：李林

表 2-1-15　　　　　　　　　　　　　领料单

领料部门：铸锻车间　　　　　　2008 年 12 月 21 日　　　　　　　编号：12-13

材料		单位	数量		单位成本	金额	备注
类别	名称		请领	实发			
原材料	黄铜	吨	5	5	7 000	35 000	
用途		铸铜件					

仓库负责人：王丽　　　　　　　发料：张杰　　　　　　　　　领料：陈东

第二联　记账联

表 2-1-16　　　　　　　　　　　　　领料单

领料部门：铸锻车间　　　　　　2008 年 12 月 21 日　　　　　　　编号：12-14

材料		单位	数量		单位成本	金额	备注
类别	名称		请领	实发			
原材料	锻钢	吨	40	40	4 000	160 000	
用途		锻钢件					

仓库负责人：王丽　　　　　　　发料：张杰　　　　　　　　　领料：刘明

第二联　记账联

表 2-1-17　　　　　　　　　　　　　领料单

领料部门：厂办　　　　　　　　2008 年 12 月 24 日　　　　　　　编号：12-15

材料		单位	数量		单位成本	金额	备注
类别	名称		请领	实发			
周转材料	办公桌	张	8	8	500	4 000	
用途		铸铁件					

仓库负责人：张红　　　　　　　发料：张红　　　　　　　　　领料：李扬

第二联　记账联

表 2-1-18　　　　　　　　　　　　　领料单

领料部门：厂办　　　　　　　　2008 年 12 月 24 日　　　　　　　编号：12-16

材料		单位	数量		单位成本	金额	备注
类别	名称		请领	实发			
周转材料	办公椅	张	8	8	200	1 600	
用途		办公椅更新					

仓库负责人：张红　　　　　　　发料：张张　　　　　　　　　领料：李扬

第二联　记账联

表 2-1-19 　　　　　　　　　　　　　领料单

领料部门：装配车间　　　　　　　2008 年 12 月 26 日　　　　　　　编号：12-17

材料		单位	数量		单位成本	金额	备注
类别	名称		请领	实发			
原材料	油漆	千克	30	30	50	1 500	
用途		铸铜件					

第二联　记账联

仓库负责人：王丽　　　　　　　发料：张杰　　　　　　　领料：林华

表 2-1-20 　　　　　　　　　　　　　领料单

领料部门：材料仓库　　　　　　　2008 年 12 月 28 日　　　　　　　编号：12-18

材料		单位	数量		单位成本	金额	备注
类别	名称		请领	实发			
周转材料	磅秤	台	2	2	800	1 600	
用途		磅秤更新					

第二联　记账联

仓库负责人：张红　　　　　　　发料：张红　　　　　　　领料：赵立华

表 2-1-21 　　　　　　　　　　　材料费用分配表

年　　月

产品名称	产量	分配标准		分配率	分配额
		单位重量	总重量		
合计					

表 2-1-22 　　　　　　　　　　　材料费用分配表

年　　月

产品名称	产量	分配标准		分配率	分配额
		单位定额	定额耗用		
合计					

　　注：铸锻车间按产品重量分配，本月投产量：铸铁件 10 000 件、铸铜件 20 000 件、锻钢件 13 000 件；单件重量：铸铁件 2.1 千克、铸铜件 0.8 千克、锻钢件 2 千克，装配车间领用按杀菌锅、夹层锅油漆定额费用量分配。杀菌锅 200 个，单位油漆消耗定额 5 元；夹层锅 300 个，单位油漆消耗定额 2 元。

（2）外购动力费用的分配（按实际生产工时比例分配）。

表 2-1-23　　　　　　　　　　生产工时统计汇总表

2008 年 12 月　　　　　　　　　　单位：元

产品名称 ＼ 车间类别	铸锻车间	加工车间	装配车间
铸铁件	700		
铸铜件	1 300		
锻钢件	1 750		
杀菌锅		3 200	
夹层锅		810	
杀菌锅			4 000
夹层锅			790
小计	3 750	4 010	4 790

表 2-1-24

中国工商银行转账支票存根

Ⅵ 1102249788

科　　目

对方科目

出票日期 2008 年 12 月 20 日

收款人：蓬莱供电公司
金额：￥74 018.30
用途：电费

单位主管　　　会计

表 2-1-25

山东增值税专用发票
发票联

开票日期：2008 年 12 月 20 日

购货单位	名称：宏大食品机械厂 纳税人识别号：1331076813536 地址、电话：烟台市解放路 26 号 6230355 开户行及账号：工行 156567536				密码区	6＊06-<6-4150-7>5+8 加密版本：01 81-294+96364/6+/-<6+81-664>310 +/-28><6<523700081140< 7028/-41469/79/6>>05　02175944		

货物或应税劳务名称	规格型号	单位	数量	单价	金额	税率	税额
电	照明	千瓦时	5 570	0.55	3 065.50	17%	520.80
电	生产	千瓦时	86 000	0.7	60 200.00	17%	10 234.00
合计					￥63 263.50		￥10 754.80

价税合计（大写）	⊗柒万肆仟零壹拾捌元叁角整	（小写）￥74 018.30

销货单位	名称：蓬莱供电公司 纳税人识别号：1301178812568 地址、电话：蓬莱市长江路 18 号 5760368 开户行及账号：工行蓬莱之行 760186588	备注

收款人　　　　　复核　　　　　开票人：魏强　　　　　销售单位：（盖章）

表 2-1-26　　　　　　外购电费分配表
年　月

应借科目 \ 项目		动力用电		照明用电	
		耗用量	分配额	耗用量	分配额
生产耗用	铸锻车间	21 320			
	加工车间	21 120			
	装配车间	22 032			
	小计	64 472			
	机修车间	10 527			
	供汽车间	11 001			
	小计	21 528			
一般耗用	铸锻车间			350	
	加工车间			360	
	装配车间			360	
	机修车间			360	
	供汽车间			340	
	小计			1 770	
厂部管理部门				3 800	
合计		86 000		5 570	

表 2-1-27　　　　　　　　　　生产车间动力费用分配表

年　月　　　　　　　　　　　　　　单位：元

车间、产品		实际生产工时	分配率	分配额
铸锻车间				
	小计			
加工车间				
	小计			
装配车间				
	小计			

（3）分配职工薪酬（按实际生产工时比例分配）。

表 2-1-28　　　　　　　　　　工资结算汇总表

2008 年 12 月　　　　　　　　　　　　　单位：元

部门名称	人员类别	月标准工资	浮动工资	物价补贴	中夜班津贴	岗位工资	病假	事假	应付工资	社会保险	住房公积金	个人所得税	实发工资
机修车间	生产工人	84 000	16 000	4 000	16 000	4 000	400	100	123 500	20 995	7 890	3 950	90 665
	管理人员	12 000	2 500	700	2 000	700	160	100	17 640	2 998.8	980	714	12 947.2
供水车间	生产工人	52 500	10 000	2 500	10 000	2 500	150	50	77 300	13 141	4 870	2 480	56 809
	管理人员	12 000	2 500	700	2 000	700	100	50	17 750	3 017.5	950	725	13 057.5
铸造车间	生产工人	84 000	16 000	4 000	16 000	4 000	350	50	123 600	21 012	7 730	3 960	90 898
	管理人员	18 000	3 750	1 050	3 200	1 050	0	50	27 000	4 590	1 410	1 125	19 875
加工车间	生产工人	126 000	24 000	6 000	24 000	6 000	500	0	185 500	31 535	11 105	5 950	136 910
	管理人员	24 000	5 000	1 400	4 000	1 400	50	0	35 750	60 775	1 890	1 475	26 307.5
装配车间	生产工人	126 000	24 000	6 000	24 000	6 000	150	100	185 750	31 577.5	11 099	5 975	137 098.5
	管理人员	24 000	5 000	1 400	4 000	1 400	100	150	35 550	6 043.5	1 910	1 455	26 141.5
企业管理人员		180 000	5 000	10 000	10 000	10 000	400	100	215 500	36 635	10 210	11 050	157 605
营销人员		42 500	6 500	2 000	5 000	2 000	50	0	58 050	98 685	2 500	3 180	42 501.5
厂工会人员		5 000	900	150	0	150	50	50	6 100	1 037	479	105	4 479
合计									1 108 990	188 528.3	63 023	42 144	815 294.7

表 2-1-29

社会保险及住房公积金结算汇总表

年　月　　　　　　　　　　　　单位：元

生产部门		社会保险	住房公积金	合计
基本车间	生产工人			
	管理人员			
供水车间				
管理部门				
合计				

说明：

①社会保险和住房公积金单位负担比例如下：住房公积金 6%、养老保险 20%、医疗保险 7%、失业保险 2%、生育保险 1%、工伤保险 1.1%。

②该企业工会经费和职工教育经费按工资总额的 2% 和 1.5% 计提。

表 2-1-30

职工薪酬分配表

年　月　　　　　　　　　　　　单位：元

应借科目		职工薪酬			工会经费（2%）	职工教育经费（1.5%）	合计
		生产工时	分配率	分配金额			
基本生产成本	杀菌锅						
	夹层锅						
	小计						
制造费用	基本车间						
辅助生产成本	供气车间						
	机修车间						
管理部门							
合计							

制表：　　　　　　　　　　　　　　复核：

（4）计提固定资产折旧。

表 2-1-31

固定资产折旧费用计算表

2008 年 12 月　　　　　　　　　　金额单位：元

资产类别	月折旧率（%）	上月计提的折旧		上月增加额		上月减少额		本月应计提折旧额	
		原值	折旧额	原值	折旧额	原值	折旧额	原值	折旧额
房屋建筑物	0.2	900 000	1 800	−120 000	—	—	—	900 000	1 800
机器设备	0.7	700 000	4 900	70 000	840	20 000	140	800 000	5 600
专用设备	0.8	400 000	3 200		560	—	—	470 000	3 760
管理设备	0.9	200 000	1 800		—	50 000	450	150 000	1 350
合计	—	2 200 000	11 700	190 000	1 400	70 000	590	2 320 000	12 510

表 2-1-32　　　　　　　　固定资产折旧费用分配表

年　月　　　　　　　　　　　　　　　　金额单位：元

应贷科目 ＼ 应借科目	制造费用 基本生产车间	辅助生产成本 供气车间	机修车间	管理费用	合计
累计折旧					

（5）分配辅助生产费用。

各辅助车间提供的劳务量（注：机修车间提供的都属于费用化的修理服务；基本车间属于一般耗用蒸汽）以及分配表如下：

表 2-1-33　　　　　　　　劳务供应通知单

2008 年 12 月

辅助车间	计量单位	受益对象耗用劳务量 机修车间	供汽车间	铸造车间	加工车间	装配车间	厂部	合计
机修车间	小时		200	2 000	5 000	10 000	500	17 700
供汽车间	立方	90		400	700	900	600	2 690

表 2-1-34　　　　　　辅助生产费用分配表（直接分配法）

年　月

辅助车间	待分配费用	劳务量	分配率	铸造车间 劳务量	金额	加工车间 劳务量	金额	装配车间 劳务量	金额	厂部 劳务量	金额
机修车间											
供汽车间											

（6）制造费用的分配（按生产工时比例分配法分配）。

表 2-1-35　　　　　　　　制造费用分配表

年　月

车间名称：基本生产车间

单位：元

应借科目		生产工时	分配率	分配金额
基本生产成本	杀菌锅			
	夹层锅			
合计				

（7）本月发生的其他费用。

表 2-1-36

其他费用汇总表

2008 年 12 月

单位：元

分配对象	办公费	设计制图费	差旅费	劳动保护费	市内交通费	其他支出	合计
基本生产车间	2 580	5 000	2 400	4 500	215	2 125	16 820
供水车间	1 000			1 850	115	600	3 565
管理部门	6 728		6 508		2 562	1 200	16 998
合 计	10 308	5 000	8 908	6 350	2 892	3 925	37 383

注：上述费用均以银行存款支付。

（8）生产费用在完工产品与在产品之间的分配（注：两种产品均采用约当产量法分配，原材料在生产开始时一次投入，在产品平均完工程度均为 50%）。

表 2-1-37

产品成本计算单

年　月

产品名称：夹层锅　　　　　产成品：　**件**　　　　　　　　在产品：　**件**

摘要	直接材料	直接人工	制造费用	合计
月初在产品成本				
本月发生生产费用				
生产费用合计				
完工产量				
在产品约当产量				
分配率				
完工产品总成本				
月末在产品成本				

表 2-1-38

产品成本计算单

年　月

产品名称：杀菌锅　　　　　产成品：　**件**　　　　　　　　在产品：　**件**

摘要	直接材料	直接人工	制造费用	合计
月初在产品成本				
本月发生生产费用				
生产费用合计				
完工产量				
在产品约当产量				
分配率				

表2-1-38(续)

摘要	直接材料	直接人工	制造费用	合计
完工产品总成本				
月末在产品成本				

表 2-1-39

完工产品成本汇总表

年 月

单位：元

成本项目	夹层锅（件）		杀菌锅（件）	
	总成本	单位成本	总成本	单位成本
直接材料				
直接人工				
制造费用				
合计				

实训二　分批法技能训练

一、目的

练习分批法的应用。

二、资料

大成公司根据购买单位订单小批量生产 A、B 两种产品，采用分批法计算产品成本。2008 年 8 月份生产情况和生产费用支出情况的资料如下：

1. 本月份各批产品的生产

本月份各批产品的生产情况见表 2-2-1：

表 2-2-1

产品批号	产品名称	投产情况	完工情况
1011	A 产品	6 月份投产 8 台	本月全部完工
1012	A 产品	7 月份投产 20 台	本月完工 12 台，未完工 8 台
1022	B 产品	8 月份投产 16 台	计划 9 完工，本月提前完工 4 台

2. 各批产品的月初在产品费用

各批产品的月初在产品费用见表 2-2-2：

表2-2-2   单位：元

产品批号	直接材料	直接燃料和动力	直接人工	制造费用	合计
1011	13 120	14 400	7 280	3 560	38 360
1012	25 720	20 560	11 740	7 780	65 800

3. 根据各种费用分配表，汇总各批产品本月发生的生产费用

本月发生的生产费用见表2-2-3：

表2-2-3   单位：元

产品批号	直接材料	直接燃料和动力	直接人工	制造费用	合计
1011		6 300	5 960	1 940	14 200
1012		6 560	12 240	5 460	25 340
1022	18 720	16 360	11 480	6 020	52 580

4. 在完工产品与在产品之间分配费用的方法

1012批号A产品，本月末完工产品数量较大。原材料是在生产开始时一次投入，其费用按照完工产品与在产品实际数量比例分配；其他费用采用约当产量比例法在完工产品与在产品之间进行分配，在产品完工程度为60%。

1022 B产品，本月末完工产品数量为2台。为简化核算，完工产品按计划成本转出，每台计划成本资料表2-2-4：

表2-2-4   单位：元

产品批号	直接材料	直接燃料和动力	直接人工	制造费用	合计
1022	2 320	1 840	1 224	656	6 040

5. 根据上述各项资料，登记各批产品成本明细账

表2-2-5   **基本生产成本明细账**

产品批号：   产品名称：   投产时期：

生产批量：   完工时期：

年		凭证字号	摘要	直接材料	直接燃料和动力	直接人工	制造费用	合计
月	日							
		（略）						

表 2-2-6　　　　　　　　　　　　　　基本生产成本明细账

产品批号：　　　　　　　　　　产品名称：　　　　　　　　　投产时期：

生产批量：　　　　　　　　　　完工时期：

年		凭证字号	摘要	直接材料	直接燃料和动力	直接人工	制造费用	合计
月	日							
		（略）						

表 2-2-7　　　　　　　　　　　　　　基本生产成本明细账

产品批号：　　　　　　　　　　产品名称：　　　　　　　　　投产时期：

生产批量：　　　　　　　　　　完工时期：

年		凭证字号	摘要	直接材料	直接燃料和动力	直接人工	制造费用	合计
月	日							
		（略）						

实训三　产品成本计算的逐步（综合）结转分步法技能训练

一、目的

练习逐步（综合）结转分步法的应用。

二、资料

远大工厂属于连续式复杂生产企业，设置两个连续的基本生产车间生产丙和丁两种产品。第一车间生产的半成品直接移送第二车间生产产成品。材料在第一车间生产开始时集中投入，各车间完工产品和在产品之间费用分配采用约当产量法，成本计算采用逐步（综合）结转分步法。完工产成品成本需要进行成本还原。2008 年 4 月份成本核算有关资料如下：

1. 本月生产的丙产品系以前月份投产的，本月份继续加工，月末，第一车间完工丙半成品 80 件，在产品 25 件，平均加工程度 80%；第二车间本月完工丙产成品 60 件，在产品 30 件，平均加工程度 50%。

2. 本月第一车间生产的丁产品系本月份新投产的，月末尚未完工。

3. 本月发生的有关费用如下。

（1）本月领料

表 2-2-1 　　　　　　　　　　产品领料情况表　　　　　　　　　　单位：元

领料单位或用途		材料类别	实际成本
第一车间	丙产品		—
	丁产品	主要材料	66 000
	一般消耗	辅助材料	350
第二车间	丙产品		—
	丁产品		—
	一般消耗	辅助材料	150
合计			66 500

（2）本月份工资

表 2-2-2 　　　　　　　　　　车间生产工人工资费用表　　　　　　　　　　单位：元

车间部门或人员		应付工资
第一车间	生产工人工资	34 200
	管理人员	1 140
第二车间	生产工人工资	13 680
	管理人员	1 026
合计		50 046

表 2-2-3 　　　　　　　　　　第一车间生产工人工资费用分配表　　　　　　　　　　单位：元

产品名称	实用工时	分配率	应付工资
丙产品	6 000		
丁产品	2 000		
合计	8 000		

（3）本月计提折旧费

表 2-2-4　　　　　　　　　　　　折旧费用表　　　　　　　　　　　单位：元

车间或部门	折旧额
第一车间	2 800
第二车间	2 400
合计	5 200

（4）本月以现金支付其他费用

表 2-2-5　　　　　　　　　　　　其他费用表　　　　　　　　　　　单位：元

车间或部门	办公费	水电费
第一车间	280	200
第二车间	100	80
合计	380	280

4. 有关制造费用分配表、产品成本还原计算表和明细账

表 2-2-6　　　　　　　　　　　制造费用分配表

车间	产品名称	实用工时	分配率	分配额
第一车间	丙产品	6 000		
	丁产品	2 000		
	小计	8 000		
第二车间	丙产品			

表 2-2-7　　　　　　　　　　　制造费用明细账

第一车间　　　　　　　　　　　　　　　　　　　　　　　　　　单位：元

摘要	消耗材料	工资	折旧费	办公费	其他	合计

表 2-2-8   **制造费用明细账**

第二车间   单位：元

摘要	消耗材料	工资	折旧费	办公费	其他	合计

表 2-2-9   **基本生产成本明细账**

第一车间丙产品   单位：元

摘要	直接材料	直接人工	制造费用	合计
月初在产品成本	23 650	1 704	1 390	26 744

表 2-2-10   **基本生产成本明细账**

第二车间丙产品   单位：元

摘要	直接材料	直接人工	制造费用	合计
月初在产品成本	12 680	1 020	619	14 319

表2-2-10(续)

摘要	直接材料	直接人工	制造费用	合计

表 2-2-11 　　　　　　　　　　　**基本生产成本明细账**

第一车间丁产品　　　　　　　　　　　　　　　　　　　　　　　单位：元

摘要	直接材料	直接人工	制造费用	合计

表 2-2-12 　　　　　　　　　**丙产成品成本还原计算表**　　　　　　　　单位：元

项目		还原分配率	半成品	直接材料	直接人工	制造费用	合计
还原前产成品成本							
按第一车间丙半成品成本进行还原	本月完工丙半成品成本						
	还原成本						
还原后产成品总成本							
还原后产成品单位成本							

三、实训程序及要求

1. 分配要素费用，并登记有关明细账；

2. 分配制造费用，编制"制造费用分配表"，并登记有关明细账；

3. 在基本生产成本明细账上计算并结转第一车间完工丙半成品成本于第二车间对应产品成本明细账上；

4. 计算并结转第二车间完工丙产成品成本；

5. 编制丙产品成本还原计算表。

实训四　产品成本计算的逐步（分项）结转分步法技能训练

一、目的

练习逐步（分项）结转分步法的应用。

二、资料

1. 企业概况

烟台大华公司是一个中型化工企业，该企业设有隔膜电解、离子膜、蒸发、氯产品四个基本生产车间和水汽、机电仪表两个辅助生产车间。隔膜车间主要负责一次性盐水、隔膜电解及本车间产出的氯氢干燥等工序；离子膜车间主要负责离子膜电解及本车间产出的氯氢处理和碱浓缩等工序；蒸发车间主要负责将隔膜电解转入的电解液蒸发浓缩成不同规格的液碱，并将部分液碱再熬制成固片碱；氯产品车间主要负责由隔膜电解车间和离子膜车间转入的氯气再加工，同时，将不能液化的尾氯再加工生产出盐酸和次氯酸钠；水汽车间主要制备纯水、氢气脱氧及提供公用工程等；机电仪车间主要是输变电、整流、机电仪维护保养等。

2. 简要工艺流程

一次盐水制备后，分别送隔膜电解车间和离子膜车间，经电解后产出氯气、氢气和电解液（液碱）。产出的氯气干燥处理后送氯产品车间液化、汽化，尾氯加氧气燃烧制成盐酸，另一部分尾氯与液碱反应产出次氯酸钠；氢气干燥后送水汽车间脱氧后供出。离子膜车间产出的电解液（液碱）经本车间蒸发工序蒸发浓缩后产出离子膜烧碱。隔膜电解车间产出的电解液（液碱）转入蒸发车间蒸发浓缩后产出不同规格的液碱产品，部分液碱再经熬制工序加工产出固片碱。

3. 产品成本计算和费用分配方法

产品成本计算属于联产品成本计算方法，步骤产品成本结转采用逐步（分项）结转分步法。由于氢产品成本所占比重较少，不分担联合成本，氢产品成本只计算氢干燥、氢气脱氧的成本。由于实训时间的关系，只要求计算有关离子膜生产工序生产的各种产品成本（也不包括盐酸的成本）。

盐水工序期末在产品成本只计算耗用实物原盐的成本，完工盐水的成本在隔膜电解和离子膜电解之间的分配：其中原材料费用中"实物原盐"按耗用原盐数量分配，"纯碱、三氯化铁、氯化钡"按折百碱产量分配，其余的原材料和燃动力费用以及工资福利费和制造费用均按耗用的精盐水产量进行分配；离子膜电解工序不计算期末在产品成本，本期完工产品成本按48∶52的比例在氯产品和碱产品之间（氢产品不计算联合成本）进行分配，分配转入碱产品的成本在32%碱和碱蒸发之间再按折百原盐产量进行分配；离子膜车间的液氯冷冻完工成本按氯含量的比例在商品液氯、盐酸和次氯酸钠之间进行分配；离子膜碱蒸发工序的完工成本按折百碱产量的比例在42%碱和

48%碱之间进行分配。

各车间综合制造费用在各工序之间按生产工人工资的比例进行分配，水气车间纯水制造费用在纯水站和蒸汽之间平均分配，水气车间供水制造费用在循环水和仪表风之间平均分配，自来水不负担制造费用。

机电仪整流、水气等辅助生产费用分配采用顺序分配法，分配顺序是自来水、电、循环水、仪表风、纯水、蒸汽。

4. 2008 年 10 月份有关成本、费用资料

（1）月初、月末资料

盐水工序：月初结存实物原盐数量 921 470 千克，金额 230 368 元；月末结存实物原盐数量 630 030 千克，金额 157 508 元。

（1）产量统计资料见表 2-4-1

表 2-4-1　　　　　　　　2008 年 10 月份产品产量统计月报表

产品名称	计量单位	总量	隔膜系统	离子膜系统
盐水工序精盐水	立方	37 276.13	22 891.73	14 384.40
原盐本期投入量	吨	5 728.44	3 716.59	2 011.85
氯干燥原氯	吨			1 168.31
商品液氯	吨			1 077.760
次氯酸钠耗用尾氯量（纯度 58.12%）	吨			34.17
盐酸耗用尾氯量（纯度 58.12%）	吨			66.11
次氯酸钠产量	吨			268.00
离子膜电解二次盐水产量	吨			1 219.041
离子膜 32%烧碱	吨			1 791.03
离子膜 42%烧碱	吨			1 096.73
离子膜 48%烧碱	吨			386.01
隔膜 30%烧碱	吨		3 166.47	
隔膜 42%烧碱	吨		2 630.09	
隔膜 46%烧碱	吨		580.840	

（2）10 月份耗用材料汇总

表 2-4-2　　　　　　　　领用备品、备件汇总表

2008 年 10 月

单位：元

科目名称	车间或工段	机物料消耗	修理费用	合计
制造费用	1. 隔膜电解车间	17 421.75	12 066.90	
	盐水	8 138.99	11 666	
	车间综合	9 282.76	400.90	
	2. 机电仪车间	17 203.58	6.33	

表2-4-2(续)

科目名称	车间或工段	机物料消耗	修理费用	合计
	机电仪整流	73.85	6.33	
	车间综合	17 129.73		
	3. 水气车间	29 150.71	69 148.01	
	纯水站	2 091.54		
	供水	2 394.32	181.46	
	氢气脱氧	16 047.08	7 321.10	
	车间综合	8 617.77	61 645.45	
	4. 离子膜车间	66 438.95	5 854.67	
	二次盐水（电解）	3 522.12	683.76	
	氯处理	20 987.30	3 155.36	
	氢处理		27.43	
	液氯冷冻	125.55	79.13	
	次氯酸钠	20 018.84	1 573.12	
	蒸发	211	256.74	
	综合	21 574.14	79.13	
	5. 在建工程	40 123.75		
在建工程	片碱改造	10 395.59		
	物流改造	1 318.75		
	空压站改造	2 397.49		
	一次盐水	21 244.31		
	次氯酸钠	58.09		
	液氯改造	3 639.75		
	硫酸罐区	253.20		
	次氯小包装	816.57		
	合计	170 338.74	87 075.91	257 414.65

表 2-4-3　　　　　　　　　　**在建工程流转税汇总表**

2008 年 10 月

科目	工程项目	金额	税率	税额
在建工程	片碱改造		17%	
	物流改造			
	空压站改造			
	一次盐水			
	次氯酸钠			

表2-4-3（续）

科目	工程项目	金额	税率	税额
	液氯改造			
	硫酸罐区			
	次氯小包装			
	合计			

表 2-4-4　　　　　　　　　领用外购主要材料汇总表

2008 年 10 月　　　　　　　　　　　　　　　单位：元

材料		隔膜盐水	离子膜电解	离子膜氯干燥	机电仪综合（制）	在建工程液氯改造	合计
纯碱	数量（千克）	37 000					37 000
	金额	51 800					51 800
氯化钡	数量（千克）	1 100					1 100
	金额	2 103.19					2 103.19
三氯化铁	数量（千克）	1 950					1 950
	金额	6 893.25					6 893.25
亚硫酸钠	数量（千克）		1 800				1 800
	金额		4 154.40				4 154.40
氮气（罐装）	数量（立方）			1 402	7.78		1 409.78
	金额			2 421	13.45		2 434.45
盐	数量（千克）	5 728 440					5 728 440
	金额	1 432 110					1 432 110
硫酸	数量（千克）			21 000		2 700	23 700
	金额			10 500		1 350	11 850
金额合计		1 492 906.44	4 154.40	12 921	13.45	1 350	1 511 345.29

表 2-4-5　　　　　　　　　耗用管道氮气费用汇总表

2008 年 10 月

使用部门（或用途）	氮气		备注：
	数量（立方）	金额（元）	
水气车间氢气脱氧	12 530	16 064.10	由聚氨酯公司提供，
离子膜氯处理	5 448	6 984.61	每月按实际耗用数
			预先计提，等收到
			发票时付款。
合计	17 978	23 048.71	

表 2-4-6　　　　　　　　　　　领用自产产品汇总表

2008 年 10 月　　　　　　　　　　　　　　　　单位：元

用途	盐酸		30%烧碱		32%烧碱	
	数量（千克）	金额	数量（千克）	金额	数量（千克）	金额
生——隔膜盐水	172 000	60 200	23 300	10 198.64		
离子膜电解	149 000	52 150				
离子膜次氯酸钠					135 920	58 538.03
生——水气车间、纯水	20 000	7 000			42 701	18 390.47
合计		119 350		10 198.64		76 928.50

表 2-4-7　　　　　　　　　　　离子膜领用、摊销表

2008 年 10 月　　　　　　　　　　　　　　　　单位：元

领用车间	金额	使用时间	每月摊销额	备注：离子膜不属于固定资产（行规）
离子膜车间——电解	3 974 400	3 年	110 400	

（4）10 月份烟台热电公司、供电公司提供蒸汽、自来水和电力

表 2-4-8

车间、部门	电力（度）		蒸汽（吨）		自来水（吨）	
	数量	金额（元）	量	金额（元）	数量	金额（元）
机电仪整流	10 343 947	4 636 157.26				
水气纯水站			12 247.39	1 495 651.33		
水气供水					45 426	124 368.75
合计	10 343 947	4 636 157.26	12 247.39	1 495 651.33	45 426	124 368.75

表 2-4-9

山东增值税专用发票

发票联

开票日期：2008 年 10 月 31 日

名称：烟台大华公司	密码区	6 * 02-<6>6-65306-7>3+ 加密版本：01
纳税人识别号：320452700730898		81-2964+9664/6+/-<63+
地址、电话：烟台市解放路 2018 号 6530523		81-664>310+/-28><6<52
开户行及账号：建行解放路分理处 3700126006655000078		<7028/-4345579/6>>06107418545

货物或应税劳务名称	规格型号	单位	数量	单价	金额	税率	税额
电费		度	7 132 549	0.65	4 636 156.85	17%	788 146.66
合计					￥4 636 156.85		￥788 146.66

| 价税合计（大写） | ⊗伍佰肆拾贰万肆仟叁佰零拾叁元伍角壹分 | （小写）￥5 424 303.51 |

销货单位	名称：烟台开发区电力公司	备注
	纳税人识别号：370602773271091	
	地址、电话：烟台开发区滨海路 20 号 6723416	
	开户行及账号：建设银行滨海路办 3700521126099051130	

收款人：　　　　　复核：　　　　　开票人：林敏　　　　　销售单位：（盖章）

表 2-4-10

车间、部门	电力（度）		蒸汽（吨）		自来水（吨）	
	数量	金额（元）	数量	金额（元）	数量	金额（元）
机电仪整流	10 343 947	4 636 157.26				
水气纯水站			12 247.39	1 495 651.33		
水气供水					45 426	124 368.75
合计	10 343 947	4 636 157.26	12 247.39	1 495 651.33	45 426	124 368.75

表 2-4-11

山东增值税专用发票

发票联　　　　　　　　　　　　　　　开票日期：2008 年 10 月 31 日

名称：烟台大华公司 纳税人识别号：320452700730898 地址、电话：烟台市解放路 2018 号 6530523 开户行及账号：建行解放路分理处 3700126006655000078	密 码 区	6＊02－<6>6－65306－7>3＋ 加密版本：01 81－2964＋9664/6＋/－<63＋ 81－664>310＋/－28><6<52 <7028/－4345579/6>>06107418545

货物或应税劳务名称	规格型号	单位	数量	单价	金额	税率	税额
蒸汽	二档	吨	12 247.39	122	14 941 811.58	13%	194 243.61
自来水		吨	45 426	2.75	124 921.50	13%	16 239.80
合计					￥15 066 733.08		￥210 537.41

价税合计（大写）	⊗壹仟伍佰贰拾柒万柒仟贰佰柒拾元肆角玖分	（小写）￥15 277 270.49

销 货 单 位	名称：烟台开发区电力公司 纳税人识别号：370602773271091 地址、电话：烟台开发区滨海路 20 号 6723416 开户行及账号：建设银行滨海路办 3700521126099051130	备注

收款人　　　　　　复核　　　　　　　　开票人：林敏　　　　　　销售单位（盖章）

说明：抵扣联略

表 2-4-12　　　**烟台开发区电力公司电费收款单据（收据）**

2008 年 10 月 30 日

付款单位名称										烟台大华公司
	千	百	十	万	千	百	拾	元	角	分	电费专章
	5	4	2	4	3	0	3	5	1	
										核算员　收费员

表 2-4-13

中国工商银行转账支票存根

Ⅵ 1102249788

科　　目

对方科目

出票日期 2008 年 10 月 31 日

收款人：烟台开发区电力公司
金额：￥5 424 303.51
用途：电费

单位主管　　会计

表 2-4-14　　　**烟台开发区热力公司电费收款单据（收据）**

2008 年 10 月 30 日

付款单位名称										烟台大华公司	
	千	百	十	万	千	百	拾	元	角	分	电费专章
	1	5	2	7	7	2	7	0	4	9	
											核算员 　 收费员

表 2-4-15

中国工商银行转账支票存根

Ⅵ 1102249788

科　　目

对方科目

出票日期 2008 年 10 月 31 日

收款人：烟台开发区电力公司
金额：￥15 277 270.49
用途：电费

单位主管　　会计

（5）10 月份工资汇总表

表 2-4-16　　　　　　　　　　　工资分配明细表

2008 年 10 月　　　　　　　　　　　　　　　单位：元

部门	生产工人		部门	管理人员	
	工资	保险费		工资	保险费
隔膜盐水	19 145.6	2 680.38	隔膜盐水		
			车间综合	18 682.80	2 615.59
机电仪整流	22 834.12	3 196.78	机电仪整流		
			车间综合	41 678.32	5 834.96
水气纯水站	5 414.95	758.10	水气纯水站		
供水（循环水）	7 652.33	1 071.33	供水		
氢气脱氧	11 169.92	1 563.79	氢气脱氧		
供水（仪表风）	7 652.33	1 071.32	车间综合	15 948.50	2 232.79
纯水站（蒸气）	5 414.95	758.09			
离子膜电解	7 489.10	1 048.47	离子膜电解		
氯处理	12 223.25	1 711.26	氯处理		
氢处理	3 423.41	479.28	氢处理		
液氯冷冻	6 066.89	849.36	液氯冷冻		
次氯酸钠	4 896.34	685.49	次氯酸钠		
蒸发	7 489.10	1 048.47	蒸发		
			综合	49 584.78	6 941.87
厂部管理部门				49 652.88	6 951.40
合计	120 872.29	16 922.12	合计	175 547.28	24 576.61

表 2-4-17　　　　　　　　　　　民工工资发放表

2008 年 10 月

部门	人数	日工资	金额（元）	备注
盐水上盐工	10	20	3 965	
盐水车间保洁工（综合）	1	15	180	
离子膜车间保洁工（综合）	2	15	540	计入"制造费用"
合计			4 685	

表 2-4-18   加班费汇总表

2008 年 10 月

部门	人数	金额（元）	备注：
隔膜盐水车间（综合）	103	1 533.50	计入"制造费用"
机电仪车间（综合）	56	832.50	
水气车间（综合）	47	703.30	
离子膜车间（综合）	75	1 116	
合计	281	4 185.30	
人民币大写肆仟壹佰捌拾伍元叁角整			

（6）10 月份计提固定资产折旧费

表 2-4-19   烟台大华公司 固定资产折旧计算表

2008 年 10 月   单位：元

科目	部门	折旧
制造费用	隔膜盐水	115 811.50
制造费用	车间综合	431.67
制造费用	机电仪整流	229 240.64
制造费用	车间综合	2 697.15
制造费用	水气纯水	30 155.54
制造费用	供水	35 341.73
制造费用	氢气脱氧	51 820.82
制造费用	车间综合	
制造费用	离子膜电解	668 933.76
制造费用	氯处理	43 738.67
制造费用	氢处理	17 495.47
制造费用	液氯冷冻	47 580.29
制造费用	次氯酸钠	3 232.39
制造费用	蒸发	87 466.44
制造费用	综合	46 128.19
管理费用	厂部	76 614.77
累计折旧	合计	1 456 689.03

（7）车间制造费用分配表

表 2-4-20　　　　　　　　　车间综合制造费用分配表

2008 年 10 月　　　　　　　　　　　　　单位：元

生产工序		隔膜盐水车间	机电仪车间	水气车间	离子膜车间
综合制造费用					
分配标准					
分配率					
隔膜车间	盐水（19 145.60）				
	电解（37 323.35）				
	氯处理（7 915.35）				
	氢处理（7 915.35）				
机电仪整流					
水气车间	纯水（　　）				
	供水（　　）				
	氢气脱氧（　　）				
离子膜车间	电解（　　）				
	氯处理（　　）				
	氢处理（　　）				
	液氯冷冻（　　）				
	次氯酸钠（　　）				
	碱蒸发（　　）				

（注：分配标准是指各车间综合制造费用在本车间各工序之间进行分配采用的生产工人的工资。）

表 2-4-21　　　　　　　　　车间制造费用分配表

2008 年 10 月

生产工序		隔膜盐水车间	机电仪车间	水气车间	离子膜车间
隔膜车间	盐水工序（其他工序略）				
机电仪整流					
水气车间	纯水站				
	蒸汽				
	循环水				
	仪表风				
	氢气脱氧				

表2-4-21(续)

生产工序		隔膜盐水车间	机电仪车间	水气车间	离子膜车间
离子膜车间	电解				
	氯处理				
	氢处理				
	液氯冷冻				
	次氯酸钠				
	碱蒸发				

（注：各工序实际发生的制造费用加上分配转入的本车间综合制造费用即为该工序制造费用合计。水气车间纯水制造费用在纯水站和蒸汽之间平均分配；供水制造费用在循环水和仪表风之间平均分配，自来水不负担制造费用。将各工序制造费用一并转入生产成本。）

（8）各车间、部门耗用水、电、蒸汽、仪表风等

表2-4-22 烟台大华公司10月份各车间、部门耗用电、蒸汽、自来水汇总表

2008年10月

车间、部门（或用途）		电（度）	蒸汽（吨）	自来水（吨）
隔膜车间	盐水	85 324	126	2 230
机电仪整流				10
水气车间	纯水站	23 646		15 108
	供水（循环水）	537 492		18 520
	氢气脱氧	39 904		
	供水（仪表风）	191 966		
	纯水站（蒸汽）	3 888		
离子膜车间	电解（动力）	75 256	186	10
	电解（电解电）	2 814 210		
	氯处理	150 512		10
	氢处理	43 003		10
	液氯冷冻	78 220	123	10
	次氯酸钠	15 733		10
	碱蒸发	13 723	466	10

表2-4-22(续)

车间、部门（或用途）	电（度）	蒸汽（吨）	自来水（吨）
管理部门及其他	6 240 691	10 626	8 303
合计	10 313 568	11 527	44 231

表 2-4-23 烟台大华公司 10 月份各车间、部门耗用纯水、循环水、仪表风汇总表

2008 年 10 月

车间、部门（或用途）		纯水（吨）	循环水（吨）	仪表风（立方）
隔膜车间	盐水	3 176		270 267
机电仪整流				
水气车间	纯水站			1 721
	供水（循环水）			
	氢气脱氧		30 087	
	供水（仪表风）		8 810	
	纯水站（蒸汽）			
离子膜车间	电解（动力）	2 021	39 205	56 807
	电解（电解电）			
	氯处理		37 685	3 442
	氢处理		37 685	1 721
	液氯冷冻			1 721
	次氯酸钠	136	27 046	
	碱蒸发	1 128	118 233	55 086
管理部门及其他		10 497	780 616	710 961
合 计		16 958	1 079 367	1 101 726

表 2-4-24 　　　　烟台大华公司辅助生产费用分配表 1（顺序分配法）

2008 年 10 月

受益车间（或部门）		自来水		电		循环水	
		数量	金额	数量	金额	数量	金额
待分配费用							
劳务量							
分配率							
受益车间（或部门）	隔膜车间——盐水						
	机电仪整流						
	水气车间						
	纯水站						
	供水（循环水）						
	氢气脱氧						
	供水（仪表风）						
	纯水站（蒸汽）						
	离子膜车间						
	电解（动力）						
	电解（电解电）						
	氯处理						
	氢处理						
	液氯冷冻						
	次氯酸钠						
	碱蒸发						
	管理部门及其他						
	合计						

表 2-4-25　　　　　　烟台大华公司辅助生产费用分配表（顺序分配法）

受益车间（或部门）	仪表风（空压风）		纯水		蒸汽	
	数量	金额	数量	金额	数量	金额
待分配费用						
劳务量						
分配率						
受益车间（或部门）　隔膜车间——盐水						
机电仪整流						
水气车间						
纯水站						
供水（循环水）						
氢气脱氧						
供水（仪表风）						
纯水站（蒸汽）						
离子膜车间						
电解（动力）						
电解（电解电）						
氯处理						
氢处理						
液氯冷冻						
次氯酸钠						
碱蒸发						
管理部门及其他						
合计						

（注：分配顺序按自来水、电、循环水、仪表风、纯水、蒸汽的顺序进行。）

（9）产品成本计算单

表 2-4-26 　　　　　**烟台大华公司隔膜车间产品成本计算单 1**

2008 年 10 月

工序：盐水 本期精盐水产量（立方）37 267.13 （其中：离子膜耗用量 14 384.40 隔膜耗用量 22 891.73)

成本项目	单位	期初结存		本期投入		期末结存	
		数量	金额（元）	数量	金额（元）	数量	金额（元）
一、材料							
实物原盐	千克						
盐酸	千克						
纯碱	千克						
三氯化铁	千克						
自用 32%碱	千克						
自用 30%碱	千克						
氯化钡	千克						
二、燃动费							
动力电	度						
蒸汽	吨						
自来水	吨						
纯水	吨						
仪表风	立方						
三、工资福利							
四、制造费用							
五、成本合计							

表 2-4-27 　　　　　**烟台大华公司隔膜车间产品成本计算单 2**

成本项目	单位	本期完工产品成本		转入离子膜电解成本		转入隔膜电解成本			
		数量	金额（元）	单耗	单位成本（元）	数量	金额（元）	数量	金额（元）
一、材料									
实物原盐	千克								
盐酸	千克			…					
纯碱	千克								

表2-4-27（续）

成本项目	单位	本期完工产品成本		转入离子膜电解成本		转入隔膜电解成本			
		数量	金额（元）	单耗	单位成本（元）	数量	金额（元）	数量	金额（元）
三氯化铁	千克								
自用32%碱	千克								
自用30%碱	千克								
氯化钡	千克								
二、燃动费									
动力电	度								
蒸汽	吨								
自来水	吨								
纯水	吨								
仪表风	立方								
三、工资福利									
四、制造费用									
五、成本合计									

（注：离子膜系统耗用原盐量按投入量计算，隔膜系统耗用原盐总量用期初加本期投入减期末结存减离子膜耗用量倒挤方法计算。）

表 2-4-28　　　　　　烟台大华公司离子膜车间产品成本计算单

2008 年 10 月

工序：电解　　本期产量（吨）1 219.041　　本期32%碱产量 1 791.03

成本项目	单位	上步转入		本期投入		本期完工产品成本		转氯产品			
		数量	金额（元）	数量	金额（元）	数量	金额（元）	单耗	单位成本（元）	数量	金额（元）
一、材料											
实物原盐	千克										
盐酸	千克										
纯碱	千克										
三氯化铁	千克										
自用32%碱	千克										
自用30%碱	千克										
氯化钡	千克										
亚硫酸钠	千克										
离子膜	元										

表2-4-28（续）

成本项目	单位	上步转入		本期投入		本期完工产品成本		转氯产品			
		数量	金额（元）	数量	金额（元）	数量	金额（元）	单耗	单位成本（元）	数量	金额（元）
氮气	立方										
氟利昂	千克										
二、燃动费											
动力电	度										
蒸汽	吨										
自来水	吨										
纯水	吨										
仪表风	立方										
电解电	度										
循环水	吨										
三、工资福利											
四、制造费用											
五、成本合计											

表 2-4-29　　烟台大华公司离子膜车间产品成本计算单

成本项目	单位	转碱产品成本				32%碱成本				转入碱蒸发成本	
		数量	金额（元）	单耗	单位成本（元）	数量	金额（元）	单耗	单位成本（元）	数量	金额（元）
一、材料											
实物原盐	千克										
盐酸	千克										
纯碱	千克										
三氯化铁	千克										
自用32%碱	千克										
自用30%碱	千克										
氯化钠	千克										
亚硫酸钠	千克										
离子膜	元										
氮气	立方										
氟利昂	千克										
二、燃动费											
动力电	度										
蒸汽	吨										
自来水	吨										
纯水	吨										

表2-4-29（续）

成本项目	单位	转碱产品成本				32%碱成本				转入碱蒸发成本	
		数量	金额（元）	单耗	单位成本（元）	数量	金额（元）	单耗	单位成本（元）	数量	金额（元）
仪表风	立方										
电解电	度										
循环水	吨										
三、工资福利											
四、制造费用											
五、成本合计											

（注：折百原盐耗用总量 993 853.90 千克，其中 32%碱耗用 467 258.29 千克，碱蒸发耗用 526 595.61 千克。）

表 2-4-30

烟台大华公司离子膜车间产品成本计算单

2008 年 10 月

工序：氯处理（氯干燥）　　　　　　　　　　　　本期产量（吨）1 168.31

成本项目	单位	上步转入		本期投入		本期完工产品成本			
		数量	金额（元）	数量	金额（元）	数量	金额（元）	单耗	单位成本（元）
一、材料									
实物原盐	千克								
盐酸	千克								
纯碱	千克								
三氯化铁	千克								
自用32%碱	千克								
自用30%碱	千克								
氯化钡	千克								
亚硫酸钠	千克								
离子膜	元								
硫酸	千克								
氮气	立方								
氟利昂	千克								
二、燃动费									
动力电	度								
蒸汽	吨								
自来水	吨								
纯水	吨								
仪表风	立方								
电解电	度								

表2-4-30（续）

成本项目	单位	上步转入		本期投入		本期完工产品成本			
		数量	金额（元）	数量	金额（元）	数量	金额（元）	单耗	单位成本（元）
循环水	吨								
三、工资福利									
四、制造费用									
五、成本合计									

表 2-4-31　　　　**烟台大华公司离子膜车间产品成本计算单 1**

2008 年 10 月

工序：液氯冷冻

成本项目	单位	上步转入		本期投入		本期完工产品成本			
		数量	金额（元）	数量	金额（元）	数量	金额（元）	单耗	单位成本（元）
一、材料									
实物原盐	千克								
盐酸	千克								
纯碱	千克								
三氯化铁	千克								
自用32%碱	千克								
自用30%碱	千克								
氯化钡	千克								
亚硫酸钠	千克								
离子膜	元								
硫酸	千克								
氮气	立方								
氟利昂	千克								
二、燃动费									
动力电	度								
蒸汽	吨								
自来水	吨								
纯水	吨								
仪表风	立方								
电解电	度								
循环水	吨								
三、工资福利									
四、制造费用									
五、成本合计									

表 2-4-32   **烟台大华公司离子膜车间产品成本计算单 2**

成本项目	单位	商品液氯		转入盐酸的尾氯		转入次氯酸钠的尾氯	
		数量	金额（元）	数量	金额（元）	数量	金额（元）
一、材料							
实物原盐							
盐酸							
纯碱							
三氯化铁							
自用 32% 碱							
自用 30% 碱							
氯化钡							
亚硫酸钠							
离子膜							
硫酸							
氮气							
氟利昂							
二、燃动费							
动力电							
蒸汽							
自来水							
纯水							
仪表风							
电解电							
循环水							
三、工资福利							
四、制造费用							
五、成本合计							

产品成本分离分配计算表						
产品名称	单位	当月数量	尾氯纯度	含氯量	当月成本	当月单位成本
商品液氯						
转盐酸尾氯						
转次氯酸钠尾氯						
合计	吨					

（注：本期完工产品成本按氯含量在商品液氯、转盐酸尾氯和转次氯酸钠尾氯之间进行分配，尾氯纯度是 58.12%。）

表 2-4-33　　　　　　　　烟台大华公司离子膜车间产品成本计算单 1

2008 年 10 月

工序：碱蒸发

成本项目	单位	上步转入		本期投入		本期完工产品成本			
		数量	金额（元）	数量	金额（元）	数量	金额（元）	单耗	单位成本（元）
一、材料									
实物原盐	千克								
盐酸	千克								
纯碱	千克								
三氯化铁	千克								
自用32%碱	千克								
自用30%碱	千克								
氯化钡	千克								
亚硫酸钠	千克								
离子膜	元								
氮气	立方								
氟利昂	千克								
二、燃动费									
动力电	度								
蒸汽	吨								
自来水	吨								
纯水	吨								
仪表风	立方								
电解电	度								
循环水	吨								
三、工资福利									
四、制造费用									
五、成本合计									

表 2-4-34　　　　　　烟台大华公司离子膜车间产品成本计算单 2

成本项目	单位	42%碱总成本				48%碱总成本			
		数量	金额（元）	单耗	单位成本（元）	数量	金额（元）	单耗	单位成本（元）
一、材料									
实物原盐									
盐酸									
纯碱									
三氯化铁									
自用32%碱									
自用30%碱									
氯化钡									
亚硫酸钠									

表2-4-34（续）

成本项目	单位	42%碱总成本				48%碱总成本			
		数量	金额（元）	单耗	单位成本（元）	数量	金额（元）	单耗	单位成本（元）
离子膜									
氮气									
氟利昂									
二、燃动费									
动力电									
蒸汽									
自来水									
纯水									
仪表风									
电解电									
循环水									
三、工资福利									
四、制造费用									
五、成本合计									

产品成本分离分配计算表					
产品名称	单位	当月数量	折百碱产量	当月成本	当月单位成本
商品42%液碱	吨				
商品48%液碱	吨				
合计					

表 2-4-35　　　　　**烟台大华公司离子膜车间产品成本计算单3**

2008 年 10 月

工序：次氯酸钠　　　　　　　　　　　　　　　　　　　本期产量（吨）：268

成本项目	单位	上步转入		本期投入		本期完工产品成本			
		数量	金额（元）	数量	金额（元）	数量	金额（元）	单耗	单位成本（元）
一、材料									
实物原盐	千克								
盐酸	千克								
纯碱	千克								
三氯化铁	千克								
自用32%碱	千克								
自用30%碱	千克								
氯化钡	千克								
亚硫酸钠	千克								
离子膜	元								
硫酸	千克								
氮气	立方								
氟利昂	千克								

表2-4-35(续)

成本项目	单位	上步转入		本期投入		本期完工产品成本			
		数量	金额（元）	数量	金额（元）	数量	金额（元）	单耗	单位成本（元）
二、燃动费									
动力电	度								
蒸汽	吨								
自来水	吨								
纯水	吨								
仪表风	立方								
电解电	度								
循环水	吨								
三、工资福利									
四、制造费用									
五、成本合计									

三、实训程序及要求

1. 设置"基本生产成本"（按车间工序）、"辅助生产成本"（按类别）、"制造费用"（按基本车间、辅助车间工序及综合设置）明细账。（注：为了简化核算，总账及其他明细账从略。）

2. 分配材料费用、外购动力费用、职工薪酬、折旧费用等，编制记账凭证，并登记有关明细账；

3. 分配机电仪、水汽车间综合制造费用，计算机电仪、水汽车间成本，按顺序分配法分配辅助生产费用，编制记账凭证，并登记有关明细账；

4. 分配基本车间的综合制造费用，并将各基本车间分工序的制造费用转入基本生产成本明细账；

5. 编制"隔膜盐水工序成本计算单"，计算并结转完工盐水成本于离子膜电解和隔膜电解工序（隔膜电解成本计算从略）；

6. 编制"离子膜电解工序成本计算单"，计算并结转完工成本于离子膜氯处理和离子膜碱产品，其中离子膜碱产品部分还要在32%碱和碱蒸发之间进行分配；

7. 编制"离子膜氯处理成本计算单"，计算并结转完工成本于离子膜液氯冷冻工序；

8. 编制"离子膜液氯冷冻成本计算单"，计算并结转完工成本于商品液氯、盐酸和次氯酸钠；

9. 编制"离子膜碱蒸发成本计算单"，计算并结转完工成本于42%烧碱和48%烧碱；

10. 编制"离子膜次氯酸钠成本计算单"，计算并结转完工次氯酸钠产品成本。

第三部分
作业与习题答案

第一章

一、单项选择题

1. D　2. B　3. C　4. C　5. A　6. A　7. C　8. D

二、多项选择题

1. ABCD　2. ABC　3. ABCD　4. AC　5. ABCD

三、判断题

1. √　2. ×　3. √　4. ×　5. √　6. ×　7. ×　8. √

四、简答题

1. 简述成本会计的作用。

成本是补偿生产耗费的尺度，是综合反映工作质量的重要指标，是制定产品价格的重要因素，是企业进行决策的重要因素。

2. 成本会计的对象是什么？

成本会计的对象是成本反映和监督的内容。

3. 成本会计的任务是什么？

A. 进行成本预测、成本决策、编制成本计划和费用预算。

B. 对企业发生的各项费用进行控制。

C. 核算生产费用、经营管理费用和计算产品生产成本为企业提供所需要的成本费用数据。

D. 定期进行成本分析，考核企业经营成果，为企业经营决策提供依据。

4. 制造成本法的特点是什么？

产品成本是指企业为生产一定数量和一定种类产品的价值牺牲。成本包括：直接材料、直接人工、制造费用。

5. 成本的经济实质是什么？

成本的经济实质是生产经营过程中所耗费的生产资料价值和劳动者为自己劳动所创造价值的货币表现（C+V）。

五、名称解释

略

第二章

一、单项选择题

1. C　2. B　3. A　4. B　5. A　6. A　7. A　8. C　9. B　10. A

二、多项选择题

1. BCD　2. ABC　3. CD　4. AB　5. ABCD　6. ABCD　7. ABD　8. ACD

三、判断题

1. ×　2. ×　3. √　4. ×　5. √　6. ×

四、简答题

1. 成本核算的一般程序是什么?

确定成本计算对象,确定成本项目,确定成本计算期限,生产费用的审核,生产费用的归集和分配,计算完工产品和月末在产品成本。

2. 成本按经济内容分类有哪些?

费用按经济内容可分为八类,包括:外购材料、外购燃料、外购动力、职工薪酬、折旧、税金、利息、其他

3. 成本按经济用途分类有哪些?

费用按经济用途可分为两大类,分别是生产成本和期间费用。生产成本又可划分为几个不同的成本项目,常见的有直接材料、直接人工、直接燃料及动力、制造费用;期间费用分为销售费用、管理费用、财务费用。

4. 如何正确化分各种费用界限?

A. 正确化分应记入产品成本和不应记入产品成本的界限

B. 正确化分生产费用与期间费用

C. 正确化分各个月份的费用界限

D. 正确化分各种产品的费用界限

E. 正确化分完工产品和在产品费用界限

五、名词解释

略

第三章

一、单项选择题

　1. A　2. C　3. B　4. C　5. B　6. B　7. C　8. D　9. D　10. D　11. B　12. D　13. C
14. A　15. B　16. D　17. C　18. A　19. C　20. C　21. B　22. B　23. D　24. A　25. B
26. A　27. A　28. D　29. D

二、多项选择题

　1. BC　2. AC　3. ABD　4. BC　5. BC　6. CD　7. AB　8. AB　9. AC　10. ABC
11. ABCD　12. ABCD　13. ABD　14. AD　15. BC　16. AB　17. BCD　18. BD　19. ACD
20. AD　21. ABD　22. ACD　23. AC　24. BC　25. BC　26. ABCD

三、判断题

　1. √　2. ×　3. ×　4. ×　5. √　6. ×　7. ×　8. ×　9. ×　10. ×　11. ×　12. ×　13. √
14. ×　15. ×　16. √　17. √　18. ×　19. ×　20. √　21. √　22. ×

四、简答题

1. 原材料费用分配的对象是什么？

A. 于基本生产、辅助生产的材料、车间用材料

B. 管理用材料

2. 材料定额比例分配的优缺点有哪些？

优点：

A. 利于考核材料消耗定额的执行情况分（分配率大于1，实际超过定额）

B. 利于材料消耗的实物管理

缺点：

工作量大，必须有严格定额的情况下才能使用本方法。

3. 折旧的计提范围有哪些？

A. 固定资产提取折旧的范围，在用的固定资产提折旧，未使用和不需用的固定资产不提折旧

B. 特殊规定：房屋建筑物无论使用不使用都提取折旧。租入、接受捐赠的固定资产不提折旧

4. 计时工资和计件工资有何区别？

A. 计时工资按工作时间计算职工的工资

B. 计件工资按生产合格品的件数计算工人的工资。

5. 辅助生产费用分配的特点是什么？

不生产产品，只是为产品生产部门提供劳务。如供水、供电、供风、机修、锅炉等生产都是辅助生产，费用分配是谁受益由谁负担。

6. 什么是废品损失？

废品损失是指在产品生产过程中发生的工废和料废。

7. 什么是停工损失？

停工损失是指企业生产部门由于停电、待料、机器设备发生故障进行大修，发生灾害造成的损失，它主要包括停工期间的料、工费损失。

五、名词解释

略

六、计算题

1. 练习材料费用的分配

表 3-3-1　　　　　　　　　　　原材料费用分配表　　　　　　　　单位：元

原材料		A 材料	B 材料	原材料实际成本
甲产品 投产（　）件	消耗定额（千克）	8	3	
	定额消耗量（千克）	3 200	1 200	
乙产品 投产（　）件	消耗定额（千克）	5	4	
	定额消耗量（千克）	1 000	1 000	
定额消耗总量		4 200	2 000	
实际消耗总量		4 116	2 060	
消耗量分配率		0.98	1.03	
实际消耗量 的分配	甲产品	3 136	1 236	
	乙产品	980	824	
原材料实际单位成本		8	6	
原材料费用（元）	甲产品	25 088	7 416	32 504
	乙产品	7 840	4 944	12 784
	合计	32 928	12 360	45 288

借：基本生产成本——甲产品　　　　　　　　　　　　32 504

　　　　　　　　——乙产品　　　　　　　　　　　　12 784

　　贷：原材料——A 材料　　　　　　　　　　　　　　32 928

　　　　　　　——B 材料　　　　　　　　　　　　　　12 360

2. 练习材料费用、人工费用的分配

表 3-3-2　　　　　　　　　　　**燃料费用分配表**

20××年 × 月　　　　　　　　　　　　　单位：元

分配对象	产量（件）	燃料					
		间接分配部分（计划成本）		直接计入部分（计划成本）	计划成本合计金额	材料成本差异（%）	实际成本合计
		分配率	应分配费用				
A 产品	1 000		4 000		4 000	160	4 160
B 产品	1 400		5 600		5 600	224	5 824
小计	2 400	4	9 600		9 600	384	9 984
C 产品				6 800	6 800	272	7 072
小计				6 800	6 800	272	7 072
合计			9 600	6 800	16 400	656	17 056

借：基本生产成本——A 产品　　　　　　　　　　　　　4 160

　　　　　　　　——B 产品　　　　　　　　　　　　　5 824

　　　　　　　　——C 产品　　　　　　　　　　　　　7 072

　　贷：原材料——燃料　　　　　　　　　　　　　　　　　　16 400

　　　　材料成本差异　　　　　　　　　　　　　　　　　　　656

表 3-3-3　　　　　　　　　　　**原材料费用分配表**

20××年×月

应借账户		成本或费用项目	产量（件）	本月消耗			计划价格	直接耗用（计划成本）	原材料计划成本合计	材料成本差异（4%）	原材料实际成本合计
				单位耗用定额(元)	耗用总额（元）	分配率					
基本生产成本	A 产品	原材料	1 000	30	30 000		36 000	39 000	75 000	3 000	78 000
	B 产品	原材料	1 400	25	35 000		42 000	31 000	73 000	2 920	75 920
	小计		2 400		65 000	1.20	78 000	70 000	148 000	5 920	153 920
	C 产品	原材料						46 000	46 000	1 840	47 840
制造费用	第一车间	消耗材料						1 600	1 600	64	1 664
		修理费						2 600	2 600	104	2 704
		劳动保护费						800	800	32	832
	第二车间	消耗材料						1 100	1 100	44	1 144
		修理费						1 300	1 300	52	1 352
		劳动保护费						730	730	29.20	759.20
辅助生产成本	供电车间	材料费						12 000	12 000	480	12 480
	机修车间	材料费						13 500	13 500	540	14 040
管理费用								900	900	36	936
合计							78 000	150 530	228 530	9 141.20	237 671.20

借：基本生产成本——A 产品　　　　　　　　　　　　　　7 800

　　　　　　　——B 产品　　　　　　　　　　　　　　75 920

　　　　　　　——C 产品　　　　　　　　　　　　　　47 840

　　制造费用——一车间　　　　　　　　　　　　　　　5 200

　　　　　　——二车间　　　　　　　　　　　　　　3 255.20

　　辅助生产成本——供电　　　　　　　　　　　　　　12 480

　　　　　　　　——机修　　　　　　　　　　　　　　14 040

　　管理费用　　　　　　　　　　　　　　　　　　　　　936

　贷：原材料——主要材料　　　　　　　　　　　　　　228 350

　　材料成本差异　　　　　　　　　　　　　　　　　9 141.20

表 3-3-4　　　　　　　　　　工资及福利费用分配汇总表

20××年 ×月　　　　　　　　　　单位：元

应借账户		实用工时	工资		提取的福利费		合计
			分配率	应分配费用	分配率	应分配费用	
基本生产成本	A 产品	28 000		5 986		838.04	6 828.04
	B 产品	30 000		6 414		897.96	7 311.96
	小计	58 000	0.213 8	12 400		1 736	14 136
	C 产品			5 800		812	6 612
小计				18 200		2 548	20 784
制造费用	第一车间			900		126	1 026
	第二车间			700		98	798
小计				1 600		224	1 824
辅助生产车间	供电车间			1 400		196	1 596
	机修车间			2 600		364	2 964
小计				4 000		560	4 560
管理费用				4 500		630	5 130
合计				28 300		3 962	32 262

借：基本生产成本——A 产品　　　　　　　　　　　　6 828.04

　　　　　　　——B 产品　　　　　　　　　　　　　7 311.96

　　　　　　　——C 产品　　　　　　　　　　　　　　6 612

　　制造费用——一车间　　　　　　　　　　　　　　　1 026

　　　　　　——二车间　　　　　　　　　　　　　　　　798

　　辅助生产成本——供电　　　　　　　　　　　　　　2 964

　　　　　　　　——机修　　　　　　　　　　　　　　1 596

　　管理费用　　　　　　　　　　　　　　　　　　　　5 130

　　　　贷：应付职工薪酬（工资）　　　　　　　　　　　　　　　　28 300

　　　　　　应付职工薪酬（福利费）　　　　　　　　　　　　　　　3 962

3. 练习辅助生产费用的归集和分配

（1）借：辅助生产成本——供电　　　　　　　　　　　　　　　12 000

　　　　　　　　　　——机修　　　　　　　　　　　　　　　14 000

　　　　贷：原材料　　　　　　　　　　　　　　　　　　　　　26 000

（2）借：辅助生产成本——供电　　　　　　　　　　　　　　　　1 500

　　　　　　　　　　——机修　　　　　　　　　　　　　　　　2 500

　　　　贷：应付职工薪酬（工资）　　　　　　　　　　　　　　　4 000

（3）借：辅助生产成本——供电　　　　　　　　　　　　　　　　　200

　　　　　　　　　　——机修　　　　　　　　　　　　　　　　　350

　　　　贷：应付职工薪酬（福利费）　　　　　　　　　　　　　　　550

（4）借：辅助生产成本——供电　　　　　　　　　　　　　　　　　600

　　　　　　　　　　——机修　　　　　　　　　　　　　　　　　850

　　　　贷：银行存款　　　　　　　　　　　　　　　　　　　　1 450

（5）借：辅助生产成本——供电　　　　　　　　　　　　　　　　1 500

　　　　　　　　　　——机修　　　　　　　　　　　　　　　　1 000

　　　　贷：银行存款　　　　　　　　　　　　　　　　　　　　2 500

（6）借：辅助生产成本——供电　　　　　　　　　　　　　　　　　400

　　　　　　　　　　——机修　　　　　　　　　　　　　　　　　200

　　　　贷：银行存款　　　　　　　　　　　　　　　　　　　　　600

（7）借：辅助生产成本——供电　　　　　　　　　　　　　　　　3 000

　　　　　　　　　　——机修　　　　　　　　　　　　　　　　2 500

　　　　贷：累计折旧　　　　　　　　　　　　　　　　　　　　5 500

（8）借：辅助生产成本——供电　　　　　　　　　　　　　　　　3 000

　　　　　　　　　　——机修　　　　　　　　　　　　　　　　2 500

　　　　贷：待摊费用　　　　　　　　　　　　　　　　　　　　5 500

表 3-3-5　　　　　　　　　　　　　**辅助生产明细账**

车间名称：供电车间　　　　　　　　　　　　　　　　　　　　单位：元

年		凭证字号	摘要	费用项目							
月	日			材料费	工资及福利费	办公费	劳动保护费	运输费	折旧费	修理费	合 计
			材料费	12 000							12 000
			工资费		1 500						1 500
			福利费		200						200
	略		办公费			600					600
			劳保费				1 500				1 500
			运输费					400			400

表3-3-5（续）

年		凭证字号	摘要	费用项目							
月	日			材料费	工资及福利费	办公费	劳动保护费	运输费	折旧费	修理费	合计
			折旧费						3 000		3 000
			修理费							3 000	3 000
			合计	12 000	1 700	600	1 500	400	3 000	3 000	22 200
			分配转出	12 000	1 700	600	1 500	400	3 000	3 000	22 200

表 3-3-6　　　　　　　　　　　　　辅助生产明细账

车间名称：机修车间　　　　　　　　　　　　　　　　　　　　　　单位：元

年		凭证字号	摘要	费用项目							
月	日			材料费	工资及福利费	办公费	劳动保护费	运输费	折旧费	修理费	合计
			材料费	14 000							14 000
			工资费		2 500						2 500
			福利费		350						350
	略		办公费			1 850					1 850
			劳保费				1 000				1 000
			运输费					200			200
			折旧费						2 500		2 500
			修理费							2 500	2 500
			合计	14 000	2 850	1 850	1 000	200	2 500	2 500	24 900
			分配转出	14 000	3 850	1 850	1 000	200	2 500	2 500	24 900

表 3-3-7　　　　　　　　　　　　辅助生产费用分配表

（直接分配法）　　　　　　　　　　　　　　　　　　　　　　单位：元

辅助生产车间名称			供电车间	机修车间	合计
待分配费用			22 200	24 900	47 100
供应劳务量			20 000	12 000	
分配率			1.11	2.075	
产品耗用	A 产品	耗用数量	3 571		
		分配金额	3 963.81		3 963.81
	B 产品	耗用数量	4 286		
		分配金额	4 757.46		4 757.46
	C 产品	耗用数量	2 143		
		分配金额	2 378.73		2 378.73

表3-3-7（续）

辅助生产车间名称			供电车间	机修车间	合计
一般耗用	一车间	耗用数量	2 000	7 000	
		分配金额	2 220	14 525	16 745
	二车间	耗用数量	2 500	3 500	
		分配金额	2 775	7 262.50	10 037.50
企业管理部门		耗用数量	5 500	1 500	
		分配金额	6 105	3 112.50	9 217.50
合计			22 200	24 900	47 100

借：基本生产成本——A 产品　　　　　　　　　　　　　　　3 963.81

　　　　　　　　——B 产品　　　　　　　　　　　　　　　4 757.46

　　　　　　　　——C 产品　　　　　　　　　　　　　　　2 378.73

　　制造费用——一车间　　　　　　　　　　　　　　　　　16 745

　　　　　　　——二车间　　　　　　　　　　　　　　　　10 037.50

　　管理费用　　　　　　　　　　　　　　　　　　　　　　9 217.50

贷：辅助生产成本——供电　　　　　　　　　　　　　　　　22 200

　　　　　　　　　——机修　　　　　　　　　　　　　　　24 900

4. 答案

表 3-3-8　　　　　　　　　　**辅助生产费用分配表**

（直接分配法）　　　　　　　　　　　　　　　　单位：元

辅助生产车间名称			供电车间	机修车间	合计
待分配费用			150 000	21 000	171 000
供应劳务数量			790 000	11 000	
单位成本（分配率）			0.189 9	1.909 1	
基本生产车间	一车间	耗用数量	550 000	6 000	
		分配金额	104 445	11 454.60	115 899.60
	二车间	耗用数量	210 000	4 000	
		分配金额	39 879	7 636.40	47 515.40
企业管理部门		耗用数量	30 000	1 000	
		分配金额	5 676	1 909	7 585
合计			150 000	21 000	171 000

借：制造费用——一车间　　　　　　　　　　　　　　　　115 899.60

　　　　　　　——二车间　　　　　　　　　　　　　　　　47 515.40

　　　　管理费用　　　　　　　　　　　　　　　　　　　　　　　7 585

　　　　贷：辅助生产成本——供电　　　　　　　　　　　　　150 000

　　　　　　　　　　　　——机修　　　　　　　　　　　　　21 000

表 3-3-9　　　　　　　　　　　　辅助生产费用分配表

（交互分配法）　　　　　　　　　　单位：元

项目		交互分配			对外分配		
辅助生产车间名称		供电	机修	合计	供电	机修	合计
待分配费用		150 000	21 000	171 000	150 645	20 355	171 000
供应劳务数量		800 000	125 00		790 000	11 000	
单位成本（分配率）		0.187 5	1.68		0.190 7	1.850 5	
辅助车间	供电 耗用数量		1 500				
	供电 分配金额		2 520	2 520			
	机修 耗用数量	10 000					
	机修 分配金额	1 875		1 875			
基本车间	一车间 耗用数量				550 000	6 000	
	一车间 分配金额				104 885	11 103	115 988
	二车间 耗用数量				210 000	4 000	
	二车间 分配金额				40 047	7 402	47 449
企业管理部门	耗用数量				30 000	1 000	
	分配金额				5 713	1 850	7 563
合计					150 645	20 355	171 000

　　（1）借：辅助生产成本——供电　　　　　　　　　　　　2 520

　　　　　　贷：辅助生产成本——供电　　　　　　　　　　　1 875

　　　　　　　　　　　　　　——机修　　　　　　　　　　　2 520

　　（2）借：制造费用——一车间　　　　　　　　　　　　　115 988

　　　　　　　　　　——二车间　　　　　　　　　　　　　　47 449

　　　　　　　　　　——机修　　　　　　　　　　　　　　　1 875

　　　　　管理费用　　　　　　　　　　　　　　　　　　　　7 563

　　　　　贷：辅助生产成本——供电　　　　　　　　　　　　150 645

　　　　　　　　　　　　　——机修　　　　　　　　　　　　20 355

表 3-3-10　　　　　　　　　　　辅助生产费用分配表

（代数分配法）　　　　　　　　　　单位：元

辅助生产车间名称	供电车间	机修车间	合计
待分配费用	150 000	21 000	171 000

辅助生产车间名称			供电车间	机修车间	合计
供应劳务数量			800 000	125 000	
分配率			0.190 9	1.832 7	
辅助车间	供电	耗用数量		1 500	
		分配金额		2 749.05	2 749.05
	机修	耗用数量	10 000		
		分配金额	1 909		1 909
基本车间	一车间	耗用数量	550 000	6 000	
		分配金额	104 995	10 996.20	115 991.20
	二车间	耗用数量	210 000	4 000	
		分配金额	40 089	7 330.80	47 419.80
企业管理部门		耗用数量	30 000	1 000	
		分配金额	5 727	1 832.70	7 559.70
辅助生产成本分配金额合计			152 720	22 908.75	175 628.75
辅助生产成本借方合计			152 749.05	22 909	175 658.05
辅助生产成本尾差			29.05	0.25	29.30

设 X——每度电的成本；Y——每小时的维修成本，则：

$$\begin{cases} 150\,000 + 1\,500Y = 800\,000X \\ 21\,000 + 10\,000X = 12\,500Y \end{cases}$$

求得：$X = 0.190\,9$（元/度） $Y = 1.832\,7$（元/小时）

(1) 借：制造费用——一车间   115 991.20

　　　　　　——二车间   47 419.80

　　　辅助生产成本——供电   2 749.05

　　　　　　——机修   1 909.00

　　　管理费用   7 559.70

　　　贷：辅助生产成本——供电   152 720.00

　　　　　　——机修   22 908.75

(2) 借：管理费用   29.30

　　　贷：辅助生产成本——供电   29.05

　　　　　　——机修   0.25

表 3-3-11

辅助生产费用分配表

（计划成本分配法）

单位：元

辅助生产车间名称			供电车间	机修车间	合计
待分配费用			150 000	21 000	171 000
供应劳务数量			800 000	125 000	
计划单位成本			0.20	1.80	
辅助车间	供电	耗用数量		1 500	
		分配金额		2 700	2 700
	机修	耗用数量	10 000		
		分配金额	2 000		2 000
基本车间	一车间	耗用数量	550 000	6 000	
		分配金额	110 000	10 800	120 800
	二车间	耗用数量	210 000	4 000	
		分配金额	42 000	7 200	49 200
企业管理部门		耗用数量	30 000	1 000	
		分配金额	6 000	1 800	7 800
按计划成本分配金额合计			160 000	22 500	182 500
辅助生产实际成本			152 700	23 000	175 700
辅助生产成本差异			7 300	500	6 800

（1）借：制造费用——一车间　　　　　　　　　　　　　　　120 800

　　　　　　　　　——二车间　　　　　　　　　　　　　　49 200

　　　辅助生产成本——供电　　　　　　　　　　　　　　　2 700

　　　　　　　　　　——机修　　　　　　　　　　　　　　2 000

　　　管理费用　　　　　　　　　　　　　　　　　　　　　7 800

　　　　贷：辅助生产成本——供电　　　　　　　　　　　　160 000

　　　　　　　　　　　　　——机修　　　　　　　　　　　22 500

（2）借：管理费用　　　　　　　　　　　　　　　　　　　　6 800

　　　　贷：辅助生产成本——供电　　　　　　　　　　　　7 300

　　　　　　　　　　　　　——机修　　　　　　　　　　　　500

5. 练习制造费用按生产工人工时比例和机器工时比例分配法

表 3-3-12　　　　　　　　　　　　制造费用分配表

车间：第一生产车间　　　　　　　　　　　　　　　　　　　　　20××年5月

应借账户	生产工时	分配率	分配金额（元）
甲产品	3 400		11 220
乙产品	2 700	26 400÷8 000	8 910
丙产品	1 900	3. 30	6 270
合计	8 000		26 400

　　借：基本生产成本——甲产品　　　　　　　　　　　　　　　　11 220
　　　　　　　　　　　——乙产品　　　　　　　　　　　　　　　　8 910
　　　　　　　　　　　——丙产品　　　　　　　　　　　　　　　　6 270
　　　　贷：制造费用——第一车间　　　　　　　　　　　　　　　　　　26 400

表 3-3-13　　　　　　　　　　　　制造费用分配表

车间：第一生产车间　　　　　　　　　　　　　　　　　　　　　20×× 年5 月

车间：　　　年　　月

应借账户	机器工时	分配率	分配金额（元）
甲产品	2 100		7 392
乙产品	2 400	26 400÷7 500	8 448
	3 000	3. 52	10 560
合计	7 500		26 400

6. 答案

（1）计划年度制造费用分配率＝156 000÷（2 500×3+900×5）＝13（元/小时）

（2）4月份的制造费用分配额

甲产品：150×3×13＝5 850（元）

乙产品：100×5×13＝6 500（元）

合计：12 350（元）

　　借：基本生产成本——甲产品　　　　　　　　　　　　　　　　5 850
　　　　　　　　　　　——乙产品　　　　　　　　　　　　　　　　6 500
　　　　贷：制造费用　　　　　　　　　　　　　　　　　　　　　　12 350

表 3-3-14   **制造费用明细账**

车间：   单位：元

年		摘要	借方	贷方	借或贷	余额
月	日					
3	31	本月余额			平	0
4	30	本月实际发生额	14 300		借	14 300
	30	本月分配转出		12 350	借	1 950

（3）年末制造费用的差异 = 157 000 - 160 000 = -3 000（元）

差异分配：甲产品 = （-3 000/160 000）×100 000 = -1 875（元）

乙产品 = （-3 000/160 000）×60 000 = -1 125（元）

借：基本生产成本——甲产品 $\boxed{1\ 875}$

              ——乙产品 $\boxed{1\ 125}$

    贷：制造费用 $\boxed{3\ 000}$

7. 练习不可修复废品损失的核算

表 3-3-15   **废品损失计算表**

产品：240 件   废品：5 件

车间：生产车间   20××年×月   单位：元

项目	数量（件）	直接材料	生产工时（小时）	直接人工	制造费用	合计
合格品和废品生产费用	240	60 000	6 000	24 000	14 700	98 700
费用分配率		250		4	2.45	
废品生产成本	5	1 250	90	360	220.50	1 830.50
减：废品残值		320				320
应收赔偿款				150		150
废品损失		930		210	220.50	1 360.50

    借：原材料   320.00

        其他应收款   150.00

        废品损失   1 360.50

      贷：基本生产成本   1 830.50

8. 练习不可修复废品损失的核算

表 3-3-16　　　　　　　　　废品损失计算表

产品：件　　　　　　　　废品数量：12　件

车间：生产车间　　　　　　20××年×月　　　　　　　　　单位：元

项目	直接材料	定额工时	直接人工	制造费用	合计
单位产品费用定额	35	56	2.5	3	
废品定额成本	420		140	168	728
减：残值	140				
废品损失	280		140	168	588

借：原材料　　　　　　　　　　　　　　　　　　　　140
　　废品损失　　　　　　　　　　　　　　　　　　　588
　　贷：基本生产成本　　　　　　　　　　　　　　　　　　728

9. （1）修复费用

材料 230（元）；人工：40×3＝120（元）；间接费用：40×2＝80（元）。

共计 430 元

（2）会计分录

借：废品损失　　　　　　　　　　　　　　　　　　430
　　贷：原材料　　　　　　　　　　　　　　　　　　　230
　　　　应付职工薪酬　　　　　　　　　　　　　　　　120
　　　　制造费用　　　　　　　　　　　　　　　　　　　80

10. 练习停工损失的核算

（1）停工净损失 ＝（3 000＋420＋1 600）－1 000＝4 020（元）

借：其他应收款　　　　　　　　　　　　　　　　1 000
　　停工损失　　　　　　　　　　　　　　　　　　4 020
　　贷：应付职工薪酬（工资）　　　　　　　　　　　　3 000
　　　　应付职工薪酬（福利费）　　　　　　　　　　　　420
　　　　制造费用　　　　　　　　　　　　　　　　　1 600

（2）分配：甲产品＝18 000×［4 020/（18 000＋12 000）］＝2 412（元）

乙产品：12 000×［4 020/（18 000＋12 000）］＝1 608（元）

借：基本生产成本——甲产品　　　　　　　　　　　2 412
　　　　　　　　　——乙产品　　　　　　　　　　　1 608
　　贷：停工损失　　　　　　　　　　　　　　　　　　4 020

第四章

一、单项选择题

1. C 2. B 3. B 4. A 5. B 6. B 7. D 8. C 9. B 10. D

二、多项选择题

1. ABC 2. ABCD 3. ABC 4. ABC 5. BC 6. AB 7. BCD

三、判断题

1. × 2. × 3. √ 4. √ 5. ×

四、简答题

1. 在产品数量核算的方法有哪些？

　　A. 账面核算；B. 实际盘存

2. 生产费用在完工产品和在产品成本分配的方法有哪些？

　　A. 不计算在产品成本

　　B. 在产品按固定成本计算

　　C. 在产品按所耗原材料计价法

　　D. 约当产量比例法

在产品成本分配是将期初结存的产品成本与本期发生的生产费用之和，按完工产品与月末在产品

约当量的比例进行产品成本分配。

3. 怎样确定在产品的完工程度？

完工程度＝（前面各工序的工时定额+本工序的工时定额）/产品工时定额

4. 生产费用在完工产品和在产品成本分配的方法有哪些？

　　A. 不计算在产品成本

　　B. 在产品按固定成本计算

　　C. 在产品按所耗原材料价法

　　D. 约当产量比例法

五、名词解释

略

六、计算题

1. 练习在产品完工率的计算

表 3-4-3　　　　　　　　各工序的完工率和约当产量计算表

工序	工时定额	完工率	在产品数量	约当产量
1	32	（32×50%）÷100＝16%	250	40
2	40	（32+40×50%）÷100＝52%	360	187.20
3	28	（72+28×50%）÷100＝86%	160	137.60
合计	100	—	770	364.80

2. 答案

表 3-4-2　　　　　　　　乙产品成本计算单

（约当产量法）　　　　　　　　单位：元

摘要	直接材料	燃料动力	直接人工	制造费用	合　计
月初在产品成本	4 680	230	970	600	6 480
本月生产费用	43 460	3 170	5 880	2 300	54 810
合计	48 140	3 400	6 850	2 900	61 290
约当产量	80+20	80+10	80+10	80+10	
分配率	481.40	37.777 8	76.111 1	32.222 2	627.51
完工产品成本（80 件）	38 512	3 022.22	6 088.89	2 577.78	50 200.89
月末在产品成本（20 件）	9 628	377.78	761.11	322.22	11 089.11

注：本题中的燃料动力项目假设动力费占主要部分，采用与人工制造费用一样的分配方法，若是燃料占主体并且是一次投入时，也可采用与直接材料一样的分配方法。

借：库存产品——乙产品　　　　　　　　　　　　　　　　　　50 200.89

　　贷：基本生产成本——乙产品　　　　　　　　　　　　　　　　　50 200.89

表 3-4-3　　　　　　　　乙产品成本计算单

（定额成本法）　　　　　　　　单位：元

摘要	直接材料	燃料动力	直接人工	制造费用	合　计
月初在产品成本	4 680	230	970	600	6 480
本月生产费用	43 460	3 170	5 880	2 300	54 810
合计	48 140	3 400	6 850	2 900	61 290
完工产品成本（80 件）	38 740	2 680	5 450	2 280	49 150
月末在产品成本（20 件）	9 400	720	1 400	620	12 140

借：库存产品——乙产品　　　　　　　　　　　　　　　　　　49 150

　　贷：基本生产成本——乙产品　　　　　　　　　　　　　　　　　49 150

表 3-4-4

乙产品成本计算单

（定额比例法）　　　　　　　　　　单位：元

摘要		直接材料	燃料动力	直接人工	制造费用	合 计
月初在产品成本		4 680	230	970	600	6 480
本月生产费用		43 460	3 170	5 880	2 300	54 810
合 计		48 140	3 400	6 850	2 900	61 290
完工产品成本（80 件）	定额成本	37 600	2 880	5 600	2 480	48 560
	实际成本	38 511.58	2 720.03	5 479.96	2 319.99	49 031.56
月末在产品成本（20 件）	定额成本	9 400	720	1 400	620	12 140
	实际成本	9 628.42	679.97	1 370.04	580.01	12 258.44
分配率		1.024 3	0..9444	0.978 6	0.935 5	

借：库存产品——乙产品　　　　　　　　　　　　　　　　　49 031.56

　　贷：基本生产成本——乙产品　　　　　　　　　　　　　　　　49 031.56

3. 答案

表 3-4-5

乙产品成本计算单

（按年初数固定计算法）　　　　　　　　单位：元

摘要	直接材料	燃料动力	直接人工	制造费用	合 计
月初在产品成本	4 680	230	970	600	6 480
本月生产费用	43 460	3 170	5 880	2 300	54 810
合 计	48 140	3 400	6 850	2 900	61 290
完工产品成本（80 件）	43 460	3 170	5 880	2 300	54 810
月末在产品成本（20 件）	4 680	230	970	600	6 480

借：库存产品——乙产品　　　　　　　　　　　　　　　　　54 810

　　贷：基本生产成本——乙产品　　　　　　　　　　　　　　　　54 810

表 3-4-6

乙产品成本计算单

（在产品只负担原材料成本计算法）　　　　　　单位：元

摘要	直接材料	燃料动力	直接人工	制造费用	合 计
月初在产品成本	4 680	230	970	600	6 480
本月生产费用	43 460	3 170	5 880	2 300	54 810
合 计	48 140	3 400	6 850	2 900	61 290
约当产量	80+20				
分配率	481.40				

表3-4-6(续)

摘要	直接材料	燃料动力	直接人工	制造费用	合　计
完工产品成本（80 件）	38 512	3 400	6 850	2 900	51 662
月末在产品成本（20 件）	9 628				9 628

借：库存产品——乙产品　　　　　　　　　　　　　　　51 662
　　贷：基本生产成本——乙产品　　　　　　　　　　　　51 622

3. 答：直接材料分配率 =（1 550+10 000）/（450+100×60%）= 22. 6

完工产品应负担的材料费用 = 450×22. 6 = 10 170（元）

月末在产品应负担的材料费用 = 11 550-10 170 = 1 380（元）

直接人工分配率 =（1 000+3 500）/（450+100×50%）= 9

完工产品应负担的人工费用 = 450×9 = 4 050（元）

月末在产品应负担的人工费用 = 100×50%×9 = 450（元）

制造费用分配率 =（1 100+4 000）/（450+100×50%）= 10. 2

完工产品应负担的制造费用 = 450×10. 2 = 4 590（元）

月末在产品应负担的制造费用 = 100×50%×10. 2 = 510（元）

完工产品成本 = 10 170+4 050+4 590 = 18 810（元）

期末在产品成本 = 1 380+450+510 = 2 340（元）

4. 答案

乙产品成本明细账　　　　　　　　　　　　　　　单位：元

成本项目	月初在产品费用		本月生产费用		累计		完工产品		月末在产品	
	定额	实际	定额	实际	定额	实际	定额	实际	定额	实际
原材料	2 500	3 000	7 500	8 000	10 000	11 000	7 000	7 700	3 000	3 300
工资及福利费	150 小时	150	350 小时	500	500 小时	650	300 小时	390	200 小时	260
制造费用		200		300		500		300		200
合计		3 350		8 800		12 150		8 390		3 760

答：（1）完工产品定额原材料费用：700×10 = 7 000（元）

（2）定额工时：30×10 = 300（小时）

（3）原材料费用分配率 = 11 000/（7 000+3 000）= 1. 1

工资及福利费分配率 = 650/（300+200）= 1. 3

制造费用分配率 = 500/（300+200）= 1

第五章

一、单项选择题

1. C   2. C   3. C   4. A   5. B   6. D   7. D   8. B   9. A

二、多项选择题

1. BD   2. ABC   3. AB   4. ABCD   5. AD

三、填表题

表 3-5-1   成本计算基本方法的比较

成本计算方法		品种法	分批法	分步法
成本核算对象		产品的品种	产品的批别	产品的生产步骤
成本计算期		定期按月，与生产周期不一致，与会计报告期一致	可以不定期，与生产周期一致，与会计报告期不一致	定期按月，与生产周期不一致，与会计报告期一致
生产费用在完工产品与在产品之间的分配		有在产品时，需要分配	一般不需要分配	通常有在产品，需要分配
适用范围	生产组织类型	大量大批生产	单件小批生产	大量大批生产
	生产工艺过程和管理要求	单步骤生产或管理上不要求分步骤计算成本的多步骤生产	单步骤生产或管理上不要求分步骤计算成本的多步骤生产	管理上且要求分步骤计算成本的多步骤生产

四、简答题

1. 企业按生产特点可分为哪些生产类型？

    A. 企业管理需要提供半成品成本

    B. 企业管理不需要提供半成品成本

    C. 根据合理组织生产和管理的要求可以对客户的订单进行归类和细分，按重新组织生产批别作为成本计算对象

2. 企业按生产类型特点可分为哪些方法？

按与生产工艺的关系分类：单步骤生产、多步骤生产。

按计入产品成本的方法分类：大量生产、成批生产、单件生产。

3. 产品成本的计算基本方法有哪些？

    A. 产品成本计算的品种法

    B. 产品成本计算的分批法

    C. 产品成本计算的分步法

4. 产品成本计算的辅助方法有哪些?

分类法的计算:以产品类别为计算对象,将生产费用按产品类别进行归集,再按一定的分配标准在各产品之间分配,来计算各种产品成本。

定额法:以产品定额成本为基础加减脱离定额差异以及定额变动差异来计算产品实际成本。

标准成本法:也称标准成本制度,或标准成本会计,是以预先制定的标准成本为基础,将实际发生的成本与标准成本进行比较,核算和分析成本差异的一种成本计算方法,也是加强成本控制、评价经营业绩的一种成本控制制度。

五、名词解释

略

第六章

一、单项选择题

1. C　2. A　3. C　4. D　5. A　6. C　7. D　8. A　9. D　10. D　11. A　12. D　13. B
14. D.　15. C　16. A　17. D　18. B　19. B　20. C　21. C　22. B　23. A

二、多项选择题

1. BC　2. AC　3. ABCD　4. AC　5. ABCD　6. ABC　7. AB　8. ABCD　9. ACD
10. BD　11. AD　12. CD　13. AC　14. ACD　15. ABC　16. ABCD　17. BCD　18. BC
19. CD　20. ACD

三、判断题

1. √　2. ×　3. ×　4. ×　5. ×　6. ×　7. √　8. √　9. √　10. ×　11. ×　12. √
13. √　14. √　15. ×　16. ×　17. √　18. ×　19. √　20. √　21. √　22. √　23. ×
24. √

四、简答题

1. 什么是产品成本计算的品种法?
产品成本计算的品种法是指在产品成本计算时,按产品品种计算产品成本的一种方法。

2. 产品成本计算的品种法特点和适用范围?
在生产特点上适用于大量大批单步或多步生产。在管理上要求分步计算产品成本。

3. 什么是产品成本计算的分批法?
分批法是以产品的批别为产品成本计算对象来归集生产费用计算产品成本的一种

方法。

4. 产品成本计算的分批法有何特点和适用范围？

以产品的批次为该种产品成本计算对象。设置产品成本计算单或产品成本明细账。

产品成本计算期不固定，即成本计算期与生产周期相同，而与会计的报告期不一致。

一般不计算期末在产品成本这主要是由于成本计算期与生产周期一致决定的

分批法适用于小批单件生产的企业，如：精密仪器专用设备、船舶制造、重型机械等。

5. 什么是产品成本计算的分步法？

分步法作为以各生产步骤的产品为成本计算对象来归集生产费用计算产品成本的一种方法。

6. 产品成本计算的分步法特点和适用范围是什么？

以各个加工步骤的各种产品作为成本计算对象，并据以设置生产成本明细账来计算成本。

产品成本计算期与会计报告期一致，是按月进行计算完工产品成本和月末在产品成本但与生产周期不一致。

月末将生产费用采用适当的方法在完工产品与月末在产品之间进行分配（特别是大量大批多步生产的情况下）。

7. 什么是逐步结转分步法？

逐步结转分步法是指按各加工步骤归集生产费用计算各步半成品成本，并按加工步骤顺序结转，计算产品成本的一种方法。

8. 逐步结转分步法有何特点？

不通过仓库收发顺序计算半成品成本直到计算出产成品成本。通过仓库收发就要在各步设立"自制半成品明细账"核算各步半成品收发存情况。

9. 什么是成本还原？

在综合结转法下的成本结转，一般情况下必须进行成本还原，即把半成品中的费用还原成料、工费。

10. 什么是分项结转？

分项结转法是将各生产步骤所耗上一步骤半成品费用，按照成本项目转入各该步骤产品成本明细账中相应的成本项目。

11. 什么是平行结转分步法？

将每一步应计入完工产品成本的份额计入产品成本，不计算各步半成品成本。

12. 平行结转分步法有何特点？

各步之间只进行实物转移，而不进行成本结转。各步骤只汇集本步骤发生的费用。

半成品在各部之间转移无论是否通过半成品库收发均不通过自制半成品账户进行总分类核算

将各步骤所归集的本步骤所发生的生产费用在完工产品和在产品之间进行分配。

将各生产步骤确定的应计入产成品的"份额"平行汇总计算产成品的总成本。

五、名词解释

略

六、计算题

1. 借：制造费用（明细科目略） 9 460

  辅助生产成本——机修 4 580

  应付账款 8 000

  应交税费——应交增值税 1 360

   贷：银行存款 23 400

表 3-6-1　　　　　　　　　　**原材料费用分配表**

20××年 7 月　　　　　　　　　　　单位：元

应借账户		成本或费用项目	金额
基本生产成本	甲产品	直接材料	68 000
	乙产品	直接材料	58 600
	小计		126 600
制造费用		消耗用材料	3 100
		修理费	1 900
		劳动保护费	800
		小计	5 800
辅助生产成本		直接材料	2 850
		小计	2 850
管理费用		修理费	2 260
		其他	1 400
		小计	3 660
合计			138 910

借：基本生产成本——甲产品 68 000

　　　　　　　　——乙产品 58 600

　制造费用 5 800

　辅助生产成本——机修 2 850

　管理费用 3 660

　 贷：原材料 138 910

表 3-6-2　　　　　　　　　　　　外购动力费用分配表

20××年 7 月　　　　　　　　　　　　　　单位：元

应借账户		成本或费用项目	用电量（度）	分配率	应分配金额
基本生产成本	甲产品	燃料和动力	12 000		3 000
	乙产品	燃料和动力	10 000		2 500
	小计		22 000		5 500
辅助生产成本	机修车间	直接材料	8 800		2 200
管理费用		电费	1 200		300
合计			32 000	0.25	8 000

借：基本生产成本——甲产品　　　　　　　　　　　　　　3 000

　　　　　　　　——乙产品　　　　　　　　　　　　　　2 500

　　辅助生产成本——机修　　　　　　　　　　　　　　　2 200

　　管理费用　　　　　　　　　　　　　　　　　　　　　　300

　　贷：应付账款　　　　　　　　　　　　　　　　　　　8 000

表 3-6-3　　　　　　　　　　　工资及职工福利费分配表

20××年 7 月　　　　　　　　　　　　　　单位：元

应借账户		工资				提取的职工福利费	合计
		生产工人		其他人员	合计		
		工时	分配金额（分配率：）				
基本生产成本	甲产品	9 000	4 500		4 500	630	5 130
	乙产品	8 200	4 100		4 100	5 74	4 674
	小计	17 200	8 600		8 600	1 204	9 804
辅助生产成本				4 800	4 800	672	5 472
制造费用				920	920	114.80	1 034.80
管理费用				3 600	3 600	504	4 104
合计					17 920	2 508.80	20 428.80

借：基本生产成本——甲产品　　　　　　　　　　　　　　5 130

　　　　　　　　——乙产品　　　　　　　　　　　　　　4 674

　　制造费用　　　　　　　　　　　　　　　　　　　　1 034.80

　　辅助生产成本——机修　　　　　　　　　　　　　　　5 472

　　管理费用　　　　　　　　　　　　　　　　　　　　4 104

　　贷：应付职工薪酬（工资）　　　　　　　　　　　　17 920

　　　　应付职工薪酬（福利费）　　　　　　　　　　2 508.80

表 3-6-4   固定资产折旧费分配表

20××年　月   单位：元

费用项目＼应借账户	制造费用		管理费用	合计
	基本生产车间	辅助生产车间		
折旧费	4 050	2 280	2 600	8 930

借：制造费用   4 050
　　辅助生产成本——机修   2 280
　　管理费用   2 600
　　贷：累计折旧   8 930

表 3-6-5   待摊费用分配表

20××年 7 月   单位：元

费用项目	对方账户	应摊金额
报刊订阅费	管理费用	200
合计		200

借：管理费用   200
　　贷：待摊费用   200

表 3-6-6   预提费用分配表

20××年 7 月   单位：元

费用项目	对方账户	预提金额
利息	财务费用	1 500
合计		1 500

借：财务费用   1 500
　　贷：预提费用   1 500

表 3-6-7   辅助生产成本明细账

车间名称：机修车间   单位：元

年		凭证号数	摘要	费用项目						
月	日			材料费	工资及福利费	办公费	水电费	折旧费	其他	合计
7	31		材料分配表	2 850						2 850
	31		工资福利费		5 472					5 472
	31		办公费用等			1 600	380		2 600	4 580
	31		计提折旧费					2 280		2 280
	31		电费分配表				2 200			2 200

表3-6-7（续）

年		凭证号数	摘要	费用项目						
月	日			材料费	工资及福利费	办公费	水电费	折旧费	其他	合计
	31		本月合计		5 472	1 600	2 580	2 280	26 00	17 382
	31		分配转出		5 472	1 600	2 580	2 280	26 00	17 382

表 3-6-8　　　　　　　　　　　辅助生产费用分配表

（直接分配法）　　　　　　　　　　单位：元

辅助生产车间名称			机修车间	合计
待分配费用			17 382	17 382
供应劳务量（工时）			10 000	
单位成本（分配率）			1. 738 2	
基本车间	修理	耗用数量	8 100	
		分配金额	14 079.42	14 079.42
企业管理部门	修理	耗用数量	1 900	
		分配金额	3 302.58	3 302.58

借：制造费用　　　　　　　　　　　　　　　　　　14 079.42

　　管理费用　　　　　　　　　　　　　　　　　　　3 302.58

贷：辅助生产成本——机修　　　　　　　　　　　　　　17 382

表3-6-9　　　　　　　　　　　制造费用明细账

车间名称：基本生产车间　　　　　　　　　　　　　单位：元

摘要	办公费	水费	差旅费	工资	福利费	折旧费	消耗材料	修理费	劳动保护费	运输费	其他	合计
支付办公费等	1 200	460	3 400							1 800	2 600	9 460
工资福利费				920	114. 80							1 034.80
计提折旧费						4 050						4 050
材料消耗费等							3 100	1 900	800			5 800
本月合计	1 200	460	3 400	920	114. 80	4 050	3 100	1 900	800	1 800	2 600	20 344.80
分配转出	1 200	460	3 400	920	114. 80	4 050	3 100	1 900	800	1 800	2 600	20 344.80

表 3-6-10   制造费用分配表

20××年7月   单位：元

应借账户		成本项目	实用工时	分配率	应分配金额
基本生产成本	甲产品	制造费用	9 000		10 645.20
	乙产品	制造费用	8 200		9 699.60
	小计		17 200	1.182 8	20 344.80

借：基本生产成本——甲产品   10 645.20

——乙产品   9 699.60

贷：制造费用   20 344.80

表 3-6-11   基本生产成本明细账

车间名称：基本生产   产品名称：甲产品   完工数量：460

在产品数量：120   完工程度：50%

单位：元

年		凭证		摘要	直接材料	燃料和动力	直接人工	制造费用	合计
月	日	种类	号数						
6	30			在产品成本	21 000	1 200	1 900	4 100	28 200
7	31			材料分配表	68 000				68 000
	31			动力分配表		3 000			3 000
	31			工资及福利费分配表			5 130		5 130
	31			制造费用分配表				10 645.20	10 645.20
	31			本月合计	68 000	3 000	5 130	10 645.20	86 775.20
	31			累计成本	89 000	4 200	7 030	14 745.20	114 975.20
	31			约当总产量	580	520	520	520	
	31			单位成本（分配率）	153.448 3	8.076 9	13.519 2	28.356 2	202.57
	31			完工产品成本	70 586.22	3 725.38	6 218.83	13 043.85	93 164.28
	31			在产品成本	18 413.78	884.62	811.17	1 701.35	21 810.92

注：本题中的燃料与动力成本项目主要是电力费，因此采用与人工、制造费用一样的分配方法（下同）。

表 3-6-12   基本生产成本明细账

车间名称：基本生产   产品名称：乙产品   完工数量：330

在产品数量：60   完工程度：80%

单位：元

年		凭证		摘要	直接材料	燃料和动力	直接人工	制造费用	合计
月	日	种类	号数						
6	30			在产品成本	16 000	900	2 400	3 900	23 200

表3-6-12（续）

年		凭证		摘要	直接材料	燃料和动力	直接人工	制造费用	合计
月	日	种类	号数						
7	31			材料分配表	58 600				58 600
	31			动力分配表		2 500			2 500
	31			工资及福利费分配表			4 674		4 674
	31			制造费用分配表				9 699.60	9 699.60
	31			本月合计	58 600	2 500	4 674	9 699.60	75 473.60
	31			累计成本	74 600	3 400	7 074	13 599.60	98 673.60
	31			约当总产量	390	378	378	378	
	31			单位成本（分配率）	191.282 1	8.994 7	18.714 3	35.977 8	254.69
	31			完工产品成本	63 123.09	2 968.25	6 175.72	11 872.67	84 139.73
	31			在产品成本	11 476.01	431.75	898.28	1 726.93	14 533.87

借：库存商品——甲产品　　　　　　　　　　　　　　　　　93 164.28

　　　　　　——乙产品　　　　　　　　　　　　　　　　　84 139.73

　　贷：基本生产成本——甲产品　　　　　　　　　　　　　　93 164.28

　　　　　　　　　　　——乙产品　　　　　　　　　　　　　84 139.73

2. 练习产品成本计算的一般分批法

表 3-6-13　　　　　　　　　　原材料费用分配表

20××年9月　　　　　　　　　　　　　　　单位：元

应借账户		成本或费用项目	计划成本	材料差异额	材料实际成本
基本生产成本	901 产品	直接材料	125 000	5 000	130 000
	902 产品	直接材料	167 000	6 680	173 680
	903 产品	直接材料	226 000	9 040	235 040
小计			518 000	20 720	538 720
制造费用	机物料消耗	材料费	8 600	344	8 944
合计			526 600	21 064	547 664

借：基本生产成本——901　　　　　　　　　　　　　　　130 000

　　　　　　　　　　——902　　　　　　　　　　　　　　173 680

　　　　　　　　　　——903　　　　　　　　　　　　　　235 040

　　　制造费用　　　　　　　　　　　　　　　　　　　　　8 944

　　贷：原材料　　　　　　　　　　　　　　　　　　　　　526 600

　　　　材料成本差异　　　　　　　　　　　　　　　　　　21 064

表 3-6-14　　　　　　　　　　　　**工资及职工福利费分配表**

20××年 9 月　　　　　　　　　　　　单位：元

应借账户		工资				福利费（14%）	合计
		生产工人		其他人员	合计		
		工时	分配金额（分配率：0.4）				
基本生产成本	901 产品	18 000	7 200		7 200	1 008	8 208
	902 产品	20 000	8 000		8 000	1 120	9 120
	903 产品	11 000	4 400		4 400	616	5 016
	小计	49 000	19 600		19 600	2 744	22 344
制造费用				2 100	2 100	294	2 394
合计			19 600	2 100	21 700	3 038	24 738

借：基本生产成本——901　　　　　　　　　　　　　　8 208

　　　　　　　　——902　　　　　　　　　　　　　　9 120

　　　　　　　　——903　　　　　　　　　　　　　　5 016

　　制造费用　　　　　　　　　　　　　　　　　　　2 394

　　贷：应付职工薪酬（工资）　　　　　　　　　　　21 700

　　　　应付职工薪酬（福利费）　　　　　　　　　　　　3 038

表 3-6-15　　　　　　　　　　　　**制造费用明细账**　　　　　　　　单位：元

摘要	机物料消耗	工资	职工福利费	水电费	折旧费	其他	合计
材料消耗	8 944						8 944
工资福利		2 100	294				2 394
其他费用				2 400	3 800	250	6 450
本月合计	8 944	2 100	294	2 400	3 800	250	17 788
分配转出	8 944	2 100	294	2 400	3 800	250	17 788

表 3-6-16

制造费用分配表

20××年9月

单位：元

应借账户		成本项目	实用工时	分配率	应分配金额
基本生产成本	901 产品	制造费用	18 000		6 534
	902 产品	制造费用	20 000		7 260
	903 产品	制造费用	11 000		3 994
合 计			49 000	0.363 0	17 788

借：基本生产成本——901　　　　　　　　　　　　　　　　　6 534

　　　　　　　　　——902　　　　　　　　　　　　　　　　　7 260

　　　　　　　　　——903　　　　　　　　　　　　　　　　　3 994

　　贷：制造费用　　　　　　　　　　　　　　　　　　　　　17 788

表 3-6-17

基本生产成本明细账

批号：901　　　　　　　　　　　　　　　　　　　　开工日期：9月1日

产品名称：甲产品　　　　　　　　批量：100件　　　完工日期：9月30日

××年		凭证		摘要	直接材料	直接人工	制造费用	合计
月	日	种类	号数					
9	30			材料分配	130 000			130 000
	30			工资福利费		8 208		8 208
	30			制造费用分配			6 534	6 534
	30			本月合计	130 000	8 208	6 534	144 742
	30			完工产品成本	130 000	8 208	6 534	144 742
	30			单位成本	1 300	82.08	65.34	1 447.42

借：库存商品——901　　　　　　　　　　　　　　　　　　　144 742

　　贷：基本生产成本——901　　　　　　　　　　　　　　　144 742

表 3-6-18

基本生产成本明细账

批号：902　　　　　　　　　　　　　　　　　　　　开工日期：9月10日

产品名称：乙产品　　　　　　　　批量：150件　　　完工日期：

　　　　　　　　　　　　　　　　　　　　　　　　　单位：元

××年		凭证		摘要	直接材料	直接人工	制造费用	合计
月	日	种类	号数					
9	30			材料分配	173 680			173 680

表3-6-18（续）

××年		凭证		摘要	直接材料	直接人工	制造费用	合计
月	日	种类	号数					
	30			工资福利费		9 120		9 120
	30			制造费用分配			7 260	7 260
	30			本月合计	17 368	9 120	7 260	190 060

表 3-6-19   **基本生产成本明细账**

批号：903

产品名称：丙产品   批量：200 件

开工日期：9 月 15 日

完工日期：

单位：元

××年		凭证		摘要	直接材料	直接人工	制造费用	合计
月	日	种类	号数					
9	30			材料分配	235 040			235 040
	30			工资福利费		5 016		5 016
	30			制造费用分配			3 994	3 994
	30			本月合计	235 040	5 016	3 994	244 050

3. 练习产品成本计算的简化分批法

表 3-6-20   **基本生产成本二级账**   单位：元

	年	摘要	直接材料	工时	直接人工	制造费用	合计
月	日						
3	31	本月余额	7 550	3 350	1 725	2 350	11 625
4	30	本月发生	850	2 900	1 400	2 025	4 275
	30	本月合计	8 400	6 250	3 125	4 375	15 900
	30	累计间接计入费用分配率			0.5	0.7	
	30	分配转出	6 500	3 650	1 825	2 555	10 880
	30	本月余额	1 900	2 600	1 300	1 820	5 020

表 3-6-21　　　　　　　　　　　　**基本生产成本明细账**

批号：101#　　　　　　　　　　　　　　　　　　　　　　投产日期：2 月

产品名称：甲产品　　　　　　　　批量：10 件　　　　　　　完工日期：4 月

单位：元

年		摘要	直接材料	工时	直接人工	制造费用	合计
月	日						
3	31	本月合计	3 750	1 800			3 750
4	30	本月发生	250	450			250
	30	间接计入费用分配率			0.5	0.7	
	30	间接计入费用分配额		2 250	1 125	1 575	2 700
	30	本月完工产品成本	4 000	2 250	1 125	1 575	6 700
	30	单位成本	400		112.50	157.50	670

表 3-6-22　　　　　　　　　　　　**基本生产成本明细账**

批号：102#　　　　　　　　　　　　　　　　　　　　　　投产日期：3 月

产品名称：乙产品　　　　　　　　批量：5 件　　　　　　　　完工日期：4 月

单位：元

年		摘要	直接材料	工时	直接人工	制造费用	合计
月	日						
3	31	本月合计	2 200	590			2 200
4	30	本月发生	300	810			300
	30	间接计入费用分配率			0.5	0.7	
	30	间接计入费用分配额		1 400	700	980	1 680
	30	本月完工产品成本	2 500	1 400	700	980	4 180
	30	单位成本	500		140	196	836

表 3-6-23　　　　　　　　　　　基本生产成本明细账

批号：103[#]　　　　　　　　　　　　　　　　　　　　　　　投产日期：3 月

产品名称：丙产品　　　　　　　批量：4 件　　　　　　　完工日期：6 月

单位：元

年		摘要	直接材料	工时	直接人工	制造费用	合计
月	日						
3	31	本月合计	1 600	960			
4	30	本月发生	300	1 640			
	30	本月合计	1 900	2 600			

借：库存商品——101　　　　　　　　　　　　　　　　　6 700

　　　　——102　　　　　　　　　　　　　　　　　　4 180

　　贷：基本生产成本——101　　　　　　　　　　　　6 700

　　　　　　　　　——102　　　　　　　　　　　　4 180

4. 练习产品成本计算的分步法——逐步分项结转分步法

表 3-6-24　　　　　　　　　　　基本生产成本明细账

车间名称：一车间　　　　　　　　　　　　　　　　　产品名称：甲半成品

单位：元

项目	直接材料	直接人工	制造费用	合计
月初在产品定额成本	10 000	8 000	6 900	24 900
本期发生费用	120 000	76 000	40 800	236 800
费用合计	130 000	84 000	47 700	261 700
完工半成品成本（500）	116 000	72 800	38 040	226 840
半成品单位成本	232	145.60	76.08	453.68
月末在产品定额成本（140）	14 000	11 200	9 660	34 860

借：自制半成品——甲半成品　　　　　　　　　　　226 840

　　贷：基本生产成本——一车间　　　　　　　　　226 840

表 3-6-25   **自制半成品明细账**

半成品名称：甲半成品

单位：元

摘要	数量	直接材料	直接人工	制造费用	合计
月初余额	110	25 319	15 894	8 381	49 594
本月增加	500	116 000	72 800	38 040	226 840
合计	610	141 319	88 694	46 421	276 434
单位成本		231.67	145.40	76.10	453.17
本月减少	520	120 468.40	75 608	39 572	235 648.40
月末余额	90	20 850.60	13 086	6 849	40 785.60

借：基本生产成本——二车间   235 648.40

    贷：自制半成品——甲半成品   235 648.40

答案

表 3-6-26   **基本生产成本明细账**

车间名称：二车间   产品名称：甲产品

单位：元

项目	直接材料	直接人工	制造费用	合计
月初在产品定额成本	15 600	12 000	9 600	37 200
本月本步骤费用		24 000	26 600	50 600
上车间转入费用	120 468.40	75 608	39 572	235 648.40
费用合计	136 068.40	111 608	75 772	323 448.40
完工产品成本（540）	123 068.40	101 608	67 772	292 448.40
单位成本	227.90	188.16	125.50	541.56
月末在产品定额成本（100）	13 000	10 000	8 000	31 000

借：库存商品——甲产品   292 448.40

    贷：基本生产成本——二车间   292 448.40

表 3-6-27   **基本生产成本明细账**

车间名称：一车间   产品名称：甲半成品

单位：元

项目	直接材料	直接人工	制造费用	合计
月初在产品定额成本	10 000	8 000	6 900	24 900
本期发生费用	120 000	76 000	40 800	236 800
费用合计	130 000	84 000	47 700	261 700

项目	直接材料	直接人工	制造费用	合计
完工半成品成本（500）	116 000	72 800	38 040	226 840
半成品单位成本	232	145.60	76.08	453.68
月末在产品定额成本（140）	14 000	11 200	9 660	34 860

借：自制半成品——甲半成品　　　　　　　　　　　　　　　226 840
　　贷：基本生产成本——一车间　　　　　　　　　　　　　　　226 840

表 3-6-28　　　　　　　　　　自制半成品明细账

半成品名称：甲半成品　　　　　　　　　　　　　　　　　　　　单位：元

摘要	数量	直接材料	直接人工	制造费用	合计
月初余额	110	25 319	15 894	8 381	49 594
本月增加	500	116 000	72 800	38 040	226 840
合计	610	141 319	88 694	46 421	276 434
单位成本		231.67	145.40	76.10	453.17
本月减少	520	120 468.40	75 608	39 572	235 648.40
月末余额	90	20 850.60	13 086	6 849	40 785.60

借：基本生产成本——二车间　　　　　　　　　　　　　　　235 648.40
　　贷：自制半成品——甲半成品　　　　　　　　　　　　　　　235 648.40

表 3-6-29　　　　　　　　　　基本生产成本明细账

车间名称：二车间　　　　　　　　　　　　　　　　　　产品名称：甲产品

单位：元

项目	直接材料	直接人工	制造费用	合计
月初在产品定额成本	15 600	12 000	9 600	37 200
本月本步骤费用		24 000	26 600	50 600
上车间转入费用	120 468.40	75 608	39 572	235 648.40
费用合计	136 068.40	111 608	75 772	323 448.40
完工产品成本（540）	123 068.40	101 608	67 772	292 448.40
单位成本	227.90	188.16	125.50	541.56
月末在产品定额成本（100）	13 000	10 000	8 000	31 000

借：库存商品——甲产品　　　　　　　　　　　　　　　　　292 448.40
　　贷：基本生产成本——二车间　　　　　　　　　　　　　　　292 448.40

5. 练习产品成本计算的分步法——逐步综合结转分步法

表 3-6-30　　　　　　　　　　第一车间成本计算单　　　　　　　　　单位：元

项目	原材料	工资及福利费	燃料及动力	制造费用	合计
月初在产品成本	300	150	250	210	910
本月发生的费用	600	250	780	720	2 350
合计	900	400	1 030	930	3 260
本月完工产品成本（25）件	650	300	850	800	2 600
月末在产品成本（10）件	250	100	180	130	660

借：自制半成品——丁半成品　　　　　　　　　　　　　　　　　　2 600
　　贷：基本生产成本——一车间　　　　　　　　　　　　　　　　　　2 600

表 3-6-31　　　　　　　自制半成品——丁半成品的明细账

（全月一次加权平均法）　　　　　　单位：元

××年		月初结存		本月增加		合计		本月减少		月末结存	
月	日	金额	数量	金额	数量	单价	金额	数量	金额	数量	金额
8	31	535	5	2 600	25	104.5	3 135	10	1 045	20	2 090

借：基本生产成本——二车间　　　　　　　　　　　　　　　　　　1 045
　　贷：自制半成品——丁半成品　　　　　　　　　　　　　　　　　　1 045

表 3-6-32　　　　　　　　　　第二车间成本计算单　　　　　　　　　单位：元

项目	半成品	工资及福利费	燃料及动力	制造费用	合计
月初在产品成本	506	300	500	404	1 710
本月发生的费用	1 045	400	700	500	2 645
合计	1 551	700	1 200	904	4 355
约当产量	15	10	10	10	
分配率	103.40	70	120	90.40	383.80
本月完工产品成本（5）件	517	350	600	452	1 919
月末在产品成本（10）件	1 034	350	600	452	2 436

借：库存商品——丁产品　　　　　　　　　　　　　　　　　　1 919
　　贷：基本生产成本——二车间　　　　　　　　　　　　　　　　　　1 919

表 3-6-33　　　　　　　　　　　产成品成本还原计算表

产品名称：　　　　　　　　　　　产量：　　　　　　　　　　　　　　单位：元

项目	产量（件）	还原分配率	半成品	原材料	工资及福利费	燃料及动力	制造费用	成本合计
还原前产成品成本	5		517		350	600	452	1 919
本月所产半成品成本				650	300	850	800	2 600
产成品所耗半成品的成本进行还原		0.198 8		129.22	59.64	168.98	159.16	517
还原后产成品总成本				129.22	409.64	768.98	611.16	1 919
还原后产品单位成本				25.84	81.93	153.80	122.23	383.80

6. 练习成本计算的分步法——平行结转分步法

表 3-6-34　　　　　　　　　　　各步骤约当产量的计算　　　　　　　　　单位：元

摘要	直接材料	直接人工	制造费用
一车间步骤的约当总量	9 000+4 000+5 000 =18 000	9 000+4 000×50%+5 000 =16 000	16 000
二车间步骤的约当总量	9 000+7 000×50%+5 000 =17 500	9 000+7 000×50%+5 000 =17 500	17 500
三车间步骤的约当总量	9 000+5 000 =14 000	9 000+5 000×50% =11 500	11 500

表 3-6-35　　　　　　　　　　　　成本计算单

生产车间：一车间　　　　　　　　　　　　　　　　　　　　　　　　单位：元

摘要	直接材料	直接人工	制造费用	合计
月初在产品成本	52 800	13 900	17 250	83 950
本月发生费用	317 200	125 850	129 000	572 050
合计	370 000	139 750	146 250	656 000
该步骤约当产量	18 000	16 000	16 000	
单位成本（分配率）	20.555 6	8.754 4	9.140 6	
计入产品成本的份额	185 000.40	78 789.60	82 265.60	346 055.60
月末在产品成本	184 999.60	60 960.40	63 984.40	309 944.40

表 3-6-36 　　　　　　　　　　　　成本计算单

生产车间：二车间　　　　　　　　　　　　　　　　　　　　　　　单位：元

摘要	直接材料	直接人工	制造费用	合计
月初在产品成本	25 500	22 300	27 020	74 820
本月发生费用	243 000	110 160	119 760	472 920
合计	268 500	132 460	146 780	547 740
该步骤约当产量	17 500	17 500	17 500	
单位成本（分配率）	15.342 9	7.569 1	8.387 4	
计入产品成本的份额	138 085.71	68 121.90	75 486.60	281 694.22
月末在产品成本	130 414.28	64 338.10	71 293.40	266 045.78

表 3-6-37 　　　　　　　　　　　　成本计算单

生产车间：三车间　　　　　　　　　　　　　　　　　　　　　　　单位：元

摘要	直接材料	直接人工	制造费用	合计
月初在产品成本		19 500	22 400	41 900
本月发生费用		48 700	52 400	101 100
合计		68 200	74 800	143 000
该步骤约当产量		11 500	11 500	
单位成本（分配率）		5.930 4	6.504 3	
计入产品成本的份额		53 373.60	58 538.70	111 912.30
月末在产品成本		14 826.40	16 261.30	31 087.70

表 3-6-38 　　　　　　　　　　　产品成本汇总计算表

产品名称：C产品　　　　　　　　　　　　　　　　　　　　　　产量：9 000

单位：元

项目	直接材料	直接人工	制造费用	总成本	单位成本
一车间	185 000.40	78 789.60	82 265.60	346 055.60	38.45
二车间	138 085.71	68 121.90	75 486.60	281 694.22	31.30
三车间		53 373.60	58 538.70	111 912.30	12.44
合计	323 086.11	200 285.10	216 290.90	739 662.12	82.19

借：库存商品——C产品　　　　　　　　　　　　739 662.12

　　贷：基本生产成本——一车间　　　　　　　　346 055.60

　　　　　　　　　　——二车间　　　　　　　　281 694.22

　　　　　　　　　　——三车间　　　　　　　　111 912.30

第七章

一、单项选择题

1. D　2. D　3. C　4. A　5. A　6. A

二、多项选择题

1. AC　2. ABCD　3. ABCD　4. ABCD　5. ABCD

三、简答题

1. 什么是产品成本计算的分类法？

产品成本计算的分类法是按产品的类别计算产品成本，再按一定的分配标准计算分配类内各品种产品成本的一种方法。

2. 产品成本计算的分类法有何特点和适用范围？

以产品的类别作为成本计算对象，归集各类产品的生产费用直接费用直接计入，间接费用分配计入。

成本计算期决定了生产特点及管理要求。分类法不是一种独立的计算方法。

月末一般要将各类产品生产费用总额在完工产品和月末在产品之间进行分配。

3. 什么是产品成本计算的定额法？

就是根据各种有关的现行定额计算的成本。

4. 产品成本计算的定额法有何特点和适用范围？

定额成本的制定一般通过"定额成本计算表"的方式进行，在制定过程中不同的单位采用不同的计算方法。

四、名词解释

略。

五、计算题

1. 产品定额成本 = 350×18+650×18 = 18 000（元）

脱离定额差异 = 17 000−650×18 = 5 300（元）

月初在产品定额变动差异 = 7 000×（1−18/20）= 700（元）

材料成本差异 = 17 000×（−2%）= −340（元）

材料的实际成本 = 18 000+5 300+700−340 = 23 660（元）

定额变动系数 = 按新产品计算的单位产品费用/按旧定额计算的单位产品费用

月初在产品定额变动差异 = 按旧定额计算的月初在产品费用×（1−定额变动系数）

产品实际成本 = 按现行定额计算的产品定额成本+本月脱离现行定额的差异+月初

在产品定额变动差异+原材料或半成品的成本差异

2. 解：（1）产品系数计算表

产品	材料系数		工时系数	
	单位定额	系数	单位定额	系数
A	12	1	15	1
B	13.2	1.1	18	1.2
C	9.6	0.8	13.5	0.9

（2）各产品按单项系数计算的标准产量

产品	产品数量（件）	在产品数量（件）	材料项目		加工费用项目	
			系数	标准产品（件）	系数	标准产品（件）
A	200	70	1	270	1	235
B	150	60	1.1	231	1.2	216
C	120	40	0.8	128	0.9	126
合计	470	170		629		577

3. 答：材料费用定额系数＝210/200＝1.05

月初在产品原材料定额变动差异＝4 000×（1−1.05）＝−200（元）

工时定额系数＝38/40＝0.95

月初在产品工资费用定额变动差异＝3 000×（1−0.95）＝150（元）

月初在产品制造费用定额变动差异＝2 500×（1−0.95）＝125（元）

月初在产品定额变动差异合计：−200+150+125＝75（元）

4. 答：本月产成品材料定额成本＝85×100＝8 500（元）

月末在产品材料定额成本＝1 000+9 000−8 500＝1 500（元）

脱离定额差异分配率＝（−10+110）/（8 500+1 500）×100%＝1%

产成品应负担的脱离定额差异＝8 500×1%＝85（元）

在产品应负担的脱离定额差异＝1 500×1%＝15（元）

产成品应负担的材料成本差异＝（9 000+110）×（+2%）＝+182.2（元）

产成品材料实际成本＝8 500+85+182.2＝8 767.2（元）

第八章

一、单项选择题

1. A　2. B　3. A　4. C　5. B　6. D　7. C　8. D

二、多项选择题

1. AB　2. ABCD　3. AB　4. ABC　5. ACD　6. ABC　7. BCD　8. BC　9. AB
10. ABCD

三、简答题

1. 物流运输企业成本特点是什么?

交通运输企业成本核算对象为运送旅客和货物的各种运输业务。

交通运输企业成本核算的单位是旅客和货物周转量

交通运输企业的运输生产过程和销售过程是统一的,其生产成本和销售成本也是统一的。

交通运输企业的成本构成中主要成分是运输设备和工具的折旧、修理费用、燃料等支出。

交通运输企业的成本受自然地理环境、运输距离的长短、空驶运行的影响较大。

2. 建筑施工企业成本核算的特点是什么?

以建筑施工图和单位工程为成本核算对象。

成本计算项目分直接成本和间接成本。

四、名词解释

略

五、计算题

1. 施工企业期末未完工程成本的确定

1. 计算 A 项未完工程成本 = 10 000×80%×15 = 120 000 元

2. 计算 B 项未完工程的预算成本为:

第一道工序单价 = 8 元/平方米×30% = 2.40 元/平方米

第二道工序单价 = 8 元/平方米×30% = 2.40 元/平方米

第三道工序单价 = 8 元/平方米×40% = 3.20 元/平方米

B 工程未完工程预算成本 = 2.40 元/平方米×500 平方米 + 2.40 元/平方米×400 平方米 = 2 160 元

第九章

一、单项选择题

1. B　2. C　3. A　4. D　5. D

二、多项选择题

1. ABCD   2. BC   3. ABD   4. ABCD   5. BCD

三、判断题

1. √   2. ×   3. √   4. ×   5. √   6. √   7. ×

四、简答题

略

五、名词解释

略

六、计算题

1. 解：

（1）原成本制度

410# = 9 700+750+25×115 = 13 325（元）

单位成本 = 13 325/10 = 1 332.5（元）

411# = 59 900+11 250+375×115 = 114 275（元）

单位成本 = 114 275/200 = 571.375（元）

（2）作业成本制度下

410#的总成本 = 9 700+750+500×0.4+500×0.8+20 000×0.2+150×20+10×15 = 18 200（元）

单位成本 = 18 200/10 = 1 820（元）

411#的总成本 = 59 900+11 250+2 000×0.4+2 000×0.8+60 000×0.2+15×200+20×1 050 = 109 550（元）

单位成本 = 109 550/200 = 547.75（元）

2. （1）机器小时分配率 = 480 000/10 000 = 48（美元/小时）

500 桶分摊的间接费用 = 48×100 = 4 800（美元）

（2）每一桶油的间接成本 = 4 800÷500 = 9.6（美元）

（3）多成本动因下 500 桶应分摊的间接成本

= 100 000/100×6+80 000/8 000×500+200 000/1 000×20+100 000/10 000×100 = 16 000（美元）

与单一成本动因的差别为 11 200 美元。

（4）应选择第二种成本计算系统。

第十章

一、单项选择题

1. B　2. B　3. B　4. A　5. B　6. C　7. A　8. D　9. C　10. C

二、多项选择题

1. ABCD　2. ABCD　3. ABD　4. ABCD　5. ABC　6. ABC　7. ABCD　8. AC
9. ABCD　10. ABCD

三、判断题

1. ×　2. √　3. √　4. ×　5. √

四、简答题

1. 成本报表的作用是什么?

反映企业报告期内产品成本水平,通过报表发现问题,不断总结经验提高企业经济效益。

反映企业成本计划的完成情况。对掌握一定时期的成本水平加强成本管理起着重要作用。

为制定成本计划提供依据。为企业制定正确经营决策及时提供相关而有用的数据。

为成本决策提供信息。对成本报表进行分析,发现问题查明原因和责任,为企业挖掘降低成本潜力指明方向。

2. 成本报表的编制要求是什么?

　A. 报表的专题性

　B. 报表指标内容的实用性

　C. 报表格式的针对性

3. 什么是成本分析?

成本分析是为了满足各管理层次了解成本状况及进行经营决策的需要,采用一定的方法分析成本变动的原因的一种管理活动。

4. 成本分析方法有哪些?

　A. 比较分析法

比较分析法是将分析期的实际数同某些选定方案的基准数进行对比来揭示差异,发现问题的一种方法。

　B. 比率分析法

比率分析法是通过计算各项指标之间的相对数的一种分析方法。

　C. 因素分析法

因素分析法把综合指标分解为各个因素的方法，称之为因素分析法，因素分析法分为定量分析和定性分析。

五、名词解释

略

六、计算题

1. 答：（1）甲产品本期实际单位成本比上年实际平均单位成本升高 12 元，或 0.84%。

比本年计划单位成本升高 10 元，或 0.698%。

（2）原材料费用实际比计划升高 2 元，其中：

原材料消耗数量变动影响＝（40-40）×31＝0（元）

原材料价格变动影响：40×（31.05-31）＝2（元）

2. 答：采用差额计算分析法：

（1）分析对象＝1 512-1 500＝+12（元）

（2）量差影响＝（36-30）×50＝300（元）（超支）

（3）价差影响＝36×（42-50）＝-288（元）（节约）

采用连环替代分析法：

（1）计划数＝30×50＝1 500（元）

（2）第一次替代＝36×50＝1 800（元）　　　（2）-（1）＝+300（量差影响）

（3）第二次替代＝36×42＝1 512（元）　　　（3）-（2）＝-288（元）（价差影响）

3. 答案

1. 根据上述资料，分析甲产品单位成本变动情况。主要采用本年实际与本年计划进行比较分析，根据资料表明，甲产品本年实际生产成本比计划提高了 2 420-2 270＝150（元），提高了 6.61%。按成本项目分析，原材料提高 157 元，提高了 8.31%；人工费用降低 4 元，降低了 2.38%；制造费用降低 3 元，降低了 1.42%。因此造成甲产品成本提高的主要原因是材料成本提高，应对影响材料费用的因素采用因素分析法进行进一步的分析。

2. 分析影响原材料费用变动的因素和各因素对变动的影响程度

原材料消耗量变动的影响＝（890-900）×2.10＝-21（元）

原材料单价变动的影响＝890×（2.30-2.10）＝+178（元）

综合个因素影响的结果-21+178＝157（元）

4. 答案

1. 编制并填写下表

表 3-10-1　　　　　　　　　　　　　　　　　　　　　　　　　　　　　　单位：元

产品名称	计量单位	实际产量	单位成本			总成本		
			上年实际平均	本年计划	本年实际	按上年实际平均单位成本计算	按本年计划单位成本计算	本年实际
合计						52 500	50 450	49 450
甲	件	30	700	690	680	21 000	20 700	20 400
乙	件	35	900	850	830	31 500	29 750	29 050

2. 分析可比产品成本降低计划的完成情况和各因素影响程度

表 3-10-2

指标	降低额（元）	降低率
①按计划产量、计划品种比重、计划单位成本计算的成本降低数	1 800	3.75%
②按实际产量、计划品种比重、计划单位成本、计算的成本降低数	52 500×3.75% = 1 968.75	3.75%
③按实际产量、实际品种比重、计划单位成本计算的成本降低数	52 500−50 450 = 2 050	2 050/52 500×100% = 3.904 7%
④按实际产量、实际品种比重实际单位成本计算的成本降低数	52 500−49 450 = 3 050	3 050/52 500×100% = 5.809 5%
确定各因素的影响程度	降低额（元）	降低率
②—①产量变动影响	168.75	0
③—②品种结构变动	81.25	0.154 7%
④—③单位成本变动	1 000	1.904 8%
合计	1 250	2.059 5%